한국 가톨릭 교회 - 이대로 좋은가?

SYE Kong-Sek, JENG Yang-Mo (ed.)
CATHOLIC CHURCH IN KOREA – GOING WELL AS SHE IS?

© Benedict Press, Waegwan, Korea 1998

한국 가톨릭 교회 — 이대로 좋은가?
1998 초판／1999 재쇄
엮은이: 서공석·정양모／펴낸이: 김구인
ⓒ 분도출판사(등록: 1962년 5월 7일·라15호)
718-800 경북 칠곡군 왜관읍 왜관리 134의 1
편집부: (0545)971-0629
영업부:〈본사〉(0545)971-0628 FAX.972-6515
〈서울〉(02)2266-3605 FAX.2271-3605
우편대체 계좌: 700013-31-0542795
국민은행 계좌: 608-01-0117-906
ISBN 89-419-9811-5 03230
값 8,000원

한국 가톨릭 교회 -
이대로 좋은가?

서강대학교 신학연구소 1997 가을 심포지엄

서공석·정양모 엮음

분도출판사

발 간 사

"한국 가톨릭 교회 - 이대로 좋은가?" 결코 도전적인 물음이 아닙니다. 오늘 우리 교회를 위해 한 번은 물어보아야 할 질문으로 생각되었습니다. 현재 가톨릭 교회 공식 언론매체라고 부를 수 있는 간행물들이 보도하는 바를 보면, 우리 교회는 스스로의 정체성에 대해서, 또 현재 교회의 실태에 대해서 착각하고 있는 것으로 느껴집니다. 세상은 산업사회를 넘어서 정보사회가 되었는데 아직도 유럽 중세 농경시대 교회의 틀을 유지하기 위해 안간힘을 쓰고 있다는 인상을 받습니다.

"아시아 선교를 책임져야 하는 한국교회", "세계에서 드물게 선교가 활발한 교회", "성직자와 수도자의 성소가 많은 교회", "신자들이 열심한 교회" 등의 구호로써 거품을 만들어놓고 자만·자족하는 교회로 보입니다. 그것이 거품이라는 사실이 역력히 보이는 데도 말입니다.

왜 젊은이들이 성당에 잘 나오지 않는가? 왜 지성인들이나 의식있는 이들이 교회에 대해 차차 냉담하고 외면하는가? 왜 대부분의 강론을 신자들이 지겨워하는가? 왜 예비신자들이 줄고 그 수준도 저하되는가? 이런 문제에 대해 솔직하게 진단해 보려는 노력도 없는 것 같습니다. 현재 교회 안의 의사결정 위치에 있는 사람들은 이런 모든 것이 신자들의 신앙심 부족, 세속주의, 쾌락주의, 배금사상 및 선교열의 저하에 기인한다고 자신감에 넘쳐서 말하지만 실제 문제는 그런 것이 전혀 아닙니다. 볼 눈을 가진 사람은 보고 들을 귀를 가진 사람은 듣습니다. 다른 사람의 말을 듣지 않고 자기 자신이 모든 문제와 그 해답을 안다고 생각하는 사람은 정보의 흐름에서 스스로를 고립시키는 사람입니다. 이것은 현대사회 안에서 스스로의 실효성을 포기하는 지름길입니다.

주교들이 교구 안에서 존경과 찬양을 아직 받고 있고 신부들이 본당에서 아직 자기들 마음대로 할 수 있으니까, 아무 문제 없다고 생각하는 사람이 있다면 대단히 딱한 노릇입니다. 오늘날 권위는 위에서 주어지지 않습니다. 권위는 실효성이 있을 때 발생합니다. 권위는 사람들에게 강요하는 것이 아니라 사람들이 스스로 인정하는 것입니다. 스스로 모든 것을 알고 스스로 높다고 생각하는 사람에게 정보는 흘러들지 않습니다. 그러면 그 사람은 무용지물이 되고 맙니다.

교회는 로마의 것도 아니고 주교와 신부들의 것도 아닙니다. 예수 그리스도 안에 우리 삶의 진리를 읽는 사람들 모두의 것입니다. 현실에 대해 올바르게 보고 판단하려면 교회 구성원 모두가 편견과 아집과 우월감을 버리고 다른 사람들의 의견을 듣고 대화해야 합니다. "성은이 망극하던" 시대는 벌써 지나갔습니다. 성령은 높다는 사람들과 함께 계시지 않습니다. 성령은 이 세상 모든 사람들 안에서 일하십니다. 듣고 찾는 노력을 진지하게 하는 곳에 성령의 일하심이 있을 것입니다. 성령은 그 위에서 쉬고 즐기라는 특권이 아닙니다.

1997년 10월 18~19일 양일간 개최된 심포지엄에서 우리는 우리의 신앙과 교회가 안고 있는 문제들의 일부를 진지하게 생각해 보았습니다. 발제강연을 해주신 분들과 약정토론에 임해 주신 분들의 글을 모아서 출판합니다. 주말인데도 불구하고 참석하신 분들이 많아서 준비한 유인물도 모자랐고 좌석도 부족하여 장소를 옮기기까지 하였습니다. 질의응답 시간에는 많은 분들이 질문해 주셨습니다만 그 질문 내용을 여기다 모두 소개하지 못하고 일부만 실었습니다. 그 질문들이 무기명으로 된 것도 아쉽습니다. 심포지엄에 참여해 주신 모든 분들에게 이 자리를 빌려 심심한 감사의 말씀을 드립니다. 참석하신 모든 분들 안에 교회를 위한 심려와 사랑을 읽을 수 있었습니다. 이런 모임이 계속되기를 기대합니다.

1997.12.30
서강대학교 종교학과
서공석

목 차

발간사   서공석   5

① 사목에 대한 사목적 반성   발제강연: 이제민   9
                                       질의응답   31
                                 약정토론: 김정수   34
                                       질의응답   47

② 신약성서의 여성관   발제강연: 정양모   55
                                       질의응답   105
                                 약정토론: 김판임   108

③ 수도생활과 교회 쇄신   발제강연: 이덕근   127
                                       질의응답   145
                                 약정토론: 이완영   150
                                       질의응답   154

④ 현행 고해성사 쇄신을 위한 신학적 반성   발제강연: 서공석   159
                                 약정토론: 임병헌   182
                                       질의응답   186

⑤ 평신도가 보는 한국교회의 쇄신   발제강연: 신정환   197
                                 약정토론: 강영옥   231
                                       질의응답   235

①

사목에 대한 사목적 반성

〈발제강연〉

이 제 민

(광주가톨릭대학교 교수)

한국교회 이대로 좋은가? 현 교회의 상황에 대한 비판과 미래의 교회상을 동시에 제시하는 이 질문에 대한 답변은 단순히 "좋다"와 "이대로는 안된다"의 양자택일 방식으로 주어질 성질의 것이 아니다. 이 물음에 답하기 위해서는 먼저 평가기준이 설정되어야 한다. 이에 필자는 평가기준점을 제시하고 거기에 따라 간단히 현재 교회의 상황과 그 흐름을 반성적으로 비판하고자 한다. 여기서 현재의 상황이란 2천년대 희년을 준비하는 교회의 실상이다. 2천년대의 교회는 교회에 대한 교회의 교의를 설명하며 모두를 제도에 묶어놓으려는 종전의 방식으로는 지탱될 수 없다. 교회는 인간 삶과 신앙의 장소이기 때문이다. 또 2천년대 교회가 "우리"가 지금 계획하고 구상하고 바라던 데로 흐르지 않는다는 것도 자명하다. 이는 지나간 1천년대 시대가 그 이전의 사람들이 준비한 데로 흘러오지 아니했다는 것으로 입증된다. 2천년대의 시대를 우리의 좁은 사고와 계획에 다 담으려는 마음으로는 미래를 열 수 없다. 2천년대의 교회를 준비하기 위해 우리는 지금 어떤 삶을 살고 있으며, 또 2천년대에 살 사람은 누구인지 물을 수 있어야 한다. "우리"는 2천년대의 서막을 장식할 수는 있을지언정 그 주역은 결코 아니다. 우리는 그들이 미래를 향하여 더욱 발전할 수 있는 길을 터줄 뿐이다. 현실과 미래를 향하여 교회의 문을 열어준 공의회는 2천년대 교회의 서막을 장식하는 출발점이다.

1. 평가와 전망의 기준점

1.1. 나는 지난 학기 신학교에서 교회론 강의시간에 학생들에게 교회에 대한 몇 가지 질문을 던져 소그룹으로 나누어 이야기를 나누도록 했다. 나눔의 시간은 10분을 넘지 말고 발표시간은 2~3분 정도로 제한했다. 이론화되기 이전의 교회에 대한 평소 느낌을 듣기 위해서였다. 필자가 학생들로부터 그들의 느낌을 먼저 듣고자 한 이유는 신도들에게 교회는 이론이 아니라 생활의 장, 느낌의 장소이며, 학생들에게 교회(론)는 암기과목이 아니라 삶의 장소이기 때문이었다. 대상은 막 독서직을 받았으면서도 아직 일반 교리 수준에서 교회를 알고 있는 4학년이었다.

질문은 간단했다. "나에게 교회는 어떤 의미를 지니고 있는가? 교회에 나는 만족하고 있는가? 지금 교회는 2천년대 희년을 앞두고 있다. 2천년대의 교회상은 어떠할까? 또 어떤 모습을 지녀야 할까? 이 질문에 대한 기준점은 무엇인가?" 학생들의 답변을 나열하면 대략 이렇다.

— 교회는 그리스도의 몸이다.
— 다른 단체와는 달리 신앙의 공동체다. 살아 있는 하느님을 섬기는 살아 있는 인간들의 공동체다.
— 사랑의 학교, 편안한 안식처, 행복을 느끼는 곳이다.
— 교회는 도구이지 목적이 아니다.
— 교회는 교계제도로 된 단체다.
— 계급구조를 많이 느낀다. 이의 강조로 인간의 개성이 무시당하고 소외감을 많이 받는다. 일인 독재체제의 느낌을 받는다. 사무장, 식복사 등에 대한 대우가 비인간적이다. 아랫사람에 대한 비민주적인 언사는 밖을 향하여 민주를 외치는 소리와는 모순이다.

— 너무 남성적이며 성직자들의 영성이 부족하다. 여성 성직자가 나왔으면 좋겠다.
— 거액을 들여 성당을 짓느니 그 돈으로 아파트 방을 여러 개 구입하여 소공동체 형식의 본당을 운영하는 것이 더 바람직하다.
— 2천년대 교회는 일치와 개방의 교회, 성직자만이 아닌 모든 이의 교회가 되어야 한다. 가난한 이들의 교회, 선민의식을 버린 교회여야 한다.

교회에 대한 학생들의 이 느낌은 성직자든 평신도든 대부분의 신도들이 느끼는 바들로서, 그에 대한 반성의 요구도 귀가 닳도록 들려오는 것들이다. 그런데 이 단점들은 왜 수정되지 못하는 것일까? 하나 분명한 것은 이런 모습으로서는 교회가 2천년대를 이끌어나갈 수 없다는 것이 학생들의 견해였다. 교회론을 아직 배우지 못했기에 나온 철부지 견해인가? 교회가 경청해야 할 시대의 소리(징표)인가?

그런데 학생들에게서 한 마디도 언급되지 아니한, 그러나 교회를 사는 데에 가장 근본적인 개념이 있다. 이 단어가 한 마디도 언급되지 않았다는 것은 놀랍기도 하지만 그것이 그대로 우리 교회의 현실을 반영하는 것이기도 하다. 이 단어는 교회를 근원적으로 바라보게 하는 눈이고, 교회의 현실을 반성하는 눈이며, 교회의 미래를 열어주는 눈이다. 그 눈은 놀랍게도 우리가 평소 너무도 많이 사용하고 있는 다름아닌 제2차 바티칸 공의회의 "사목" 개념이다.

사목교서, 사목자, 사목방문, 사목방침 등의 용어에서 보듯이 사목은 교회에서 가장 많이 사용되는 단어 중의 하나다. 교회의 일을 추진하는 데 빠져서는 안되는 단어다. 이 단어는 교회를 이해하고, 교회를 실천하는 데 있어 가장 근본적인 단어이다. 그런데 역설적이게도 이 개념은 우리가 가장 모르는 단어들 중의 하나이며, 가장 오해를 많이 받고 가장 버림을 많이 받는 개념 중의 하나다. "사목적 차원"이라는 구실 아래 신도들에게 엄하게 행동하는 사제들의 예를 얼마나 많이 보는가? "대체적으로 본당신부들은 독선적으로 본당일을 처리해 나가고 이것이 사목방침이라고 하면서

밀고 나간다."[1] "사목"이 신부를 독선적으로 만든다는 것이다. 성직자들은 평신도들을 사목의 대상으로 보면서 자기가 인도하고 교화할 사람, 자기에게 순종해야 하는 사람으로 본다는 것이다. 본당에서 "사목위원 하면 높은 사람"으로 인식되고 있다.[2] 그러나 제2차 바티칸 공의회의「사목헌장」이 평신도를 다루는 성직자의 사목지침서가 아니라 성직자와 평신도가 함께 온 인류에게 봉사해야 한다는 것을 내용으로 하고 있는 데서 보듯이 사목은 성직자의 전유물이 아니라 교회(의 일)를 이해하는 근본(헌장)이다. 우리가 우리 교회의 현실에 대해 불안을 느끼는 근본 원인은 "사목"이 아직 "교회의 전체 프로그램"으로 대우받지 못하기 때문이다.

제2차 바티칸 공의회를 역사적인 의미를 지닌 공의회로 만든 것도 이 단어였다. 우리는 가끔 공의회가 실종되었다는 말을 하는데, 이것은 곧 사목의 실종을 의미한다. 사목이 실종되었기에 공의회가 우리에게 별 의미없는 공의회로 여겨지는 것이다. 제2차 바티칸 공의회에 대해서 침묵하고, 종교간의 대화가 몇 명 관심있는 자들의 주제일 뿐 전체교회의 관심사는 되지 못하고, 오랜 작업 끝에 용어 몇 개를 현대의 언어감각에 맞게 고쳐 내놓은 개정 미사통상문을 토착화의 결실로 보고, 공의회 이전의 신보수주의가 교회 안에 다시 일고, 조금만 진보의 말이 나와도 귀를 곤두세우며 민감한 반응을 보이고, 로마에서 나오는 한마디 말에 한국교회 전체가 꼼짝못하고 하는 것은 공의회의 사목 개념을 소화해 내지 못한 때문이다. 신도들에게 마음을 열지 못하고 권위적이고 성직자 중심으로 흐르는 것도 사목을 소화하지 못한 때문이다. 사목은 교회의 미래를 위한 발판이며 한국인을 위한 한국인의 교회(론)의 출발점이다. 이에 공의회의 중요성을 강조하면서 사목의 의미를 밝히고자 한다.

---

[1] 호인수,『교회와 여성』, 제29차 한국 여자수도회 장상연합회 정기총회 결과 보고서 1996, 31.
[2] 같은 책.

2. 사목과 공의회

2.1. 사목에 근거한 교회를 이야기하기 위해서는 무엇보다도 공의회의 중요성이 인지되어야 한다. 지난 30년간 공의회에 대하여 많은 이야기를 하는 사이 우리는 어느새 공의회에 대해 다 아는 것처럼 되었고, 그래서 이제는 이 단어를 끄집어내는 데 용기를 내어야 할 판이 되었다. 하지만 지금 교회의 모습을 보면 우리는 아직 공의회의 정신에 대해 진솔하게 이야기해 본 적이 없고 여기에 바탕하여 우리의 교회를 반성하고 설계하려는 노력도 충분치 못했다는 것을 알 수 있다. 우리는 아직도 그만큼 공의회 이전의 시대에 살고 있는 것이다.

공의회는 하나의 헌장constitution이다. 제1차 바티칸 공의회나 다른 어떤 공의회의 여러 진술들을 반복하고자 교부들을 소집한 것이 아니다. 그런 목적이라면 구태여 공의회를 소집할 필요가 없었을 것이다. 처음 공의회가 소집되었을 때만 해도 공의회는 자기의 그런 의미를 의식하지 못했지만 진행 과정에서 차츰 그 소집의 의미를 시대의 요청으로 인지하게 되었다. 공의회는 자기의 과제를 전통으로부터 현재를 관찰하는 데 두지 않고, 전통을 현재로부터 새롭게 밝히는 데 두었다. 현재를 전통으로부터만 읽으려 하는 데서 보수주의와 권위주의 그리고 교의에 묶인 근본주의가 생긴다. 공의회는 하나의 새로운 시작이다.[3] 공의회가 의결한 여러 텍스트들은 사람들이 임의적으로 해석해야 하는 여러 대립적인 진술들의 모음집이 아니라 프로그램이다. 교회의 고유한 미래를 위한 프로그램이다.[4]

2.2.1. 제2차 바티칸 공의회가 마련한 이 시작의 시작이 「사목헌장」이다.[5] 「사목헌장」은 공의회의 가장 중요한 문헌 중 하나일 뿐만이 아니라 하나의 헌장으로서 보편적 가치를 지닌 전체의 해석을 위한 열쇠이다. 「사목헌

---

[3] Klinger, Kirche – Praxis des Volkes Gottes, 2.

[4] Klinger, Kirche – Praxis des Volkes Gottes, 3.

[5] Klinger, Kirche – Praxis des Volkes Gottes, 1 이하.

장」은 전체 교회사와 교의사를 제2차 바티칸 공의회로부터 읽게 하는 원칙이다. "「사목헌장」은 교회 안에서 하나의 전환점이다. 「사목헌장」은 전통을 머리에서 발끝까지 완전히 뒤엎어놓았다. 지금까지는 전통 자체가 계시의 원천이었다. 사람들은 전통에서부터 출발하여 전통에 속하지 않은 것을 평가했다. 그러나 이제부터 교회는 자기가 향하고 있는 인간에서부터 출발하여 신앙을 이해하고, 인간의 존엄성을 존중하고, 인권을 인정하고, 인간과 대화를 하지 않고서는 자기의 신앙과 신앙의 전통을 잘 표현할 수 없게 되었다. 인간의 인격을 구제하는 것이 교회의 목표이기 때문이다. 사회의 올바른 건설은 교회의 과제인 것이다. 개인이든 전체이든 인간이 교회 위임의 중심에 자리하고 있다. 교회는 이 위임을 남으로부터 출발하여 이해하지 않고서는 이룰 수가 없다. … 「사목헌장」은 막연한 교회로부터 현대세계의 교회로 교회가 변천하는 방법이다."[6]

2.2.2. 공의회의 교회를 특징짓는 이런 위대하고 심오한 뜻을 지닌 사목 개념은 교의 개념과의 관계에서 밝혀진다.[7] 공의회는 교의와 사목이 각각 교의와 사목 안에서 일치를 이루고 있음을 강조하고 있다. 사목 안에 사목과 교의의 일치, 교의 안에 교의와 사목의 일치가 이루어져 있는 것이다. 가르침(교의)과 삶(사목)은 실존의 양극이다.

2.2.3. 교의와 사목의 관계는 세상과 교회의 관계를 이해하는 기준이다. 이런 견지에서 「사목헌장」은 정치-세속적 관점에서 교회를 그리고 교회적 관점에서 정치-사회적 소여성을 바라보게 한다. 세속 안에서 교회성과 세속성의 일치를, 세상 안에서 영성과 세속성의 일치를 이야기할 수 있게 한 것이다.

「사목헌장」의 제1부는 첫째 표준을 다루고 있다. 1부는 교의적 성격을 지니고 있는데 인간의 소명에 대한 교회의 가르침의 관점에서 교회 주제를

---

[6] Klinger, Kirche – Praxis des Volkes Gottes, 6; eine Methode des Wandels der Kirche von einer Kirche überhaupt zu einer Kirche der heutigen Welt.

[7] 이제민, 『교회 — 순결한 창녀』, 39-56 참조.

다룬다. 물음은 "교회는 인간에 대해 어떻게 생각하는가? 현대사회 건설에 무엇을 권고해야 할 것인가? 세계에서의 인간활동은 무슨 궁극적 뜻을 지니고 있는가? 이런 문제에 대답이 있어야 하겠다. 여기에 해답을 줌으로써 인류와 그 속에 있는 하느님의 백성이 서로 봉사한다는 것이 더 명백히 드러날 것이고 교회의 사명이 종교적이며 따라서 극히 인간적임이 명백해질 것이다"(「사목헌장」 11).

「사목헌장」 제2부는 둘째 표준을 이루고 있다. 이 표준은 사목적 성격을 지니고 있는데 "중요한 개별적 물음"을 다루고 있다. 교회는 시대의 어려움을 영적인 문제 앞에 둔 것이다. 이에 대해 제2부 서두에 이렇게 씌어 있다: "공의회는 먼저 인간(인격)의 존엄성이 어떠하며 또 인간은 우주 안에서 개인적 내지 사회적으로 어떤 임무를 수행하기 위하여 불리었는가에 대하여 서술하였다. 이제는 복음의 빛과 인간이 얻은 경험의 빛을 받아 인류에게 큰 영향을 미치고 있는 현대의 몇 가지 긴급 과제에 모든 사람의 관심을 모으고자 한다. 오늘날 일반의 관심을 환기시키는 많은 과제 중에서 특히 혼인과 가정, 문화, 경제, 사회, 정치생활, 민족간의 가족적 유대와 평화를 들 수 있다. 이같은 문제에 대하여 그리스도께로부터 받은 원리와 빛을 명백히 보여줌으로써 이 복잡다단한 문제들의 해결을 찾는 데에 신자들을 지도하고 모든 사람들을 밝혀주고자 하는 바이다"(GS 46).

인간은 자기의 영적인 소명에 따라 정치적-세속적 과제를 가지고 있다. 시대의 어려움은 정치-세속적이며 동시에 영적인 도전이다. 교회는 영적인 생활에 충실해야 한다는 것을 알기에, 세상의 문제를 가지고 있다. 교회는 세상 사람들이 두려워하는 곤궁과 비참함을 보아야 하며 복음의 빛 속에서 이와 토론하고 논쟁하며, 평가하고 마침내는 스스로의 결함을 함께 제거도 해야 한다.

교회는 자기의 영성적 사명에 따라 세속적 책임을 지니고 있다. 교회는 역사의 저편이 아니라 역사의 논쟁 안으로 짜여 있다. 교회는 인류 가족과 한 줄[列]에 서 있으며 이와 밀접하게 연계되어 있다. 교회는 인류의 전망으로부터 이야기될 수 있는 것이다. 시대의 징표는 그대로 교회에도 적용이 된다.[8] 시대의 징표를 읽지 못하는 데서 교회는 과거로 회귀하게 된다.

2.2.4. 영신적이며 동시에 정치-세속적 과제를 안고 있는 사목은 공의회 전체 프로그램의 열쇠다. 이 헌장과 함께 인간의 삶이 사목적으로 이해된다. 사목에 대한 새로운 이해와 함께 교회는 교회 밖의 사람에게도 관심을 갖게 했다. 교회 밖 사람들의 관심사는 곧 교회 안 사람들의 관심사이니 「사목헌장」은 이렇게 쓴다. "기쁨과 희망(Gaudium et spes), 슬픔과 번뇌, 특히 현대의 가난한 사람과 고통에 신음하는 모든 사람들의 그것은 바로 그리스도를 따르는 신도들의 기쁨과 희망이며 슬픔과 번뇌인 것이다. 진실로 인간적인 것이라면 신도들의 심금心琴을 울리지 않는 것은 있을 수 없다. 신도들의 단체가 인간으로 구성되었기 때문이다. 신도들은 그리스도 안에 모여 성부의 나라를 향한 여정에 있어서 성령의 인도를 받으며 모든 사람들에게 전해야 할 구원의 소식을 들었다. 따라서 신도들의 단체는 사실 인류와 인류 역사에 깊이 결합되어 있음을 체험한다"(GS 1).

사목에 의해 그리스도인만이 아니라 온 인류가 하느님에 의해 불림을 받았다는 것이 강조되고 있는 것이다. 사목은 인간과 인간의 삶, 그리고 인간의 삶의 터인 세계를 위한 프로그램으로 하느님과 인간의 만남에 대한 이야기를 인간세계 안에서 가능하게 하고, 하느님께서 자신을 연 세계를 향하여 교회가 자신을 열 수 있게 한다. 공의회는 이렇게 "사목"으로 인간의 인격을 찾아주었다.

인간의 삶을 위한 프로그램이요 신학의 방법론으로 이해되는 사목 개념에서 우리는 공의회가 그리스도인과 비그리스도인의 구별을 넘어서 인간을 이해하고 그리스도교 문화와 비그리스도교의 문화의 차이를 넘어 문화와 종교를 이해하고자 한 것을 보게 된다. 이로 인해 다른 문화와 그리고 다른 종교와의 대화의 문이 열리게 된다. 공의회가 교회의 문을 세계를 향하

---

[8] Klinger, Kirche – Praxis des Volkes Gottes, 6-8.

여 열었다 함은 교회를 "교의의 교회"에서 "사목의 교회"로 이해했음을 의미한다. 사목의 교회 안에서 나와 다른 전통과 풍습을 가진 인간의 삶이 인정되고 받아들여지게 된다. 사목의 교회에서 비로소 종교간의 대화가 보장되고 가난한 이와 소외받는 자들의 인권이 보장되며, 세계의 평화와 인간의 자유를 기대할 수 있게 된다. 그러기에 공의회는 실존하는 지금 이대로의 가톨릭 교회와 그리스도가 가지고자 했던 대로의 공의회의 가톨릭 교회 사이에는 큰 차이가 있다는 것을 의식하면서 교파와 종파를 넘어선 인간들의 만남을 제창하였다. 공의회는 분명히 이 차이를 제시하고 있으니, 공의회는 가톨릭 교회와 예수의 교회를 동일시하지 않았다. 「교회헌장」은 이렇게 말한다: "이 세상에 설립되고 조직된 사회 단체로서의 이 교회는 '베드로의 후계자와 그와 일치하는 주교들이 다스리고 있는 가톨릭 교회 안에 존재한다subsistit in"(LG 8). 가톨릭 교회는 예수의 교회와 완전 동일하지 않으며, 가톨릭 교회 밖에 교회가 있을 수 있다. 그러므로 가톨릭 교회는 더욱더 예수 그리스도의 교회가 되어야 한다.[9]

2.3.1. 사목에 대한 이런 이해는 교회론의 관점을 바꾸어 놓았다. 교회를 교계제도로서만이 아니라 하느님 백성으로 바라보게 한 것이다. 「사목헌장」은 다음과 같이 선포한다: "공의회는 그리스도 안에 모인 하느님의 백성 전체의 신앙을 증거하고 선포하면서 이런 여러 가지 문제에 대해서 인류와 더불어 대화를 나누며 복음의 빛으로 해명해 주고, 교회가 성령의 인도로 그 창립자로부터 받은 구원의 힘을 인류에게 풍부히 제공해야만 하느님의 백성이 속하여 있는 인류 가족 전체에 대한 연대성과 존경과 사랑을 가장 웅변적으로 증명할 수 있을 것이다. …"(GS 3). 하느님 백성은 인류에게 복음의 빛을 가져다준다. 하느님 백성 개념에는 인류도 속한다. 인류의 소명의 관점에서 볼 때 인류가 곧 교회이기 때문이다. 하느님 백성은

---

[9] E. Klinger, Die Kirche auf dem Weg zum Volk. Der Prinzipienstreit in der Ekklesiologie, in: M. Delgado u. A. Lob-Hüdepold (Hrsg), Markierungen: Theologie in den Zeichen der Zeit, Berlin 1995, 253-274 참조.

제2차 바티칸 공의회가 사목적 관점에서 내어놓은 교회의 모습이다.

교회가 얼마나 사목적이냐는 교회가 얼마나 하느님 백성으로 존재하느냐에 달려 있다. 하느님 백성과 함께 "모두가 교회다", "우리가 교회다"라는 자아의식이 생기게 되었다. 이는 교회를 제도 이상의 인격체로 보았음을 의미한다. 나는 교회에 가는 존재이기만 한 것이 아니라, 교회로서 세상을 살아가는 존재이다.

2.3.2. 하느님 백성으로서 교회 안에는 성직자와 평신도 모두가 속하며 (종전에는 교계제도를 성직자로 보면서 평신도만을 하느님 백성으로 구분했다), 남과 여, 가난한 이와 부유한 이, 가톨릭과 비가톨릭인, 그리스도인과 비그리스도인 등 소위 교회(그리스도교) 안팎의 모든 인간이 속한다. 이로써 성직자가 평신도에 봉사하는 교회 내의 일로만 이해하던 사목을 성직자와 평신도가 함께 인류에게 하는 봉사로 폭을 넓혀 이해하도록 해주었다. "사목"에 대한 새로운 이해가 열린 것이다. 그 근거는 성직자를 포함한 모든 그리스도교 신도들이 그리스도의 예언직·사제직·사목직에 참여한다는 「교회헌장」의 진술에서 찾아볼 수 있다(31항). 「교회헌장」은 성직자가 평신도에 봉사하는 교회 내의 일로만 이해하던 사목을 성직자와 평신도가 함께 인류에게 하는 봉사로 폭을 넓혀 이해하도록 해주었다. 주교와 사제뿐 아니라 평신도 세상의 구원과 그리스도 왕국의 확장을 위해 그들이 살고 있는 세상 안에서 나름대로 봉사해야 하는 것이다(「교회헌장」 6항. 34-36항). 영원한 사제이신 그리스도 자신이 온 인류를 위해 자신을 낮추어 봉사하신 것처럼 평신도들도 세상의 인간들에 봉사하는 사목직을 수행해야 하는 것이다. 착한 목자이신 그리스도가 보여주신 목자의 영성은 성직자만의 것이 아니라 하느님 백성 전체의 영성으로 수도자와 평신도의 영성이기도 한 것이다.[10]

사목의 주체는 성직자만이 아니라 평신도와 성직자이며, 사목의 대상도 평신도만이 아니라 성직자와 평신도 모두이다. 이로써 제도교회에 익숙했

---

[10] 한정현, "목자", 한국가톨릭대사전, 2725-2727 참조.

던 소위 "위"(성직자)와 "아래"(평신도)의 층이 무너졌다. 열린 성직자와 열린 교회의 모습을 제시하게 된 것이다.

2.4. 사목에 대한 새로운 이해와 함께 개방(열린 교회)과 대화가 공의회의 특징이 되었다. 성직자는 평신도에게로, 신도들은 인류에게로, 교회는 세계에로, 다른 교파로(에큐메니즘), 다른 종교로(종교간 대화), 다른 문화로, 나는 "타자"에게로 여는 가운데 자기의 정체성을 찾게 된 것이다. 성직자는 평신도와의 관계에서, 평신도는 성직자와의 관계에서 자기의 정체성을 발견한다. 열린 교회는 열린 방향을 주시한다. 그리고 그 변화를 읽는다. 열린 교회는 미래를 읽을 능력이 있다. "사목적"이란 열린 잣대로 인간과 세상을 그리고 남(의 종교 등)을 대하는 것이다. 중앙집권적이고 남성원리에 입각한 교회로는 21세기를 이끌어나갈 수가 없다. 그곳에는 보수주의와 근본주의가 판을 칠 뿐이다.

2.5. 제2차 바티칸 공의회가 우리에게 희망의 공의회인 것은 우리에게 새로운 사목의 눈을 주었기 때문이다. 사목의 눈으로 보면 교회와 세상이 달리 보인다. 교회의 지난 역사가 달리 보이고, 보이지 않던 교회의 모습이 보이게 되고 그 안에서 희망을 보게 되며 세계에 자신을 속이지 않고 희망을 제시할 수 있다. 공의회는 이 눈으로 지나간 교회의 어두운 역사에 가려 있는, 그러나 교회 전체를 우리에게 이끌어온 면을 보게 하였다. 교회를 하느님 백성으로 보게 한 것이다. 교의와 제도에 가리어 온갖 어두운 역사를 나타내었음에도 불구하고 교회가 오늘 우리에게 전해질 수 있었던 것은 우리는 볼 수 없었지만 사목의 모습으로 존재했기 때문이었다. 교회는 하느님 백성, 성령의 교회였던 것이다. 사목의 눈으로 바라볼 때 우리는 숱한 인간을 단죄하고 이단을 배출한 교회를 다시 사랑하게 되고 거기에 희망을 걸 수 있게 된다.

사목의 눈을 가지고 세상을 바라보고 교회를 성찰할 때 교의와 제도를 강화하여 교회를 쇄신하려는 것이 얼마나 시대에 역행하는 것인지를 알게 된다. 지난 세기 교회가 수없이 많이 반복하여 왔던 방법, 법과 교의로 교회를 다스리려던 지난날의 반복된 시도가 얼마나 많이 실패도 했는가를 우리는 역사를 통해 잘 알고 있다. 지난날의 교의나 제도를 끄집어내어 교회를 쇄신하려는 가운데 교회는 다시 과거로 회귀하고 근본주의로 흘러가게 된다. 이런 경직된 마음으로는 세상의 인간들을 포근히 안아 줄 수 없다.

사목의 눈으로 보면 보이지 않는 것이 보인다. 교회가 우리에게 전승한 것도 제도만이 아니며 또 교회도 제도에 의해 전승된 것만이 아님이 보인다. 지금까지 전부로 여겼던 제도의 교회가 성령의 교회였음이 보인다. 하느님 백성이 보이고 성령의 교회가 보이고, 사랑이 보이고 인간이 보인다. 그리고 교회를 사랑하지 않을 수 없게 된다. 2천년대의 교회는 이 하느님 백성, 성령의 교회, 사목의 교회와 함께 시작할 때 사회의 소금과 빛이 될 수 있을 것이다. 제도와 성직자 중심과 남성 중심의 교회가 성령과 하느님 백성의 교회였다는 것을 알게 된다. 과거 교회사가 제도의 교회, 성직자 중심의 교회만이 아니라 성령의 교회, 하느님 백성의 교회였음을 알게 되고, 죄인들의 교회임에도 불구하고 그 안에서 성령의 숨결이 작용하였음을 알게 되고, 순결과 거룩함을 살아야겠다는 결심을 하게 한다. 사목의 눈은 지난 교회를 반성하게 하는 눈이며 동시에 우리에게 희망을 일깨우는 눈이다. 지금 우리의 못난 처지에도 우리를 교만하지 않게 하고 사랑하게 하는 눈이다.

3. 한국교회의 사목 상황에 대한 비판

한국교회 이대로 좋은가? 이 물음은 한국교회가 얼마나 사목적인가 하는 물음의 지평에서 답변될 수 있다. 한국교회가 지금 비판을 받는다면 사목적이지 못하고, 하느님 백성으로의 구실을 다하지 못하고 있기 때문이다. 2천년대의 한국교회는 사목 개념을 얼마나 구체화하고 실현하는가, 사목의 교회로서 하느님 백성의 교회를 얼마나 생활화하는가에 달려 있다. 성직자의 전용물로만 이해되는 사목, 하느님 백성에보다는 제도에만 강조점을 둔 교회의 모습은 반성되어야 할 첫째 과제다.[11] 한국교회가 얼마나 한국적인가 하는 질문 또한 한국교회가 얼마나 공의회의 사목에 근거하고 있는가 하는 물음의 선상에서 답변된다. 한국교회가 이땅의 인간과 그 문화 그리고 그 종교들에 얼마나 심혈을 기울여 공존하는가 하는 반성은 사목적이다.

3.1. 하느님 백성 교회론과 공동체 교회론

3.1.1. 교회는 단순히 "공동체"가 아니다. "하느님 백성"으로서 공동체다. 하느님 백성으로서 공동체는 인격체로서 인간적인 교회이며 세상과 인류를 향해 열린 교회다. 교회가 자신을 하느님 백성이 아니라 "공동체"로서만 이해하려는 데서 구조와 체계와 제도만을 강조하게 되고, 신도들 위에서 이들을 다스리고 관리하려고만 하게 된다. 이 공동체는 인간과 세상을 향해 열려 있다기보다 이들(의 일)에 대처하기에 바쁘고, 이를 위해 제도를 더욱 강화하는 악순환을 반복하게 된다. 시대의 변화와 발전에 대처할 능력을 잃고 게토의 형태를 취하게 된다. 공동체를 그토록 강조하는 데도 불구하고 교구와 교구의 벽이 높아지며, 교회의 모습이 이기적으로 변해가는 현실이 이를 반영해준다. 교회의 제도를 사목적으로 정비하고 이를 방해하는 권위주의를 청산하는 것은 2천년대에 진입하는 교회에 주어진 과제이다. 이를 위해서는 "공동체 교회론"보다는 "하느님 백성 교회론"을 구체화해야 할 것이다.

3.1.2. 지금 우리 나라의 여러 교구에 확산되어 시행되고 있는 "소공동체 운동"도 "하느님 백성 교회론"에 바탕할 때에만 성공할 수 있을 것이다. 공동체 교회론에 근거하여 신도 관리를 위해 운영되는 소공동체는 이런 면에서 문제점을 가지고 있다. 큰 공동체의 하부구조로서, 위로부터 주어지는 명령에 따라 운영되는 제도로서 소공동체는 신도들을 "위의 성직자"의 영원한 "어린아이"로 만드는 일종의 유아신앙온상幼兒信仰溫床일 뿐이다. 그런

---

[11] 교회 내의 성직자 중심주의를 벗어나자는 것은 단순한 주장이 아니다. 그것은 시대의 징표와 시대의 변화를 읽자는 주문이기도 하다. 이 점에 대해서는 이미 여러 글들이 나왔기에 여기서는 다루지 않는다. 미사 예물 등 돈 문제도 해결 안되는 것도 안과 밖을 연결시켜주는 사목관이 정립되지 않아서이다.

구조에서는 제2차 바티칸 공의회가 강조한 "평신도도 교회다"는 정식定式을 찾아볼 수 없다. 그런 제도적 모습으로는 2천년대를 이끌어갈 수 없다. 사목은 제도를 지탱하고 관리하기 위한 것이 아니다. 사목을 중시한 소공동체라면 마땅히 "아래"를 "관리하기 위해" "위가" 권위로 "모은" 지시적 공동체의 모양을 벗어나야 한다. 오히려 "아래"로부터 "모여든" "자발적" 공동체의 모습을 띠는 공동체를 만들도록 머리를 짜야 할 것이다. 모으기 위해서는 제도와 구조와 명령이 필요하지만, 모인 공동체에는 이를 넘어선 인간미가 풍긴다. "소"는 결코 "대"(본당)를 위해 존재하는 것일 수 없다. 이는 사목적이지 않다. 사목이 잘 실현되고 있는가 하는 것은 교회가 진정 자기를 하느님 백성으로 실현해 나가고 있는가에 달려 있다.

3.1.3. 성직자 중심주의의 극복. 본문 참조.

3.1.4. 사목이 상부의 명령을 받아 제도를 관리하기 위한 것이 아니라는 것은 지역교회와 보편교회의 관계에서도 분명해진다. 하느님 백성으로의 사목적 교회는 한국에서는 한국적이어야 한다. 한국교회는 로마교회의 지부가 아니며 로마의 소리를 지역에 전달하는 도구가 아니다. 사목은 지역의 소리를 내게 한다. 지역에서 보편과 지역의 만남이 이루어지기 때문이다. 지역교회의 소리를 "지역교회와 보편교회의 관계"를 저해하는 비가톨릭적 소리로 비판하는 것은 사목에 대한 오해다.

3.1.5. 지역교구(지역본당)간의 협력이 잘 이루어지지 않는 것도 아쉬운 점이다.

3.2. 시복시성 운동

지금 우리 한국교회는 교구마다 순교자 성인 만들기에 여념이 없다. 전주·수원·청주 교구를 비롯하여 서울대교구가 기해박해(1839) 이전 순교자 64위를 선정하여 시복시성 작업을 추진하기로 했고, 이 일이 잘 이루어지도록 추진위원회를 구성하는 등 박차를 가하고 있다. 이 운동을 추진하고 있는 어떤 신부는 "시복시성 운동은 2천년 대희년을 맞으며 복음과 교회의 가르침에 터전하고 있는 우리의 정신적 바탕을 순교 선조들의 신심으로 더욱 굳게 하는 일"이고 "순교자들의 시복시성은 지속적이고 공적으로 추진돼야 하며 아울러 모든 교우들이 관심을 갖고 우리 순교자를 알고 그분들을 자발적으로 현양하는 데 힘써야 한다"고 했다(평화신문 1997년 2월 9일자 1면). 그리고 여기에 신도들의 참여율이 적은 것을 안타까워한다.

우리의 선조들이 진리를 위해 목숨을 바쳤다는 것은 기릴 만하다. 그들의 순교의 의미는 사목적 차원에서 고찰되어야 한다. 그들의 고귀한 죽음을 "우리편"을 위한 죽음으로, 그들을 싫어하고 박해한 세력을 비진리의 쪽에 선 사람들로 여기는 안목은 사목적이지 않다.[12] "우리편"을 위한 죽음이라는 이유로 한 인간을 성인으로 만드는 배타적인 행위는 그들의 순교정신에도 어긋난다. 순교자들은 그리스도교만이 아니라 그곳의 문화를 위해서도 죽은 자이다. 순교자들은 그리스도교와 문화가 만난 장소이다. 이 만남을 제쳐놓고 그리스도교를 위해 죽었다는 사실만으로 시복시성한다는 것은 공의회의 정신이 아니다. 공의회는 문화와 그리스도교의 만남을 그리스도교의 본질로 보기 때문이다. 시복시성은 문화와 그리스도교의 만남의 차원을 존중하는 가운데서 이루어져야 한다.

예컨대 황사영이 그리스도교를 위해 죽었다(1801)는 사실만으로 그를 성인품에 올리려 한다는 것은 그리스도교가 이곳 문화를 위해 어떤 의미가 있는가 하는 데에 의문을 낳게 한다. "성 황사영이여, 우리와 이 민족을 위해 빌어주소서" 하고 기도할 때 우리가 바라며 기도한 것은 무엇인가? 황사영 사건이 거의 200년이 지난 지금 또다시 우리는 "그리스도교냐 우리 문화냐?"의 그릇된 선택의 기로에 서야 하는가? 황사영이 오늘날 우리에게 갖는 의미는 그가 "우리편이다", "우리 교회를 위해 죽었다" 하는 차원이 아니다. 우리는 그를, 그의 죽음을 그리스도교와 문화의 만남의 장소로 생각할 수 있어야 한다. 그를 통해서 과거에 그리스도교와 문화가 어떻게 만

---

[12] 시복시성의 대상으로 64명을 선택했다가 그중 한 명이 뒤에 배교한 사실을 밝혀내고 그를 명단에서 뺏다고도 한다.

났는가를 반성할 수 있어야 하고, 나아가 오늘날 만남은 어떠해야 하는가 생각해 볼 수 있어야 한다. 한 만남은 비극일 수도 있고 새로운 장을 열어 줄 수도 있다. 황사영을 오늘날 성인으로 추대하겠다는 것은 그리스도교와 문화의 만남을 과거의 그 만남의 장소에서 이루겠다는 것과 다름없다. 문화와의 만남을 장려하는 공의회의 정신을 희석시켜서는 안될 것이다. 황사영을 그리스도교와 문화의 만남의 장소로 생각하지 못하는 데서 우리는 2천년대에 살면서도 과거에 머물러 버리게 된다. 우리 신앙의 선조들은 그리스도교에서 사목을 발견했는데, 정작 우리는 "우리편 남의편"을 따지다가 너무 쉽게 교의의 논쟁으로 빠지면서 사목보다는 교의만을 강조하게 된 것은 아니었던가? 성인은 모름지기 사목의 인간이어야 한다.

순교자를 기리는 것은 좋다. 그러나 그들이 성인이 되고 안되고는 우리의 성인 만들기 운동에 따라 되는 것이 아니다. 그들이 성인이고 아니고는 하느님이 알아서 할 일이다. 예수를 배반한 유다가 숨이 막 넘어가는 순간 우도처럼 회개하여 예수의 자유와 하느님의 구원을 입었고, 그래서 성인이 되었고, 수시로 마음을 바꾸다가 통회의 눈물을 흘렸던 베드로가 그야말로 숨이 넘어가는 그 순간 또다시 주님을 배반하고 죽어 지금 계속 또 잘못의 눈물을 흘리고 있을는지 그 누가 알겠는가? 그것은 하느님만이 아는 일이다. 우리 인간의 영역을 넘어선 차원이다.

정말로 성인이라면 성인품에 오르지 아니하여도 성인이고 또 그런대로 세인의 존경을 받는다. 그들의 교회에 대한 순수한 사랑에 우리 식의 영웅식 옷을 입히지 말자. 그들의 순수한 뜻을 기리고 사랑을 그대로 놔두자. 그들이 자신의 순교에 정말 자랑스러워하도록 하자. 성인들의 위대한 뜻을 우리의 속된 틀에 박힌 성인 만들기 운동으로 축소시키지 말자. 과도하게 시성운동을 벌이다 보면 정치도 해야 하고 돈도 있어야 한다. 성인을 돈으로 추대하는 것은 불행한 일이다. 우리는 실제로 그런 식으로 성인품에 오른 이들을 알고 있다. 얼마 전 복자품에 오른 "오푸스 데이"의 창시자 에스크리바가 그렇다. 예외적으로 그는 죽은 지 15년 만에 시복되었다. 그의

시복이 "오푸스 데이"의 정치력과 재력에 의한 것이라는 것을 의심하는 이는 별로 없을 것이다.[13]

2천년대 우리 교회가 바라는 성인은 요란한 성인품 성인이 아니라 조용하게 일상을 살며 봉사하다가 가신 비성인품 성인들일 것이며, 이들이 우리의 교회적인 삶을 지탱시켜 줄 것이고 우리가 살아야 할 삶을 제시해 줄 것이다. 2천년대의 사람들은 성인품에 오른 위대한 성인들, 교회와 세상에 막강한 힘을 발휘한 영광의 성인들보다, 성인품에 오르지 아니한 무명의 성인들, 영웅적인 성인보다 무명 성인들의 성덕이 교회를 그들에게까지 지탱케 해주었다는 것을 알게 될 것이다. 종파와 교파를 넘어 "저 사람은 살아 있는 성인이다"며 존경받는 수많은 우리 주변의 사람들, 우리가 보기에 결코 성인품에 오르지 아니할 그들이 어느 성인들보다 더 위대한 성인들로 존경받게 될 것이다.

인간과 성인聖人을 이해하는 데서 동과 서가 다르다는 것도 주목해야 한다. 한 인간을 성인품에 올려 성인으로 공경하는 그리스도교의 성인관에는 인격보다는 교의와 개념을 잘 지킨 이, 그래서 평범을 떠나 산 이, 삶보다는 신앙(교리)가 강조되고 있다. 성인은 교회의 인간이다. 그러나 개념과 교의를 넘어 삶을 강조하고 있는 동양인에게 성인은 교회인이기보다는 철저히 그런 구속에서 해방된 자유의 인간, 자연인이다. 서양의 성인이 성인품으로 하늘에 오른 분이라면, 동양의 성인은 우리의 삶 속에서 삶을 살아가는 가장 일상적인 인간이다.

3.3. 자기의 이름으로 세례를

성인들의 이름에 따라 영명을 정하고 이날 서로 축하를 하는 것은 교회의 좋은 전통일 수 있다. 성인들의 축일이 대개 성인이 선종한 날이라는

---

[13] 우리는 "오푸스 데이"에 대한 불신을 알고 있다. 설사 "오푸스 데이"에 대한 불신이 무지의 신도들 때문에 생긴 것이라 해도 "오푸스 데이"가 말썽많은 단체라는 것 때문이라도 시복식은 미루어야 했다.

것을 생각할 때, 이날 그들이 누구를 위해 무엇을 위해 죽었는가 묵상하는 것은 신도생활을 하는 데 분명 도움이 될 수 있다. 그러나 세례는 나를 새 사람으로 세상에 태어나게 하는 것이다. 세례받을 때에 세례받는 "내"가 새로 태어나는 것이지, 세례명의 성인이 "나"로 새로 태어나는 것은 아니다. 구원을 받아도 내가 받고 구원에서 제외되어도 내가 제외된다. 이런 면에서 세례는 "나"의 이름으로 받는 것이 타당하다. 그럴 때 세례명을 정하는 데 고민하지 않아도 될 것이다. 한국 성인의 이름을 딴다면서 대건 안드레아니 효주 아녜스니 하는 복잡한 과정을 거칠 필요도 없고, 자기 생일에 맞춘다거나 부르기 쉽고 아름다운 이름으로 고른다거나 또는 희귀한 성인으로 선택할 것이냐 하는 번거로움도 피할 수 있을 것이다.[14] 무엇보다도 이런 과정을 거쳐 정해진 성인의 축일이 자기의 크리스천적인 삶에 별로 도움을 주지 못한다는 것이다. 본당 행사로 치러지는 신부의 영명축일을 생각해 보라. 성인의 뜻을 기린 축하가 과연 얼마나 되는가? 영명축일보다는 그들이 세례받은 날을 기억하는 것이 신자생활에 훨씬 더 도움이 되지 않겠는가? 세례명이 그래도 의의가 있다면 굳이 성인의 이름이 아니더라도 평생 신도생활을 하는 데 좌우명이 될 만한 단어를, 부모가 자식에게 이름을 주듯이 그런 정성으로 세례명으로 정하여 부여할 수 있을 것이다. 그 세례명은 "반석"일 수 있고 "별"일 수도 있을 것이다. 그리하여 평생 그리스도인으로 반석처럼, 별처럼 살고자 노력할 수 있을 것이다. 세례가 나를 세상에서 일상에서 그리스도의 제자로 살도록 하기 위함일진대 이에 부합한 이름으로 지으면 될 것이다.

3.4. 여성사제, 여성부제, 수녀사제, 수녀부제

여성사제에 대한 교회의 부정적인 견해에 대해서는 입장을 밝힌 바 있다.[15] 가부장 사회를 벗어난 현대에, 그리고 여성성의 추구가 단순히 여성

---

[14] 이제민, 『교회 — 순결한 창녀』, 323-325 참조.

의 권익을 위한 것이 아니라 인간성의 회복을 의미한다는 차원에서 여성사제는 단순히 여자가 사제가 될 수 있는가 없는가의 물음을 벗어난 주제이다. 수녀 있는 본당이 수녀 없는 본당보다 따스하게 느껴지는 한국교회의 상황에서 여성사제를 논하기가 아직 이르다면 신도들로부터 존경과 사랑을 받는 수녀사제(수도자로서 사제직을 수행하는 수사신부가 있듯이 수녀의 신분으로 수행하는 사제직을 생각해 볼 수 있다)나, 또 이 과정(수녀사제) 또한 아직 이르다면 수녀부제도 생각해 볼 수 있을 것이다. 여기에는 지역교회의 특수성도 배려되어 있다. 제2차 바티칸 공의회가 종신부제직을 지역교회 교구장에게 맡긴 것과 같은 차원에서 고려해 볼 수 있을 것이다. 「선교교령」은 이렇게 쓴다.

"교리교사로서 하느님의 말씀을 선포하든, 본당신부나 주교의 이름으로 멀리 떨어져 있는 그리스도교 공동체를 지도하든 또는 사회활동과 자선사업을 하든 실제로 부제적 직무를 이해하고 있는 남자들이 사도들로부터 전수된 안수로 말미암아 견고하여지고 더 밀접하게 제단에 결부케 되는 것은 유익한 것이다. 그들은 부제직의 성사적 은총에 의해 더한층 효과적으로 봉사할 수 있다"(16항).

이 문헌에는 비록 남성들만이 언급되어 있다. 하지만 남성들이 하는 봉사직무를 한국의 경우 수녀들이 많이 하고 있다.

부제라는 이름이 걸림돌이 되거든 "봉사자"라는 명칭을 사용해도 좋을 것이다. 교회법과 교의는 처음부터 오늘 우리가 가지고 있는 법전의 형태로 하늘에서 떨어져 우리에게 주어진 것이 아니라 발전에 발전을 거듭하며 오늘을 사는 우리에게 이르렀다. 교의의 발전은 앞으로도 계속될 것이다.

---

[15] 이제민, 위의 책, 194-203 참조; 사제가 그리스도의 인격(persona Christi)으로 직무를 수행하기에 여성의 사제직무 수행이 불가능하다는 이론도 궁색하다. 그럴 경우 여성은 하느님의 모상도 될 수 없고 그리스도를 닮을 수도 없다는 것이 된다.

3.5. 다시 한번 신학교 문제

2천년대 교회를 바라보면서 신학교 문제를 지나칠 수 없다. 신학교는 우리의 미래의 사제가 양성되는 곳일 뿐더러 지금 우리 나라에서 유일하게 신학을 할 수 있는 장소다. 나는 이미 부산·대전·인천 신학교 설립과 함께 신학교 난립으로 인한 문제를 지적한 바 있다.[16] 신설하는 신학교는 저마다 21세기의 한국교회와 신학[17]을 걱정하면서 의욕을 보이지만, 진정 민족 복음화와 신학의 발전을 위한다면 힘과 재력을 분산시킬 것이 아니라 한 군데로 모아야 했을 것이다. 무엇보다도 이들 신학교가 도시에서 멀리 떨어진 세속을 등진 신학교라는 점을 생각할 때 거기서 얼마나 현대인을 위한 영성을 함양할 수 있을지 우려하지 않을 수 없다.

지금 막 출발한 신학교더러 문 닫아라 말라 말할 자격이 없고 또 어떤 대안이 있는 것도 아니지만, 이런 현실을 감안하며 필자가 몇 년 전 『신학전망』에 제시한 몇 가지 점을 다시 상기시키고자 한다.

— 신학교 개방. 신학교는 결코 사제양성의 게토가 될 수 없다. 세속과 결별하여 신학공부를 하며 양성된 사제는 사제가 되고 나서도 세상을 모르는 게토적 삶을 살 수밖에 없다. 성직자 중심과 권위주의는 이런 게토에서 형성된다.

— 신학교 개방은 평신도의 신학공부를 포함한다.

— 대학교와 기숙사의 분리. 기존의 종합대학교에 신학과를 두어 교구별로 설립한 기숙사에서 신학생들을 통학하게 하는 방안도 생각해 볼 수 있겠고, 대학원제로 신학교를 운영하는 것도 생각해 볼 수 있을 것이다. 대학 4학년까지는 일반 대학에서 통학하면서 공부하고 5학년부터

---

[16] 북한선교를 인천교구신학교에서 전담하도록 한국천주교회가 위탁이나 했듯이.

[17] 광주신학교는 개교한 지 30년이 지나도록 학술연구소 하나 없다. 과연 신설 신학교가 신학교 연구소에 투자를 할 수 있을까? 나는 가끔 광주 이후에 신설된 신학교의 건축비만 거의 1000억원에 달하는 것을 생각하면서 이 금액으로 세계적인 연구소에 세계적인 학술회를 시작하였더라면 어떠했을까? 아니 그 십분의 일로도 이런 구상의 실현은 충분했을 것이라 생각한다. 여기에 과연 "우리"의 신학을 이야기할 용기가 있는가?

는 신학교 기숙사에 대학원을 설치하여 3년 이상 대학원 공부를 하며 집중적으로 사제수업을 하는 것이다. 대학 4년은 신학생들에게 평신도뿐 아니라 일반 대학생까지 폭넓게 사귀는 계기가 될 것이다. 이런 생활을 통해서 신학생들은 평신도와 사회를 향하여 마음을 열 수 있는 법은 물론 더욱 자율적으로 그리고 적극적으로 세상을 사는 법도 배우게 될 것이다.

— 신학교는 본당과 세상에 나가 사목할 사제를 길러내는 곳이기만 한 것이 아니라 그 자체로 세상과 교회가 만나는 장소여야 한다. 본당이 세상과 교회가 만나는 장소이듯이 신학교는 당연히 "세속 안의 교회"를 살아가는 본당신부의 실존의 모태가 되어야 한다. "세속 안의 교회"는 신학교 후가 아니라 신학교 안에서 이루어져야 한다.

4. 결 론

사목과 하느님 백성을 희석시킨 교회는 21세기에서는 무용지물, 역사의 산물이 될 수 있다. 이는 21세기 자체가 더 이상 권위와 복고와 성직자 중심, 체제와 제도만으로는 다스려질 수 없다는 데서 더욱 심각해진다. 과거 없는 현재는 있을 수 없다. 그러나 미래의 상황은 지나간 과거의 잣대로는 결코 바꿀 수 없다. 현재는 미래를 향해 열려 있기 때문이다. 몇 가지 제안을 한다.

— 개방에 용기를 가지자. 제1차 바티칸 공의회 때 교황은 교회쇄신을 교회를 반역하는 것이라고 하였다. 쇄신을 스스로 잘못을 인정하는 것으로 보았기 때문이다. 그리하여 세상과의 차별성을 강조하면서 벽을 쌓았다. 제2차 바티칸 공의회는 세상의 소리를 들으려고 애썼다. 들음은 자기개방에서 가능하다.

— 교회는 그리스도교와 한국인의 삶을 만나게 해주어야 한다. 한국의 분위기를 보존하고 느끼게 해주어야 한다.

— 종교는 자기의 영역에서 문화와 현재의 삶을 만나게 해주어야 한다. 이 만남은 결코 과거와의 만남이 아니라 현재의 삶과의 만남이어야 한다. 한국적인 것의 만남은 고대로부터 현재까지 이어오는 연속된 문화와의 만남이며, 이 문화와의 만남은 온갖 종교들, 그래서 한국 불교, 한국 유교들과의 만남이기도 하다. 이 만남은 포용적이며 배타적이지 않고 자기변형을 전제로 한다. 순수 그리스도교를 서구식으로 이땅에 심겠다는 것은 망상이다. 그리스도교와 한국적인 것의 만남은 그 순수성에서 이루지는 것이 아니라 끝없는 해석의 발전을 통해서 이루어진다. 해석학적 작업의 필요성을 존중한다면 토착화는 그리스도교의 한 요소를 뽑아 한국적으로 해석한다든지 또는 한국적 요소를 뽑아 그리스도교의 개념에 맞게 해석한다든지 하는 식으로 이루어질 수 없다는 것도 자명해진다. 한국 그리스도교는 한국에 들어와 한국화된 그리스도교이면서 한국의 삶을 만나게 해주는 것을 과제로 안고 있다. 그리스도교는 한국적 삶을 만나게 해주는 도구 역할을 하며, 나아가서 그 삶의 원천인 그리스도를 만나게 해주는 교량 역할을 한다. 이는 동시에 그리스도교는 그 자체로 항상 새 그리스도교로 바뀌어가야 한다는 것을 암시한다.

한국 종교사에서 나타나듯 모든 종교는 항상 변화하며 지금에 이르고 있건만 우리 교회는 이런 사실을 잊고 과거와 과거의 번역에만 너무 연연한 것 같다. 한국에서의 유·불·선이 한국화하는 과정에서 이 과정을 거쳤고, 그리스도교가 구약의 역사를 통해서 또 유럽화되는 과정에서 이 변형의 역사를 거쳤지만, 이 변형의 역사가 서구 유럽의 교회로 끝이 나야 하는 것처럼 한국의 교회는 거기에 연연하고 있다. 이는 곧 스스로 자기의 미래를 닫는 경우를 자아내고 마는 꼴이다. 그리고 점점 겉으로는 대화와 화해를 부르짖건만 속으로는 배타와 독선의 근본주의의 옷을 벗지 못하고 만다. 변형을 외면한 그리스도교는 비록 한국인의 옷을 입었다 하나 이땅에서 영원히 이방의 교敎로 남을 것이다.

〈질의응답〉

질문 1: 사목에 대한 신부님의 정의는 토론자의 것과 다르다. 그리고 본당신부들도 신부님이 정의내린 그런 식으로 사목을 수행하지 않는다. 사목에 대한 신부님의 이해가 단 몇 분의 생각이신지 아니면 대부분의 사제들도 실제로 사목을 그렇게 이해하는데 단지 그 실행에만 문제가 있는 것인지?

답변: 내가 사목을 옳게 이해했고 다른 사람들이 틀리게 이해했다고 주장하고 싶지는 않다. 다만 제2차 바티칸 공의회가 끝난 지 30년이 넘도록 교회(와 본당과 성직자들)의 모습이 그 전과 별로 달라진 것이 없고 그래서 공의회가 제시한 모습을 보여주지 못하고 있다면, 그 원인이 어디 있다고 보는지를 질문자에게 되묻고 싶다.

질문 2: 사목pastoral이란 표현은 유목민족의 표현이다. 목자와 양떼라는 주종관계가 깔려 있다. 한자 문화권에서는 전혀 넌센스가 아닌가 한다. 새로운 표현을 가지고 신학적인 접근이 필요하지 않겠는가?

답변: 사목이라는 개념이 반드시 주종관계를 의미하는 것이라면 이는 우리 문화권에서뿐 아니라 대화와 개방을 가능하게 한 제2차 바티칸 공의회의 교회정신에도 맞지 않는 것으로서 사용하는 데에 재고를 해야 할 것이다. 그뿐 아니라 다른 개념으로 대체할 필요성도 있다.

그러나 모든 개념은 해석학적인 과제를 안고 있다. 그 개념을 낳게 한 인간의 원초적인 체험을 읽는 것은 우리의 과제이다. 왕이라는 개념이 현대 민주주의에 맞지 않는다고 하여 하느님을 임금님으로 표현한 것을 포기해야 한다고 주장하는 것은 옳지 않다고 본다. 오히려 당시 사람들이 하느님을 임금으로 체험한 것을 해석하면서 그들의 원초적인 체험에 도달할 수 있어야 할 것이다. 거기에 신학의 과제가 있다. 고대 근동의 왕권 개념에서 볼 때 왕은 단순히 절대권력자가 아니라 구원의 형상이었다. 인간이 인간에게 늑대였던 당시에 왕 없는 기간은 민족들에게 곧 불행을 의미하는 기간이었다. 그런 시기에 왕의 등장은 불행한 시기를 끝장내게 하는 구원을 의미했다. 이스라엘의 왕으로서 야훼 하느님은 역사의 무질서를 끝내고 평화와 행복의 시기를 열어주는 것을 약속하시는 분이셨던 것이다. 훗날 예수께서 하느님의 왕국이 도래했다는 복음을 선포하셨다면 바로 이런 해방과 구원을 의미하는 하느님의 주권을 선포하신 것이다. 하느님의 주권에는 전제군주가 아니라 백성을 사랑하는 하느님의 모습이 잘 나타나 있다. 목자의 참된 의미도 목자와 양의 관계에서 찾아진다. 성서에서 하느님에게 붙여진 목자 칭호에는 지배가 아니라 돌봄이 강조되어 있다(에제 34,11-22). 신약성서는 예수를 자기의 양들을 위해 목숨을 내어놓는 그런 목자로 표현한다(요한 10,11-15).

문제는 사목이 관계적 개념으로서가 아니라 지배의 이념으로 이해되고 있다는 데에 있다. 그런 면에서 사목을 성서적으로 접근하는 과제가 주어져 있다.

정약용의 『목민심서』에는 — 비록 그것이 양떼를 가리키는 것인지는 잘 모르겠으나 — 사목에 대한 개념을 찾아볼 수 있다.

질문 3: 각 본당의 사목협의회(위원회)는 주임신부의 보조기관인 것이 현실이다. 평신도와 더불어 사는 방안은 없는가?
답변: 사목 개념을 소화하는 것이 우리 한국교회의 절실한 과제라는 것을 새삼 절감한다.

질문 4: 소공동체 운동이 아래로부터 모여든 자발적 공동체의 모습을 띠어야 한다는 데에 동의한다. 하지만 늘 위로부터 주어진 틀에 익숙한 오늘날의 교회 상황에서 "어떻게", "자발적" 공동체의 모습을 회복할 수 있을지 그 방법에 대해서?
답변: 나 자신 구체적인 안은 없다. 다만 지금 한국에서 추구되고 이 운동이 "소공동체 운동"이라는 이름으로 전개되는 한 지금의 이 현실을 벗어나기 어렵지 않은가 하는 생각이 든다. 너무 성급하게 교구마다 유행처럼 전개되는 이 운동에 회의가 들기도 한다. 변화하는 21세기는 "대"를 위해 "소"를 희생하는 그런 시대는 결코 아닐 것이다. 또 "운동"보다도 삶을 필요로 하는 시대일 것이다. 그리스도의 삶은 위에서부터 주어진 어떤 구조적인 운동으로 얻어지는 성질의 것이 아니다.

질문 5: 현재 일곱 개의 신학교가 공식적인 교류 없이 교구 지침에 따라 독자적으로 운영되고 있다. 이는 또 하나의 분열이라고 생각한다. 직통전화, FAX, PC 통신 등을 통한 만남이 이루어져야 하지 않을까?

답변: 주교님들의 방침을 누가 꺾을 수 있겠는가? 최근 신학교 설립에 대해서는 필자가 이미 견해를 밝힌 바 있으므로(『교회 – 순결한 창녀』, 분도출판사 1997년 3쇄, 225-51) 참조 바란다. 나의 주장에는 아직 변함이 없다. 현 상황에서 신학교간의 만남은 — 그것이 이루어진다 해도 — 형식적이고 결실이 없을 수 있다. 만남과 대화와 일치가 그토록 중요한 것이라면 처음부터 갈라설 필요가 없었을 것이기 때문이다.

질문 6: 신부님께서는 점진적인 방안으로 여성부제를 제안하셨는데 여성부제를 받아들이면 가부장적인 성직 구조를 더 강화하는 것이 아닐까?

답변: 여권신장은 남성과 여성의 동등한 인간성을 강조하는 것이지, 여성을 남성화하는 것이 아니다. 성차별의 극복을 주장하는 것도 여성을 남성화하자는 것이 아니라 여성과 남성이 동등한 인간 대접을 받자는 것이다.

여성사제나 여성부제도 이런 차원에서 이해된다. 위의 질문은 지금껏 권위적이지 않는 여성에게 사제직이나 부제직을 부여하는 것은 또 다른 "권위층"을 만드는 것이 아닌가 하는 우려에서 나온 것인데, 이는 사제직은 반드시 가부장적인 권위를 지녀야 한다는 것을 묵시적으로 전제하고 있다. 그러나 이런 가부장적인 권위를 오늘날 우리가 극복하고자 하는 것이 아닌가? 필자가 여성에게 사제나 부제직을 부여하자는 것은 남성사제에게서 볼 수 있는 가부장적 권위를 여성에게 부여하자는 것이 아니라, 오히려 여성사제나 여성부제를 통해서 남성 성직자에게서 볼 수 있는 가부장적 권위를 극복하자는 것이다. 나는 여성사제가 이를 극복하는 계기가 되리라 본다. 권위는 자비로워야 한다.

〈약정토론〉

김 정 수
(부산교구 광안본당 주임신부)

1) 2천년대를 앞두고 서강대 신학연구소에서 오늘의 가톨릭 교회에 대한 문제점을 알아보고 다시 새로운 지평을 밝혀보려는 자세로 이 세미나를 개최한 것은 참으로 의미있는 일이라 여긴다. 선택된 주제들도 한국교회에서 필요하다고 여기는 "사목", "여성", "수도생활", "교리", "고해성사" 그리고 "교회" 등의 쇄신문제이므로 항상 깊게 생각하고 새로움을 알고자 하는 사목자나 신앙인들에게 또 다른 새로운 시야를 보여주는 기회가 되리라 여긴다. 이런 세미나를 개최하면서 한국교회에 다양한 방향과 개선을 제기하는 터를 마련하여 다같이 우리의 현실과 문제를 다시 생각하고 정리하며, 2천년대를 시작하는 한국 가톨릭 교회에 새로운 의견과 길이 제시되고 또 수렴되는 생산적인 계기가 되기를 기대한다.

　첫 주제로 이제민 신부는 "사목쇄신"의 관점에서 크게 두 가지 방향으로 문제를 다루고 있다. 제1부에서는 평가와 전망의 기준점으로 네 가지 소주제를 가지고 공의회의「사목헌장」에 나타난 사목에 대한 이해를 밝히려고 했다. 이를 바탕으로 제2부에서는 한국교회 상황 비판을 여섯 가지 소주제로 제시하고 있다. 발제자가 젊은 교의신학자로서 그동안 신학교 강단에서 가르치면서 오늘 한국교회의 문제점을 구체적으로 밝히려고 한 자세에 대하여 높이 평가하고 싶다.

2) 발제자가 시도한 논리적 전개와 신학적인 제안에 대하여 전반적으로 논리적인 연결과 신학적인 발상에 적지 않은 아쉬움을 지니면서 평자는 두 가지로 그 이의異意를 제기하려고 한다. 첫째는 발제자가 제1부에서 밝힌

사목 이해와 이를 바탕으로 제2부에서 제시한 한국교회 상황 비판에 대해서 문제가 있다고 지적하고 싶다. 이런 발제자의 주장에 대하여 평자는 다른 시각을 밝히려 한다. 이것을 3)에서 제시할 것이다. 둘째는 이 논문에서 달리 생각할 수 있다고 여겨지는 몇 가지 소주제를 가지고 4)에서 평자의 비판을 제시하려고 한다.

발제자는 공의회에서 이해한 사목 개념을 평자에게 제시한 논문의 〈2. 사목과 공의회〉에서 밝히고 있다. 그 사목 개념은 다음과 같다: "제2차 바티칸 공의회의 「사목헌장」이 평신도를 다루는 성직자의 사목지침서가 아니라 성직자와 평신도가 함께 온 인류에게 봉사해야 한다는 것을 내용으로 하고 있는 데서 보듯이 사목은 성직자의 전유물이 아니라 교회(의 일)를 이해하는 근본(헌장)이다. … 사목은 교회가 행하고 있는 인간들의 사회적 상황과도 항상 관계하고 있다. 사목은 영신적이며 동시에 정치-세속적 과정이다. 「사목헌장」과 함께 세속 안에서 교회성과 세속성의 일치 및 세상 안에서 영성과 세속성의 일치가 이야기되니, 이것이 공의회 전체 프로그램의 열쇠이다. 이 헌장과 함께 인간의 삶이 사목적으로 이야기된다."

이렇게 이해된 사목은 교회론의 관점을 송두리째 바꾸어 놓았다는 것이다. 그래서 사목의 주체는 성직자만이 아니라 평신도와 성직자이며, 사목의 대상도 평신도만이 아니라 성직자와 평신도 모두라고 한다. 이로써 제도교회에 익숙했던 소위 "위"(성직자)와 "아래"(평신도)의 층이 무너졌다는 것이다. 그래서 "사목적"이란 열린 잣대로 인간과 세상을 그리고 남(의 종교 등)을 대하는 것이라고 주장하고 있다. 그래서 "인간은 자기의 영적인 소명에 따라 정치적-세속적 과제를 가지고 있다. 시대의 어려움은 정치-세속적이며 동시에 영적인 도전이다. 교회는 영적인 생활에 충실해야 한다는 것을 알기에, 세상의 문제를 가지고 있다. 교회는 세상 사람들이 두려워하는 곤궁과 비참함을 보아야 하며, 복음의 빛 속에서 이와 토론하고 논쟁하며, 평가하고 마침내는 스스로의 결함을 함께 제거도 해야 한다. 교회는 자기의 영성적 사명에 따라 세속적 책임을 지니고 있다. 교회는 역사의 저편이 아니라 역사의 논쟁 안으로 짜여 있다. 교회는 인류 가족과 한줄에 서 있으며 이와 밀접하게 연계되어 있다. 교회는 인류의 전망으로부터 이야기될 수 있는 것이다". 이런 사목적 이해를 바탕으로 미래를 위한 프로그램을 마련해야 한다는 것이다. 그리고 나서 한국교회에 대한 상황 비판을 하고 있다.

위에서 발제자가 제시한 사목 개념에 의하면 한국교회의 사목은 인간과 인간의 삶, 그리고 인간의 삶의 터인 세계를 위한 프로그램이므로 세계의 미래를 위한 사목적 프로그램이 요청된다고 언급하고 있다. 이렇게 사목을 이해했다면 제2부에서는 이에 어울리는 방안이 제시되었어야 하지 않을까? 그런데 발제자는 곧바로 소공동체 운동, 시복시성 운동, 자기의 이름으로 세례를, 영성체, 여성사제, 여성부제, 수녀사제, 수녀부제 그리고 신학교 문제 등을 다루고 있다. 이런 상황 비판은 그가 제시한 공의회의 사목 이해와는 별로 상관이 없는 교회 내적 문제인 것이다. 이렇다면 발제자가 공의회의 중요성을 제시하고 그 공의회의 산물인「사목헌장」에서 밝혀진 사목 개념을 바탕으로 하여 한국교회의 사목을 위한 미래 프로그램을 제시하려고 한 의도가 전혀 살아나지 않는 느낌이다. 그러므로 발제자가 처음에 의도한 공의회의 사목 개념의 이해도 이해하기가 힘들고 아울러 한국교회의 비판적 시각을 위한 방향설정도 지엽적인 문제로 여겨질 수밖에 없을 것이다.

3) 위에서 평자는 "한국 가톨릭 교회 - 이대로 좋은가?"라는 대주제에서 "사목쇄신"이라는 소주제로 발제자가 제안한 것에 적지 않은 문제가 있다고 지적했으므로 평자가 지니고 있는 시각을 밝혀야 한다고 보아 생각을 정리해 보았다. 처음에는 이런 시도를 하는 것에 망설임이 적지 않았으나 사목신학의 전공자로서 또 현재 본당사목을 체험하는 위치에 서 있는 평자로서 이 문제들을 그냥 지나칠 수 없었고 또 사목하고 있는 사제들과도 의견을 나누어 보고서 제 나름대로의 의견을 제시할 필요가 생긴 것이다. 이렇게 하는 것이 사목적인 관점에서 또 여기의 토론 비판자로서의 태도라

생각한다. 다른 주제였더라면 다른 사제들과 의견을 나눌 생각도 하지 않았을 것이지만 이것은 사목의 문제이기 때문에 동료 사제들의 뜻을 물어볼 필요가 있었던 것이다.

사목은 "pastor"라는 말에서 나온 것으로서 "목자로서의 태도"인데 그 근원을 성서를 바탕으로 해서 파악할 때 세 가지 관점에서 볼 수 있다:

(1) 하느님이 인간을 이끌어가시는 것.
(2) 예수님이 인간을 이끌어가시는 것.
(3) 모세가 이스라엘 백성을 이끌어간 것.

하느님과 인간과의 사목적 관점은 작은 모형인 모세와 이스라엘 백성과의 관계, 보편적 모형이라고 볼 수 있는 예수님과 인간의 관계 안에서 파악이 가능하다고 하겠다. 모세와 이스라엘 백성과의 관계라는 작은 모형 속에서 예수님과 전체 인간에 대한 사목의 씨앗을 볼 수 있다. 모세가 이스라엘 백성을 상대했지만 사실은 전 인간을 상대한 것이라고 할 수 있다. 그렇다면 모세와 이스라엘 백성 및 인류, 예수님과 이스라엘 백성 및 인류, 이런 모든 것을 합하여 하느님이 인류를 이끌어가시는 사목이라고 볼 수 있다. 모세나 예수님이나 백성과의 관계를 보면 일단 어떻게 시작을 했느냐 하는 발생학적인 차원에서 이야기할 때는 더 연구해야 하는 문제이지만, 어쨌든 이스라엘 백성에게 체험된 사목은 일단 위에서 내려오는 하느님의 뜻과 그것에 인간이 화답하는 두 가지 기본 요소로 성립된다고 하겠다. 화답하는 면에서는 여러 가지, 즉 문화·민족·사회·자율성 들이 꼭 필요한 것이다. 예수님도 우리를 강제로 하늘나라에 데리고 가려 하지 않았던 것이다. 하늘나라를 위하여 폭력을 쓰지 않으셨다.

사목에 관한 위의 두 가지 요소에서 먼저 하느님이 우리에게 하신 것은 그분이 인간에게 먼저 베푸신 것이 있다는 점이다. 공기, 햇빛, 자연 등 동·식물도 다 주셨다. 하느님이 삶의 틀을 인간을 위하여 만들어주셨다. 그러므로 하느님이 인간을 사목하실 때 하신 것은 먼저 베풀어주셨다는 것이다. 또 자연뿐만 아니다. 신앙도 하느님이 주신 것이다. 이 세상에서 예수님만큼 표양이 좋고 하느님 뜻에 정확하게 산 사람이 누가 있었는가? 그래도 예수님을 믿지 않은 사람들은 기적을 현장에서 아무리 보았어도 믿지 않았던 것이다. 지금 한국 가톨릭 교회가 아무리 2천년 쇄신을 위한 새 프로그램을 제시해도 안 믿을 사람은 안 믿는다. 예수님도 못한 일인데 교회가 어떻게 하겠다는 것인가? 그런 식의 쇄신을 하려는 것 자체가 망상이다. 교회가 자기 죄를 인정하는 것과 같이 자기의 한계를 인정해야 하는 것이다. 요즘 희망, 사랑 등을 인간이 자가발전自家發電할 수 있다고 생각한다. 그런데 이런 모든 것은 하느님이 먼저 틀을 만들어주셨으므로 가능한 것이다. 하느님이 먼저 이런저런 사랑의 틀을 만들어주시고서 우리가 그에 대하여 화답하게 하신 것이다. 희망도 그렇다.

그러면 사목은 무엇인가? 그것은 하느님이 만들어주신 틀 안에서 인간이 어떻게 응답할 수 있느냐 하는 것을 가르치는 것이다. 달리 말하면 하느님이 인간에게 만들어주신 틀을 끊임없이 실존화시키는 것이다. 하느님이 먼저 베풀어주신 것은 무엇인가 하고 계속해서 찾아가지고 전해주는 일이 사목이다. 예수님은 모든 것을 다 잃어버리는 한이 있더라도 하느님의 뜻을 전하는 것이 우선이셨다. 그것에 예수님은 목숨을 걸었다고 본다. 그리고 모세가 사목을 한 것을 보면, 특히 신명기에서 제일 잘 나타나는데, 끊임없이 "하느님이 이렇게 말씀하셨다"라고 하였다. 예언자들도 "하느님이 말씀하셨다"라고 하였다. 자기 이야기가 아니라 하느님이 말씀하셨다는 것이다. 그런데 하느님이 말씀하신 것을 옛날에는 교회 안에서만 보았다. 하느님은 공기, 빛, 자연 등을 만들어주심으로써 모든 민족에게 다양한 양식으로 말씀하셨다. 그렇다면 사목은 하느님이 각 민족과 문화에 다양한 양식으로 말씀하시고 전해주신 것을 끊임없이 찾아내는 활동이라고 하겠다. 그래서 그 지역의 인간이 하느님께 응답하도록 이끌어주어야 사목활동이 된다고 하겠다.

그런 의미에서 한국 가톨릭 교회는 하느님의 뜻을 찾으려고 얼마나 노력해 왔는가? 우리 교회는 짧은 역사를 지니고 있기에 전해져 온 가르침을 깨닫는 일에 전적으로 투신하느라 여력이 없었기 때문인지 아니면 이에 대한 접근을 몰라서인지 모르겠으나 하느님의 뜻이 무엇인지를 찾으려 하지 않았고, 그래서 하느님께 응답하는 방법이 입체적이지 못하다. 다른 말로 한다면 한국교회는 배울 자세가 되어 있지 않다고 하겠다. 배우려는 것이 무엇인가? 우리 주위의 다른 민족, 문화, 종교, 사회와 삶 등을 배워야 하는 것이다. 배우기 위해서 노력하는 것은 교회 시설, 모임 등을 통해 끊임없이 세상에서 일어나는 것을 배우려고 해야 한다. 그러나 배운다고 해서 세상의 온갖 정보와 지식을 많이 얻는다는 것이 아니라 배우려는 근본 자세는 하느님의 뜻을 통해 주어진 것의 깊이를 깨닫는 것이다. 즉, 하느님을 통해서 보는 것이다. 공의회 이전에는 교회 안의 것만 생각했으나 이제 교회의 밖의 것을 본다면 타종교뿐 아니라 민족의 역사와 삶까지도 다시 보게 되는 것이다. 그러므로 한국 가톨릭 교회의 사목은 구체적으로 인간과 함께 살아가는 현실문제를 신학적으로 풀어서 이야기해 주는 것이다. 외적인 면에서 현실문제라면 지역 갈등, 대선(그리스도교적 시각에서 본 선거), 개혁(김영삼 정권이 들어서면서 외쳤을 때 교회가 보는 참된 개혁), 민주정치(정치와 교회 틀 안에서의 민주), 통일 등 다양한 주제가 있을 것이다. 그리고 교회 내적인 문제라면 발제자가 제안한 것과 더불어 선교, 토착화, 영성, 교계제도 등에 대한 새로운 시야도 생각할 수 있을 것이다. 여기서 하느님의 말씀을 통해서 본다는 것은 내가 말하는 것 자체도 틀릴 수 있다는 것을 인정해야 한다는 것이다. 하느님의 눈으로 접근한다고 할 때, 모세나 예수님이 사람들에게서 반대를 받으면서도 지혜롭게 한 것을 잊지 않고 그들의 모습을 우리가 마땅히 따라가야 할 것이다.

사실 신앙 공동체는 하느님이 모으신 것이다. 예수님이 사목하실 때 바리사이파 사람들이나 율법학자들이 관심 갖지 않는 문제들에 관심을 가졌다. 그것을 확대해서 생각하면 교회뿐만 아니라 교회 밖의 문제에 대해서 관심을 가진 것이다. 예로 예수님은 간음한 여인에게 관심을 가졌다. 그것은 교회 밖의 사람에게 관심을 가진 것이고 또 그것은 구체적인 관심이다.

모두가 고정적으로 보는 것을 예수님은 하느님의 뜻으로 다시 비추어보았다. 예수님이 자신에게 온 사람에게 관심을 가진 것을 생각한다면 우리에게 있어서도 주일마다 성당에 오는 사람들에게는 온 정성을 쏟아야 하는데 실제로는 그렇지 않다. 그러면서도 냉담자에게 아쉬움을 보이는 것은 앞뒤가 맞지 않는 것이다. 예수님은 구체적인 사목을 하셨다. 이를테면 아픈 사람을 치유하시면서 배고픈 사람들 걱정은 하시지 않았다. 이렇게 본다면 한국교회의 문제는 현장에서 일어나는 구체적인 문제에 대해서 하느님의 뜻으로 풀어서 하느님의 뜻을 전해주어야 옳다. 전국에서 가톨릭 교회처럼 매주일 몇 천 명씩 데리고 10~15분 훈련시킬 수 있는 조건을 가진 단체가 어디 있겠느냐는 것이다. 어떤 명강사도 TV에서 몇 번일 뿐이다. 가톨릭 사제같이 5~10년, 아니면 죽을 때까지 매주일 하느님의 뜻을 전하는 단체는 없다. 이런 조건 자체가 구체적인 사목 현장이다. 따라서 이 사목 현장을 소홀히할 수 없는 것이다. 이 사목은 대단한 것이다. 한국교회는 현재 이 구체적인 사목을 너무 등한시하는 경향이 있고 또 의례적으로 하는 경우도 많이 있다. 이제는 하느님의 시각에서 이 일을 할 필요가 있다. 그러면 사목자나 신자들이 주일에 임하는 자세가 달라지게 될 것이다.

4) 위에서 발제자의 주장에 대한 반론과 평자의 시각을 밝혔다면 이제는 달리 보아야 된다고 여기는 소주제들을 가지고 논하려고 한다. 비록 작은 문제들이라고 하겠으나 이를 그냥 둔다면 신학적인 시야와 삶에 무리가 있을 수 있으므로 몇 가지 비판하려고 한다.

(1) "공의회 이전의 신보수주의가 교회 안에 다시 일고, 조금만 진보의 말이 나와도 귀를 곤두세우며 민감한 반응을 보이고 로마에서 나오는 한마디 말에 한국교회 전체가 꼼짝못하고 하는 것은 공의회의 사목 개념을 소화해 내지 못한 때문이다"(12쪽). - 이것은 초점이 빗나간 것 같다. 공의회의 사목 개념을 다 소화해 내도 꼼짝못하는 것은 다른 데 이유가 있다고 하겠다. 한국교회는 공의회의 개념을 다 소화해 내도 로마에 꼼

짝못하게 되어 있다고 해야 논리가 맞을 것이다. 이렇다면 슬픈 일이다. 만일 공의회의 사목 개념을 소화하지 못해서 로마에 꼼짝하지 못한다면 한국교회의 주교들은 공의회 문헌을 인식 못하는 무리로 낙인이 찍히는 것이다. 이런 전개는 발제자 자신이 반박한 것을 본인 스스로가 모순에 떨어지게 하고 있다. 사실 발제자는 공의회의 사목 개념을 한국 주교들도 공유하고 있다고 전제해 주어야 한다. 이렇게 본다면 공의회 문헌의 이해 문제가 아니라 지역교회 주교들의 입신주의, 보신주의 등으로 비판을 해야 옳을 것이다. 지금도 교회의 속을 들여다본다면 전세계 교회가 로마의 눈치를 보고 있다고 생각해도 무리가 아니다. 독일교회만 하더라도 그렇다. 그들은 공의회 문헌을 나름대로 다 소화해 냈으면서도 눈치를 보고 있다. 이렇게 볼 때 위의 주장은 다분히 변론적인apologetic 논리라고 여긴다. 공의회 문헌을 다 이해했으니 바티칸과 상관없다고 결별하느냐 하면 그렇지 않은 것이 문제인 것이다.

(2) "교의헌장이 두 개이고 사목헌장이 두 개인 것이다. 그렇다고 이 두 헌장은 사목과 교의로 반드시 구분되어 있는 것이 아니라 서로 관계를 맺고 있다. 사목 안에 사목과 교의의 일치를, 교의 안에 교의와 사목의 일치를 이루고 있는 것이다"(14쪽). - 여기서 교의와 사목이 무슨 관계를 가지고 있는지 문헌을 가지고 먼저 분석해 주어야 한다. 분석이 없이 논제의 제시만으로는 부족하다.

(3) "가르침(교의)과 삶(사목)은 실존의 양극이다. 사목은 교회가 향하고 있는 인간들의 사회적 상황과도 항상 관계하고 있다"(14쪽). - 이것은 테시스의 연속이다. 가르침인 교의와 삶인 사목이 왜 양극을 이루고 있는지 전혀 설명이 되어 있지 않다. 계속해서 테시스의 연속으로서 논리의 고단함을 느낀다.

(4) "하느님 백성은 인류에게 복음의 빛을 가져다준다. 하느님 백성 개념 안에는 인류도 속한다. 인류의 소명의 관점에서 볼 때 인류가 곧 교회이기 때문이다"(17쪽). - 발제자가 하느님 백성 개념 안에 인류가 속한

다고 하면서 인류가 곧 교회라고 주장하는데 이것은 말이 안된다. 또 그것은 논리학적으로 모순이다. 교회는 이를테면 "종"Species에 해당하는 것이고 인류는 "유"Genus에 해당하는 것인데 "유"가 "종"이 된다는 주장은 논리의 한계성을 지니고 있다. 이것이야말로 논리의 비약이다.

(5) **"공의회는 가톨릭 교회와 예수의 교회를 동일시하지 않았다"**(17쪽). - 공의회는 가톨릭 교회와 하느님의 나라를 동일시하지 않았다는 표현이 더 적합하리라 여긴다. 왜냐하면 예수님이 지금의 교회를 세웠느냐고 하는 문제에 대하여 신약성서 학자들이 많이 논의를 하고 있기 때문이다. 분명한 것은 교회와 하느님의 나라가 다르다고 하는 것이 더 좋을 것이다.

(6) **"시대의 징표를 읽지 못하는 데서 교회는 과거로 회귀하게 된다"** (16쪽). - 이렇게 한정시킬 수는 없다고 본다. 성서에서 볼 때 이스라엘 백성이 과거로 돌아가려고 할 때가 있었다. 이집트에 살 때 배불리 먹었던 기억을 근거로 과거를 그리워하는 것이 그 예다. 이것은 참된 시작을 잊었기 때문에 표피적인 과거를 그리워하는 것이었다. 교회가 과거로 회귀하려는 중요한 이유는 이스라엘의 과오와 다를 바 없다고 본다. 다시 한번 언급하지만 성서에서 인간이 잘못되는 이유가 어디 있는가를 다룰 때 흔히 이집트에서 나올 때의 시작을 잊어버렸다는 사실을 들고 있다. 잘 먹던 이집트에서의 외면적인 생활을 그리워하는 유혹에 떨어지지 않기 위하여 출애굽으로 시작하는 역사를 기억하라고 촉구하는 내용이 반복되는 것을 성서에서 많이 볼 수 있다. 사실은 창세기의 기능도 이런 맥락에서 이해해야 한다. 즉, 인류의 시작을 여기서 만난다. 그렇다면 하루를 잘 지내기 위해서 아침의 첫 시작을 잊지 않을 때 상당한 결과를 얻을 것이다. 영신생활에서도 그렇다. 신명기에서 이스라엘이 죄를 지을 때 하느님은 이스라엘 백성에게 출애굽을 회상시키는 것도 다 그런 이유에서라고 본다. 시대 징표를 읽어야 하겠지만 시대 징표를 읽는 기준을 어디서 찾아야 하는가를 비추어보기 위해서 위의 성서의 예를 언급한 것이다. 잘못하면 시대 징표를 각자 자기 기준으로 읽는 혼란을 야기하는 경우가 많기 때문이다.

(7) "교회는 단순히 '공동체'가 아니다. '하느님 백성'으로서 공동체다. … 이를 위해서는 '공동체 교회론'보다는 '하느님 백성 교회론'을 구체화해야 할 것이다"(21쪽). - 여기서 "공동체 교회론"과 "하느님 백성 교회론"에 대하여 구별되는 특징적인 설명이 없다. 하느님 백성으로서 공동체는 인격체라고 했는데 그러면 공동체 교회론은 인격체가 아니라는 말인가? 공동체라고 할 때와 하느님 백성의 교회라고 할 때의 차이가 무엇인가 하는 설명이 전혀 없다. 공동체에 대해 새로운 이해를 할 때 해결될 수 있다. 민수기 11장, 출애굽기 18장을 보면 모세가 힘들었을 때 직무 나누는 이야기가 나온다. 이것은 공동체를 긍정적으로 볼 수 있는 어떤 구조적인 틀을 말하기 때문이다. 이런 곳에서 공동체가 어떻게 이루어져야 하는지 이해해야 하는데, 하느님 백성의 교회론과 공동체 교회론을 대비시킬 수 있는 문제는 아니라고 본다.

(8) "그들의 고귀한 죽음을 '우리편'을 위한 죽음으로, 그들을 싫어하고 박해한 세력을 비진리의 쪽에 선 사람들로 여기는 안목은 사목적이지 않다. … 순교자들은 그리스도교만이 아니라 그곳의 문화를 위해서도 죽은 자이다. 순교자들은 그리스도교와 문화가 만난 장소이다. 이 만남을 제쳐놓고 그리스도교를 위해 죽었다는 사실만으로 시복시성한다는 것은 공의회의 정신이 아니다"(23쪽). - 이런 주장은 일방적으로 논리를 몰아가는 느낌이 난다. 시복시성한다는 것이 문화를 위해 죽었다고 새로이 해석하면 문제가 해결될 수 있다고 본다. 구태여 그리스도교를 위해 죽었다고만 주장할 필요가 없다. 그리스도교를 위해 죽었다는 사실만으로 시복시성한다고 주장하지 않으면 되는 것이 아닌가?

(9) **시복시성** - 시복시성하는 사람들의 장점을 먼저 보아야 한다. 그 장점은 이런 것이라 여긴다. 즉, 신앙을 증거하는 차원에서 귀감되는 사람을 제시함으로써 나 자신도 거기에 참여한다는 표현이다. 문제는 시복시성하는 것이 귀감과는 아무런 관련이 없이 하나의 도식적인 형태로 떨어지는 데 있다. 왜 그런가? 시복시성부터 끊임없이 그 성인에 대해서 연구하고

재현화시키고 우리 생활에 그 성인을 부활시켜야 하는데 그런 작업이 없는 박물관용 시성식을 추구하므로 문제가 되는 것이다. 또 하나 염려되는 것은 그 사람들이 그런 운동을 하면서 일종의 자기도취에 빠지는 경우가 있다. 즉, 신앙적으로 볼 때 수고하는 인간의 업적에 따른 하느님의 보상의 논리로 이해되기 쉬운 위험이 있다. 이런 것은 문제다.

(10) **세례명** - 발제자가 주장하는 "반석"이니 "별"이니 하는 것은 말이 안되는 표현이다. 세례명은 근본적으로 선조와 관계되는 일이다. 내가 사는 것도 선조가 없으면 못 산다. 선조는 그보다 앞선 선조 없이는 못 산다. 창세기 여인의 창조에서 보듯이 (창세 2.18-24) 아담의 예를 보아 분명 동·식물과의 관계로 부족한 점이 있다는 것을 알 수 있다. 꼭 사람으로 해야 할 일이 있음을 알 수 있다. 또 인간으로 하되 아무 선조나 귀감으로 삼는다는 것은 일방적인 인간의 선택 또는 업적 위주의 위험이 있다. 그래서 초자연적 차원에서 인간에게 주어지는 모범이 있어야 한다. 세례가 믿음의 은총이 이루어지는 성사라면 세례명은 인간의 업적 위주의 인과론을 뛰어넘어 부여되는 것이라고 이해될 수 있다. 이때 선조의 이정표로서 영세 때 세례명을 지어준다고 보아야 한다. 이런 이해를 해서인지 모르지만 초대 한국교회의 선조들은 세례받을 때 비로소 본 이름을 갖게 되었다는 뜻에서 본명本名이라고 했던 것이다. 물론 여기서 그것을 얼마나 재현시키느냐 하는 데 문제는 있다. 그러므로 "달"이나 "별" 등으로 세례명을 짓는다는 것은 문제가 있다고 본다.

(11) **여성사제, 여성부제, 수녀사제, 수녀부제** - 두 가지로 생각해야 한다. 예수님의 뜻이 무엇이냐 하는 점과 예수님의 뜻을 실천하는 데 방해되는 역사적인 장애물을 얼마나 뛰어넘을 수 있으며 또 뛰어넘는 데 무리가 없이 할 수 있는 일이 무엇이며 또 무리를 일으키면서 해도 되느냐 하는 점이다. 첫째로 예수님의 가르침이 무엇이냐 할 때 성서학자들이 보는 것은 일반적으로 신약성서에서 여성사제를 만드는 데 반대되는 논리를 찾을 수 없다는 것이다. 그러면 여성사제를 만든다고 할 때 2천 년 동안의

관습에서 무리를 감수하면서까지 할 필요가 있느냐 하는 문제에 대하여 다양한 시각, 문화의 차이 등을 모두 봐야 한다. 2천 년 동안 하지 않던 것을 뛰어넘는 방법이 무엇이냐, 무리를 하면서까지 뛰어넘어야 하느냐 하는 문제들에 대하여 인간이 지닌 한계, 문화 등의 조건에 따라서 방법이 정해질 수 있다고 본다. 그러므로 이 문제는 언젠가 해결될 수 있는 과제이므로 조급하게 무리수를 던질 필요는 없을 것이다.

(12) **다시 한번 신학교 문제** - 각 신학교마다 문제가 다 다르겠지만 단순히 제도적으로 일반 대학과 같이 개방하고 종합대학에 두면 해결되는 단순한 문제는 아니라고 본다. 신학교는 잘하면 좋다. 그런데 어떤 사제를 만들어내느냐에 신학교의 과제가 있다. 신학교는 일반 대학교와 다르면서도 또 같은 면이 있다. 같은 점에 있어서는 여러 가지 학문적인 방법이나 분야를 섭렵할 수 있는 기회를 준다. 다른 것은 개념화가 되는 것이 아니라 경험화시켜야 하는 것이다. 개념으로 축소시키거나 환원시키는 공부는 다른 대학에서 하고 있고 또 다 할 수 있다. 그러나 일반 대학에서 하지 못하는 경험화시키는 일을 신학교에서 해야 하는 것이다. 경험화시키는 데는 두 가지가 있다. 하나는 자기 머리로 자발적으로 생각해서 가게 하는 길과 다른 하나는 부딪쳐서 가게 하는 것이다. 부딪치는 것을 일련화시킬 수 없는 것에 문제가 있다. 학생에 따라 노동자, 장애자, 어린이, 청년, 노인 등에 관심을 가질 수 있다. 그렇게 부딪치는 것을 얼마나 다양화시킬 수 있느냐 하는 것이 주요 과제이다. 또 다른 하나는 자율적으로 자기가 생각하는 것이 있는데 이것도 경험이다. 그러면 신학교의 문제는 어디 있는가? 신학교 사제들이 모든 것을 개념화·축소화시키려 하니까 자꾸 다른 곳으로부터 모델을 따오면서 흉내를 낸 것에 있다. 쉽게 유럽의 모델을 따오면서 흉내를 내다보니까 점점 로마의 눈치를 보게 만들었다. 이렇게 눈치를 보게 만든 토양을 누가 만들었느냐? 그것은 신학교 신부들이 그런 식으로 가르쳤기 때문에 그런 생각을 갖게 한 것이다. 이것은 일종의 이식 과정이다. 그러나 생성 과정은 말씀을 통해 얼마든지 현실에 부딪치게 할 수 있

지만 진리를 탐구하는 현장에서도 지역감정 등에 대해서는 다루기를 회피함으로써 로마의 눈치를 보는 것과 같이 거짓된 생성을 자아내고 있다. 물론 부딪친다고 할 때 현장체험을 늘 반복할 수는 없다. 다른 길이 충분히 있다. 소화 데레사 성녀가 갈멜 수녀원에 있으면서도 선교의 대주보가 된 것같이, 즉 봉쇄수녀원에 앉아 있으면서도 얼마든지 부활시켜 재현시킬 수 있었던 것처럼 신학교에 있으면서도 다양한 체험을 할 수 있는 것이다. 개념화를 뛰어넘어 경험을 재현시킬 수 있는 가르침과 지도를 할 수 있는 신부는 일종의 카리스마를 가진 사제이다. 외국에서 공부했다고 되는 것은 아니다. 유학 다녀온 사제들의 에너지가 무엇이냐 하고 스스로 반성해 보고 우리 한국의 신학교에 어울리는 그런 사제들이 신학교에 앉아 있어야 한다고 여긴다. 결국 신학교의 문제는 먼저 신학교의 사제들에게 있는 것이다. 우리의 것으로 의식된 사제들이 신학교에 앉아 있으면 모든 것이 달라지게 된다.

이러한 여러 가지 다른 의견을 낼 수 있는 계기를 마련하였다는 의미에서 발제자는 "한국 가톨릭 교회 – 이대로 좋은가"라는 질문에 대해서 이미 많은 답을 제시한 셈이라고 본다. 그런 뜻에서 감사할 일이다.

〈질의응답〉

질문 1: 의식의 결핍 문제이지 본명의 의미는 필요하다고 주장했다. 사실 의식의 문제인 부분도 있으나 현재는 세례를 받을 때 부르기 위한 형식으로 흐르는 경향을 강하게 느끼곤 한다. 가정생활 속에서 부모가 자식에게 한번도 불러주지 않고 의식조차 없으며 … 본당신부님만 본명이 있는가? 본당신부님 영명축일을 화려하게 지내는 것을 대표 예식화처럼 전락되는 느낌을 받는다. 본당신부님들의 교육, 생활화, 의식화 문제가 더 중요하다고 본다.

답변: 먼저 교회가 세례명을 지어온 이유를 초자연적 차원에서 인간에게 주어지는 모범이 있어야 한다고 논평의 글에서 밝혔다. 그 내용을 좀더 깊이 생각해 주면 좋겠다. 이런 근본의 뜻을 바르게 알아듣는다면 세례를 받고 새로운 길로 나서면서 모범된 성인의 길을 따른다는 의미를 충분히 이해할 수 있을 것이다. 문제는 의식화된 실천을 못하는 현실에 있는데 그 원인을 명확하게 알아서 그 좋은 뜻이 잊혀지지 않았으면 한다. 그 첫 원인을 영세 전의 교리교육에서 이에 대한 교육이 제대로 이루어지지 않은 것이라 여기며, 앞으로 교리교육에서 이것이 바로잡아졌으면 한다. 그리고 집에서는 부모들이 자녀를 부를 때 명심하여 본명과 이름을 함께 부르도록 해야 할 것이다. 예전에 집에서는 부모들이 꼭 본명을 불러왔는데 어느새 그것이 약화되어 버린 것이다. 그리고 본당에서 적지 않은 문제가 되고 있는 본당신부님의 영명축일의 행사에 대한 비판은 옳다. 원래는 사제의 생일축하보다 영명축일이 1년에 한 번 갖는 우선적인 행사였는데 현재에 와서는 적지 않은 부작용이 생겨 이런 지적이 있게 된 것이다. 먼저 사제의 의식이 새로워져야겠고 아울러 신자들도 사제에 대한 외적이며 물적인 선물이나 축하에 대한 깊은 반성이 있었으면 한다. 그래서 본명의 본뜻이 살아나서 생동하는 신앙이 되기를 기대한다.

질문 2: 여성부제 문제에 대해서 제도권 안에서 덮어두려는 의사가 많다. 문제를 제기하지 않고 덮어둔다면 언제 변화하고 발전해 갈 것인가 요원해 보인다.

답변: 2천 년 동안의 관습에서 무리수를 던지지 않고 찾아간다는 말이 부정적인 시각으로 보인 듯하다. 그러나 예수님의 가르침에서 여성사제를 만드는 데 반대되는 논리를 찾을 수 없다고 밝혔으므로 교회의 지도층에서 오늘의 문제와 문화, 그리고 다양한 시각을 새롭게 살펴보아 이 문제를 해결하기를 기대한다.

질문 3: 논평자는 여성사제에 대해 말씀하길 성서상에서 되지 않는 이유는 발견할 수 없지만 2천 년의 전통에 무리수를 두지 말라고 했다. 지금 이 자리에 참석한 사람들 거의가 여성이고 이것이 교회의 현실이라고 생각한다. 또한 발제자, 논평자는 모두 남성이다. 이것은 여성의 지도력이 키워지지 않아서라고 본다. 여성에 대한 기대, 희망 없이 지도력이 키워지는 것은 아니다. 논평자의 기다리라는 말씀은 이미 기득권을 가지고 있는 느긋한 마음에서 나온 것은 아닌가? 사목자로서 여성의 입장을 어떻게 보는가?

답변: 논평자는 사목자이지만 교회의 중책을 맡은 위치에 있지도 않고 또 신학을 계속해서 공부해 가면서 성서상의 기본 시각과 교회의 역사를 요약해서 밝힌 것이다. 성서에는 반대되는 논리가 없지만 예수님이 남성으로만 사도들을 구성해 놓았고 또 교회가 그에 대한 2천 년의 역사에서 아직 아무런 시도를 해보지 않은 상태에 있으므로 무리수를 던질 것이 아니라고 본 것이다. 질문자가 논평자에게 "이미 기득권을 가지고 있는 느긋한 마음"을 가졌기 때문에 성급하게 일을 처리할 필요성을 느끼지 못한 것으로 비평하셨으나 이 논평자는 기득권을 누리는 위치가 아니고 제도와 신학을 계속해서 새롭게 보려는 자세를 잃지 않고 있으며 또 남성만의 사제직이 그렇게 좋아서 향유하려는 의도는 추호도 가지고 있지 않은 평사제다. 그리고 이 문제의 해결은 교회 책임자들이 신학의 근본과 현실의 문제를 바르게 파악하여 이루어내는 작업이 되어야 할 것인데 아직 우리 교회의 실력과 상태가 여기에 이르지 못했다고 여겨진다. 신학자들의 주장이 로마 교황청에서 좀더 설득력이 있고 여성사제직의 필요성에 대한 주장이 강하게 작용한다면 시대적인 여건에서 굳이 못하리라는 내용이 아니므로 논의가 되고 교회 역사에 새로운 이정표를 세울 수 있을 것이다. 교회가 이에 대한 예민한 감각을 가지고 있기를 바라고 싶다. 그리고 사목

자로서 여성의 입장을 밝히라고 했다. 남존여비의 생활 태도에 젖은 오늘의 이땅에서 여성에 대한 이해가 바르게 되기는 쉽지 않다. 그런데 우리는 성서에서 여성을 남성의 대등한 돕는 이로 하느님이 창조하셨다고 알고 있다. 그리고 교회 안에서 여성의 활동은 참으로 놀랍고 다양하게 펼쳐지고 있다. 이를 위하여 교회 안에서 여성의 역할에 대한 체계적인 교육과 활동 방안을 제시할 필요가 있다. 그런데 아쉬운 점은 여성들이 오히려 여성의 지위를 격하시키는 행위를 적지 않게 하고 있다. 어머니가 가정에서 아들과 딸에 대한 예우를 다르게 하고 교육도 차이가 나는 현실에서 여성 스스로 대등성에 대한 의식을 가지고 대응해 주기를 바라고 싶다.

질문 4: "사목"Pastoral이란 표현은 유목민족의 표현이다. 목자와 양떼라는 주종관계가 깔려 있다. 한자 문화권에 있어서는 전혀 넌센스가 아닌가 한다. 새로운 표현을 가지고 신학적인 접근이 필요한데 어떻게 생각하는가?

답변: 단순하게 보면 주종관계인 듯한 느낌이 있을 수 있다. 사실 언어 표현은 언제나 새롭게 또 시대에 어울리는 적합한 언어를 선택하는 것이 참으로 필요하다. 그래서 우리 교회에서는 성서를 새롭게 번역하여 그 시대에 어울리는 삶이 되도록 노력하고 있다. 지적한 사목이라는 표현은 중국에서 온 것을 우리가 사용하고 있기 때문에 부적합하다고 느낄 수 있다. 그러나 어원적으로 살펴본다면 이 말은 인간 사이에서 이루어지는 관계 안에서 형성되기 때문에 지금으로서는 그렇게 틀리지 않은 표현이라고 할 수 있다. 하느님이 우리 인간을 목자가 양을 다루듯이 이끌고 있으므로 여기서 하느님의 역할에 대한 의미를 밝히면 이해할 수 있을 것이다. 즉, 하느님을 목자로 나타내는 성서 말씀이 참으로 많은데 목자의 특성이 하느님께 잘 어울린다고 하겠다. 목자는 자신의 모든 시간과 삶을 양을 위한 목축과 함께하면서 움직인다. 이렇게 볼 때 하느님과 인간의 관계가 단순히 주종관계라는 일방적인 표현은 맞지 않는다. 그러기에 새 표현을 통한 신학적인 접근을 시도하는 것은 참으로 바람직하지만 아직 더 이상 좋은 표현을 찾지 못한 상황에서는 현재의 그 말 속에 담겨 있는 뜻을 정확히 밝혀 하느님과 인간과의 관계성을 제대로 파악하도록 돕는 일이 우선적이라 여긴다.

질문 5: 신학교 교류에 대한 질문이다. 현재 일곱 개 신학교끼리는 공식적인 교류가 없이 교구 지침에 따라 독자적으로 학교를 운영하고 있다. 이는 또 하나의 분열이라고 생각한다. 작게는 자치회만이라도 직통전화, Fax, PC 통신 등을 통해 서로를 아는 작업이 필요하고, 크게는 대학원 모임을 비롯한 구체적인 만남이 이루어지리라 본다. 여기에 대한 의견을 듣고 싶다.

답변: 참으로 좋은 질문이라고 여기며 지적하신 다양한 교류가 이루어진다면 얼마나 좋을까 하고 생각한다. 논평자도 귀국 후에 신학교에 몸담았던 경험이 있으므로 이에 대한 필요성을 느끼고 있다. 현재 어떤 교류가 있는지에 대해서는 잘 모르겠으나 두 가지로 생각할 수 있을 것이다. 첫째로, 전해듣기로는 신학교 책임자들끼리 정기적인 회의를 통하여 겪고 있는 문제점에 대하여 해결점을 찾아나가고 있다고 여긴다. 둘째로, 학생끼리는 아직 공적인 차원에서 직통전화나 Fax 등을 통한 구체적인 교류는 이루어지지 않고 있는 듯하다.

질문 6: 신학교 문제가 좋은 교수를 확보하면 해결된다고 하는 데에 대해서는 전적으로 동의한다. 하지만 신학교가 난립하다 보면 교수진 확보가 어렵고 따라서 교수들의 질적 저하는 필연적이라 생각한다. 그런 점에서 신학교는 하나로 합쳐져야 한다고 생각한다. 이 점에 대해서 말씀해 주기 바란다.

답변: 신학교를 하나로 하자는 의견은 광주 신학교가 분리되기 이전에도 또 이후에도 계속해서 제기되었다. 그러나 각 교구 주교님들의 의향이 다른 곳에 있는 듯하여 지금 일곱 개에 이르는 신학교의 난립을 가져왔다. 평자도 신학교를 하나로 하자는 의견에는 전적으로 동감한다. 그러면 많은 교수진을 확보할 수 있을 것이고 아울러 신학의 토착화와 더불어 질적으로 향상된 신학의 결과를 가져올 수 있으리라 여긴다. 그러나 지금의 현실에서 어디 가능한가? 기대한다면 2천년대에는 신학교의 양적인 숫적 증가보다는 몇 개의 신학교가 문을 닫더라도 내적 성장과 아울러 신학의 기반이 깊고 다양하게 이룩되어 민족의 성장에 도움되는 교회가 되기를 기대한다. 그러면 신학교끼리의 다양한 교류가 이루어질 것이고 신학 발전에 기틀이 쌓여져 이땅에 새 삶의 지평을 펼칠 수 있을 것이다.

질문 7: 신부님께서 말씀하신 사목의 개념을 들으니 사목은 위에서(윗자리에, 혹은 앞에 서서) 지도하고 이끄는 사람이 하는 활동처럼 여겨진다. 이런 식으로 사목을 이해하기 때문에 "사목"을 사제의 전용 단어로 여기고 신자들 위에 군림하는 사제, 주교상이 있다고 생각된다. 모든 인간은 타인에게서 배우기도 하고 가르쳐 줄 것이 있기 때문에 평신도와 사제 사이의 관계가 목자를 줄줄 따라가기만 하는 양떼들의 모습을 상상하게 해서는 안될 것 같다. 이에 반해 이제민 신부님이 말씀하신 인간과 인간의 삶을 위한 교회 전체(교계제도와는 무관하게)의 봉사여서 모든 하느님 백성이 인류를 위해 하는 봉사라는 개념이 참으로 그리스도께서 지금 이 시대에 우리에게 가르쳐 주시는 개념이라고 여겨지는데 이에 대해 어떻게 생각하는가?

답변: 질문자는 논평자의 지향을 분명히 알 필요가 있을 것이다. 사목의 개념을 성서학에서 파악해 볼 때 위에서 하느님으로부터 내려오는 뜻과 그것에 대한 인간의 응답이라고 했더니 "위에서" 오는 것이 너무 강하게 들렸나보다. 하느님이 하신 것은 인간에게 당신의 뜻을 강제로 주입시키거나 의무적으로 한 것이 아니고 먼저 베풀어주셨다는 것이다. 그러므로 하느님은 인간에게 베풀어주신 다양한 틀 안에서 각자 자기에게 맞는 응답을 하기를 바라신 것이다. 여기서 볼 때 하느님 안에는 군림하는 자세나 억압이 배제되어 있다. 이런 기본 시각을 이해한다면 군림하는 사목자는 이 틀 안에서 맞지 않고 또 본래의 모습도 아니다. 그러므로 이런 기본 개념을 파악하지 못한 데서 오는 문제를 교회가 어떻게 극복하려고 하는가에 새로운 가르침의 방향이 맞추어져야 할 것이다. 그리고 질문자가 이제민 신부님이 사목을 "모든 하느님 백성이 인류를 위해 하는 봉사라는 개념"이 더 이 시대에 맞을 것이라고 하면서 문의를 하셨기에 답을 하겠다. 논평자는 이 시대 한국 가톨릭 교회의 사목적 과제가 구체적으로 인간과 함께 살아가는 현실문제를 풀어서 신학적으로 이야기 해 주는 것이라고 했으므로 인류에게 봉사를 하되 단순하게 하는 봉사가 아니라 하느님의 시각에서 풀어서 하니까 더욱 분명해지는 것이다. 구체적으로 현실문제가 되는 지역 갈등, 대선, 개혁 등등을 교회가 신학적으로 풀어서 제시하는 것이 바른 사목이라고 하였다. 그러므로 이런 의도에서 하는 사목의 활동이 봉사를 하되 참된 봉사가 아니겠는가?

질문 8: 이제민 신부님의 지적이 지엽적이라고 하셨는데, 그것은 그분의 발상을 제대로 이해하지 못하신 게 아닌가? 오늘 우리 교회에 불거져 나온 문제를 창문으로 하여 가장 중요한 점을 지적한 것으로 보아야 할 듯하다.

답변: 이 질문은 논평자의 주장을 제대로 파악하지 못한 데서 온다. 발제자가 제시한 사목 개념은 인간의 삶의 터가 되는 세계를 위한 프로그램이므로 세계의 미래를 위한 사목적 프로그램이 나와야 하는데 이런 방향은 무시된 채 교회 내적인 문제만 제시되어서 시작과 끝이 맞지 않는 결과를 빚게 된 것이다. 발제자가 공의회의 중요성을 언급하고 그 사목 개념을 강하게 주장한 의도가 교회 내적인 사항만으로는 살아남지 않기 때문에 큰 줄기를 망각한 교회 내적인 제시로는 지역적인 문제라고 여겨질 수밖에 없다고 한 것이다. 이런 논리의 흐름을 파악한다면 "지엽적"이라는 개념을 이해할 것이다.

질문 9: 각 본당의 사목협의회는 주임신부의 보조기관인 것이 현실이다. 나아가서 평신도와 함께 더불어 살아가는 방안은 없는가?

답변: 본당의 사목협의회는 주임신부의 사목활동을 위한 자문과 협의의 기구이다. 그래서 주임신부에 따라 이 기구의 활용에 적지 않은 문제가 제기되기도 한다. 흔히는 이 기구가 의결 집행의 일이 수행되는 기구이기를 바라고 있으나 자문기구여서 주임신부와의 마찰이 있을 경우에는 한계를 체험하기에 유명무실한 경우도 종종 발생했기 때문이다. 그러나 모든 조직의 운용은 사람됨됨이에 좌우되기 때문에 신자들을 위한 바른 사목자가 있으면 이런 문제는 해결되고 아울러 이 기구를 통하여 참으로 많은 활동을 할 수 있고 좋은 결과를 가져오게 되는 것이다. 그러므로 이 기구의 효과적인 활용은 사목자나 신도나 모두 얼마만큼 하느님께 대한 신앙과 사랑이 있고 또 더불어 함께하는 자세가 있느냐에 달려 있다고 본다.

질문 10: 가톨릭 교회가 하느님의 뜻과 하느님의 말씀, 하느님과 우리 신앙인의 자세와 관계를 올바로 놓이게 하는 확신이 있는 믿음을 전달해 주는 일에 있어 미사 중에 강론이 중요한데 강론은 실제적으로 한 사제의 개인 의견이나 생각에 따라 되는 경우가 많고 결국 미사는 하나의 형식적인 성찬례를 위한 행사에 머무는 경우로 받아들여지고 있다. 명확하고 진실된 하느님의 뜻과 교회의 가르침이 되는 미사 강론이 되었으면 좋겠다.

답변: 미사에서 강론의 중요성을 지적하신 것은 참으로 옳다. 논평에서 가톨릭 사제같이 5~10년, 아니면 죽을 때까지 매주일 하느님의 뜻을 풀이해서 전해주는 단체는 없다고 하면서 이렇게 구체적인 사목 현장을 소홀히할 수 없다고 역설한 것이다. 모든 사제가 강론의 중요성을 느끼고 있으며 준비도 많이 하고 있다고 여긴다. 그러나 신자들의 마음에나 강론자 본인의 마음에 쏙 드는 경우는 많지 않다. 논평에서 지적한 대로 이 강론에 대한 사목의 중요성을 새롭게 의식하여 실천한다면 그 성찬 전례는 참으로 복될 것이고 신자들을 냉담하게 하지 않고 매주일 성당에로 불러오게 하는 계기가 될 것이다.

질문 11: "한국교회 이대로 좋은가"라는 주제 발표를 계기로 진정한 변화·성장을 위해 한국 공의회를 해볼 의도는 없는가? 지금 2천년대를 앞두고 깊이 생각해 볼 문제라고 생각되는데 어떻게 생각하는가? 여러 부분에서 한국교회의 구조, 의식화, 정화가 시급하다고 본다. 당뇨 환자가 발이 썩을 때 자르면 늦은 것처럼 위기의식을 느낄 때 작업을 시도해야 되지 않겠는가?

답변: 우리 교회사에서 최근의 내외적인 획기적인 행사를 든다면 외적으로는 1962~1965년에 있었던 제2차 바티칸 공의회이고 그에 따른 공의회 문서들이며, 내적인 행사로는 1984년 한국교회 200주년의 행사와 이 결과로 내놓은 「사목의안」이라고 할 수 있다. 제2차 바티칸 공의회의 중요성을 발제자가 나름대로 언급했으니 생략하고, 우리 한국교회의 실력과 상황에서 이루어진 200주년을 체험하고 남은 문서에 대해서는 별로 언급되지 않고 있다. 그리고 지난 1995년에 정의구현 사제단이 20주년을 경축하면서 "사제 공의회"의 개회 필요성을 언급한 것으로 듣고 있으나 아직 구체적인 계획은 없는 것으로 알고 있다. 그렇다면 질문자가 이런 위기 상황에서 주장하는 한국 공의회의 개최 필요성에 대하여 적지 않은 사목 책임자들이나 신자들이 과연 얼마만큼의 성과가 있을 것인가 의문을 가지게 될 것이다. 평자

가 보기에 이제는 큰 행사를 벌려서 문제를 해결하려는 의도보다는 작은 그룹이나 모임에서 의식이 있는 사람들끼리 의식과 신앙 태도를 더 깊고 다양하게 가다듬을 수 있는 작은 그룹 운동이 많이 펼쳐지면 좋으리라 여긴다. 문제는 우리 한국교회 신자들과 지도자들이 얼마나 말씀과 신학을 공부하면서 신앙을 굳게 하고 주어진 과제를 풀려고 노력하는가에 있을 것이다. 이렇게 공부와 기도와 삶에 일치를 가져오지 못하면서 아무리 큰 행사를 벌린들 무슨 좋은 결과를 가져올 것인지 이미 체험했으리라 여긴다. 기대한다면 지금 곳곳에서 성당 신축에 많은 비용을 들이고 있지만 ― 물론 이것도 필요하다 ― 이제는 내적 충실을 가지기 위하여 다양한 배움터, 기도소, 연구소 등이 마련되어 21세기에는 그곳에서 흘러나오는 결실로 교회가 질과 내용면에서 성숙되기를 기대한다.

②

신약성서의 여성관

〈발제강연〉

정 양 모
(서강대학교 종교학과 교수)

이 글에선 네 복음서에 실린 예수 전승, 사도 바울로의 친서, 그리고 신약성서 기타 문헌에 나오는 여자들에 관한 진술을 살펴보겠다. 예수의 여성관, 사도 바울로의 여성관, 바울로 사후에 씌어진 신약 서간집의 여성관을 천착하려는 것이다. 아울러 저들의 여성관이 오늘날의 여권신장 운동 또는 여성해방 운동에 이바지할 점이 있는지 묻겠다. 예수 전사前史(마태 1-2장; 루가 1-2장)는 다루지 않겠다. 복음 작가의 편집소(루가 23,27-31 등)도 제외한다. 아울러 예수의 어머니 마리아에 관한 단락도 논하지 않겠다. 이에 관심이 있는 독자는 졸문「역사의 마리아와 신앙의 성모님」(『종교신학연구』, 제8집, 277-95쪽)을 보기 바란다. 우선 네 복음서에 실린 여자들에 관한 단락들을 일별하면 다음과 같다. 이 글에서 분석한 단락 일련번호 앞에는 점을 찍었다.

1. 네 복음서에 나오는 여자 전승

	마르코	마태오	루가	요한
1) 시몬의 장모 치유이적사화	1,29-31	8,14-15	4,38-39	
2) 야이로의 딸을 살리신 소생이적사화	5,21-24.35-43	9,18-19.23-26	8,40-42.49-56	
*3) 하혈하는 부인을 고치신 치유이적사화	5,25-34	9,20-22	8,43-48	

4) 시로페니키아 부인의 딸을 고치신 구마이적사화	7,24-30	15,21-28	
*5) 이혼논쟁	10,1-12	19,1-12; 5,31-32	16,18
*6) 율사들을 조심하라는 훈계	12,38b-40		20,47
*7) 가난한 과부의 헌금을 칭송하신 단화	12,41-44		21,1-4
*8) 도유사화	14,3-9	26,6-13	7,36-50	12,1-8
*9) 여자들이 예수의 임종을 지켜보다	15,40-41	27,55-56	23,49	19,25
*10) 여자들이 예수의 장례를 지켜보다	15,42-47	27,57-61	23,50-56	19,38-42
*11) 여자들이 예수의 빈 무덤을 발견하다	16,1-8	28,1-8	24,1-12	20,1-13
*12) 여자(들)이 예수의 발현을 보다		28,9-10		20,14-18
13) 누룩의 비유		13,33	13,20-21	
*14) 세관원들과 창녀들이 하느님 나라로 들어간다는 단구		21,31b-32	7,29-30	
15) 열 처녀의 비유		25,1-13		
*16) 나인 과부의 외아들을 살리신 소생이적사화			7,11-17	
17) 죄녀를 용서하신 이야기			7,36-50	
*18) 예수의 시중을 든 여자들			8,1-3	
*19) 마르타와 마리아 단화			10,38-42	
*20) 안식일에 곱사등이 부인을 고치신 치유이적사화			13,10-17	
21) 잃은 은전을 되찾고 기뻐하는 부인의 비유			15,8-10	
*22) 과부의 간청을 들어주는 재판관의 비유			18,1-18	
*23) 사마리아 여인과의 대화				4,1-42
*24) 간음한 여자를 변호하신 이야기				7,53-8,11

네 복음서에 실린 여자들에 관한 전승들은 양식으로 보나 내용으로 보나 매우 다양하다. 이 전승들 가운데서 예수의 여성관을 밝히는 데 돋보이는 단락 18편을 가려 차례로 살펴본 다음, 끝에 가서 종합적 결론을 내리겠다.

1-1. 하혈하는 부인을 고치신 치유이적사화

(마르 5,25-34 = 마태 9,20-22 = 루가 8,43-48)

이 치유이적사화는 야이로의 딸을 살리신 소생이적사화(5,21-24.35-43) 한가운데 끼여 있다. 이른바 샌드위치 작법이다. 두 가지 이적사화는 본디 따로따로 전해진 전승이라는 게 신약학계의 통설이다. 그렇다면 누가 두 이적사화를 샌드위치 작법으로 엮었을까? 이미 마르코 복음서 집필 이전에 어느 전승자가 그렇게 엮었으리라는 설이 있다(Bultmann, Geschichte 228-230). 그러나 마르코 복음사가 자신이 서로 상관없이 전해진 두 이적사화를 지금처럼 엮었으리라는 설이 점점 지지를 받고 있다(Theissen, Urchristliche Wundergeschichten 184-185; Schenke, Wundererzählungen 197-200; Gnilka, Mk I 210).

치유이적사화 서두에선 부인의 참상을 이렇게 적고 있다. "어떤 부인이 열두 해 동안이나 피를 흘리고 있었다. 여러 의사들에게서 고생만 잔뜩 하고 부인이 가진 것을 죄다 탕진했으나 아무런 효험도 없을 뿐 아니라 오히려 더 나빠져 갔다"(25-26절). 의사들이 부인의 병은 고쳐주지 못하고 부인의 가산만 등쳐먹었다고 한다. 치유이적사화에서 의사의 무능을 강조하는 것은 당연하다. 그래야만 치유자의 능력이 부각되기 때문이다. 아울러 예수 시대 유대인들이 의사를 경멸한 사실도 유념할 일이다. 의사를 높이 평한 사례도 없지 않지만(집회 38,1-15) 의사를 멸시한 사례가 훨씬 더 많다. "의사들은 부활하지 못하리라"(70인역 이사 26,14), "의사들이 부활하여 당신을 찬양하리이까?"(70인역 시편 87,1), "가장 훌륭한 의사도 지옥 가기 알맞다"(미슈나 키두신 4,14). 유대인들이 의사를 멸시한 까닭은 두 가지인데 첫째, 의사들이 수입에 집착한 나머지 치료비를 터무니없이 많이 받고 가난한 이들을 진료하지 않기 때문이요, 둘째, 의사는 수시로 부녀자들을 상대해야 하기 때문이다. 그래서 의사는 당나귀몰이꾼, 낙타몰이꾼, 선원, 마부, 목동, 잡화상, 백정과 더불어 천직 취급을 받았다(미슈나 키두신 4,14).

하혈하는 부인(히브리어로 zaba)은 부정하다(레위 15,25-30). 열두 해 동안 하혈하는 부인은 열두 해 내내 부정하다. 누구든 이 부정한 부인과 접촉하면 부정탄다(미슈나 자빔 5,6). 하혈은 마치 나병처럼 불결하다는 것이 유대인들의 생각이었다. 그래서 가련한 부인은 드러나게 예수님을 붙잡지 못하고 "군중 속으로 와서는 뒤에서 예수의 옷을 만졌다. 그는 속으로 '내가 그분의 옷만 만져도 구원받을 것이다' 라고 말했던 것이다"(27-28절). 병행문(마태 9,20 = 루가 8,44)에선 "예수의 옷을 만졌다"(마르 5,27) 대신 "예수의 옷단에 달린

술을 만졌다"라고 한다. 예수께서는, 접촉을 통해서 당신의 기가 부인에게로 빠져나간 것을 직감하였다. 그러나 예수께서는 불결 전염에 전혀 신경을 쓰지 않으셨다. 부인의 행동을 꾸짖으시기는커녕 이렇게 말씀하셨다. "딸이여, 당신의 믿음이 당신을 구원하였소. 평안히 가시오. 당신의 병고로부터 건강하게 나으시오"(34절).

알지 못하는 여자를 "딸"이라고 부르신 것은 뜻밖이다. 이는 지극히 친밀한 사이에서나 통하는 애칭이었다(판관 2,8; 3,10; 시편 45,11). "당신의 믿음이 당신을 구원하였소"라는 말씀의 뜻인즉, 환자가 치유자에게 신뢰를 가졌기에 치유되었다는 뜻이다. 예수께서는 자주 치유의 조건으로 환자의 믿음을 강조하곤 하셨다(마르 1,40; 2,5; 5,34.36; 7,29; 9,19; 10,47.52). 운기運氣에 있어서 환자가 전혀 신뢰하지 않으면 시술자의 기가 환자에게 전달되지 않는 것과 같은 이치다(마르 6,5 참조).

조형예술로는 라벤나 시 아폴리나레 누오보 성당의 「하혈하는 부인의 치유」모자이크(6세기)가 돋보인다. 힐데스하임 주교좌 성당에 있는 청동기둥(1020)의 부조 「그리스도와 하혈하는 부인」도 걸작이다.

1-2. 시로페니키아 부인의 딸을 고치신 구마이적사화
(마르 7,24-30 = 마태 15,21-26)

예수께서는 팔레스타인 땅에 사는 동족 이스라엘 백성을 상대로 전도하셨다. 가파르나움에서 이방인 백부장의 종을 낫게 하신 적이 있지만(마태 8,5-13 = 루가 7,1-10), 이는 예외적 현상이다. 또한 예수께서 세 차례에 걸쳐 팔레스타인 밖의 외국으로 가신 적이 있다고 하는데(마르 5,1-20; 7,24-30; 8,27-30), 이 역시 예외적인 현상이다.

시로페니키아 부인의 딸을 낫게 하신 치유이적사화(마르 7,24-30)는, 예수께서 지금의 레바논 공화국으로 가셔서 귀신들린 이방인 소녀를 낫게 하셨다는 구마이적사화이다. 소녀의 어머니로부터, 딸에게서 귀신을 쫓아내어 주십사는 간청을 들으시고 예수께서는 한마디로 거절하신다. "먼저 자녀들이 배불리 먹어야 합니다. 자녀들의 빵을 집어 강아지들에게 던져주는 것은 좋지 못합니다"(27절). 이 대꾸의 뜻인즉, 예수께서는 하느님의 자녀이며 아브라함의 자녀인 이스라엘 백성에게 기적의 혜택을 베푸시겠다는 것이다. 우선 이스라엘 백성을 돌보시고 나서 나중에 때가 되면 강아지 같은 이방인들까지 돌보시겠다는 것이다.

이방인 부인은 예수님의 거절에 미동도 하지 않는다. 어떻게 해서든 딸을 구하려는 모정은 집요하다. 부인의 말을 들어보자. "주님, 상 밑에 있는 강아지들도 아이들이 먹다 떨어뜨린 부스러기는 먹습니다"(28절). 아이들은 음식을 먹다가 곧잘 흘린다. 그러면 상 밑에 있는 강아지가 날름 받아먹는다. 이 말의 뜻인즉, 강아지 같은 자기 모녀에게 기적의 혜택을 조금이나마 베풀어주십사는 것이다.

예수께서는 이방인 부인의 답변에 감복하시어 구마이적을 행하신다. "돌아가시오. 그 말로 말미암아 당신 딸한테서 귀신이 떠나갔습니다"(29절). 마태오 복음사가는 이 말씀의 뜻을 정확히 간파하여 다음과 같이 의역했다. "아, 부인, 당신의 믿음은 큽니다. 원하는 대로 당신에게 이루어질 것입니다"(마태 15,28). 치유자를 신뢰하는 믿음이 있어야 기氣의 교감이 생겨 치유현상이 생기는 법이다. 이방인 부인의 철석 같은 믿음이 이방인들에 대한 예수의 생각과 자세를 바꾸어 놓았다.

이 구마이적사화와 양식과 내용상으로 매우 비슷한 이야기가 한 편 있다. 곧, 가파르나움에서 백부장의 종을 낫게 하신 치유이적사화이다(마태 8,5-13 = 루가 7,1-10). 이야기의 줄거리를 보면 백부장이 자기 종을 고쳐주십사고 간청하자 예수께서는 일단 거절하신다. "내가 가서 그를 고쳐주란 말입니까?"(마태 8,7). 그러나 예수께서는 백부장의 신뢰하는 말을 들으시고 이렇게 답변하셨다. "진실히 여러분에게 이르거니와, 내가 이스라엘에서는 아무한테서도 이만한 믿음을 발견하지 못했습니다"(마태 8,10 = 루가 7,9). 그러니까 시로페니키아 부인의 딸을 고치신 구마이적사화와 백부장의 종을 낫게 하신 치유이적사화는 그 양식과 내용이 같은 단짝이라 하겠다. 두 사화의 핵심인즉, 예수께서 이방인 남자와 이방인 여자의 믿음을 다같이 높이 평가하셨다는 것이다. 따라서 시로페니키아 부인의 딸을 고치신 구마이적 사화에 여성이 나오기는 하지만 그 취지는 결코 여성문제를 다루려는 것이 아니다. 엘리사벳 쉬쓸러 피오렌자를 위시해서 여성신학자들이 이 단락을 여성문제와 관련시켜 풀이하곤 하는데 이는 편향된 시각이라고 여겨진다.

1-3. 이혼논쟁
(마르 10,1-12 = 마태 19,1-12; 5,31-32 = 루가 16,18)

예수 시대 바리사이계 율사들은 남자들에게, 아내를 소박하는 일을 쉽게 허락했다. 그 근거는 신명기 24장 1절이었다. "남편이 아내에게서 수치스러운 일을 발견하여 아내와 같이 살 마음이 없을 때에는, 아내에게 이혼장을 써주고, 그 여자를 자기 집에서 내보낼 수 있다." 그런데 이혼 사유인 "수치스러운 일"이 너무 막연한 까닭에, 율사들은 구체적으로 무엇이 수치스러운 일이냐를 두고 각양각색으로 풀이했다. 일례로 샴마이 학파에선 부인의 풍기문란을, 힐렐 학파에선 부인이 남편의 음식을 태우는 부주의를, 아키바 율사는 남편의 눈에 거슬리는 부인의 모습을 이혼 사유로 꼽았다(미슈나 깃틴 9,10).

남편이 아내에게서 수치스러운 짓거리를 발견하고 소박하기로 작심하면 이혼장을 써서 아내의 손에 건네주면 이혼이 성립된다. 그 순간부터 아내는 소박데기가 된다. 이혼장을 작성하는 요령은 간단하다. 이혼 사유는 쓸 필요가 없고, 단지 남편 아무개가 아내 아무개를 소박하니 다른 남자와 재혼해도 무방하다고 적은 다음에 남편과 두 증인이 서명하면 된다. 물론 이혼장 작성 날짜와 장소를 명기해야 한다. 남자들의 권리는 지나치고, 여자들의 인권은 유린되는 이혼 관행이다.

예수께서는 남자들의 횡포에 맞서 이혼 불가를 선언하셨다. 예수님의 반이혼 사상은 이혼 불가를 선언하신 단구에 잘 드러난다(예외 규정을 빼면 마태 5,32 = 루가 16,18). 이 단구가 전승되면서 논쟁사화(마르 10,1-12)로 발전했다. 그럼 어느 전승 단계에서 단구가 논쟁사화로 발전했을까? 논쟁사화에 인용된 구약 인용문들(창세 1,27: 2,24)이 70인역인 것으로 미루어볼 때 발전 배경으로 아무래도 헬라 유대계 기독교를 꼽겠다(Gnilka II 70).

그럼 우리는 이혼 불가를 선언하신 예수님의 파격적 선언을 어떻게 이해할 것인가? 유대인들의 이혼법 대신 반이혼법을 주장하셨다고 볼 것인가? 아니다. 그렇게 이해한다면 예수를 율사들과 비슷한 계열의 법률가로 곡해하는 셈이다. 예수는 율사들과는 질적으로 다른 인물이었다. 그는 예언자의 정신을 이어받은, 하느님의 사람으로서 아내의 인권을 유린하던 남자들에게 일대 회개를 외치셨다. 꼬투리를 잡아서 아내를 버릴 궁리를 하지 말라, "부부는 둘이 아니고 한 몸이라"(夫婦一身, 마르 10,8)는 진리를 체현하라고 예수께서는 외치셨다.

1-4. 율사들을 조심하라는 훈계
(마르 12,38b-40 = 루가 20,47)

[38b] "여러분은 율사들을 조심하시오. 그들이 좋아하는 것은 기다란 예복을 입고 돌아다니는 것, 장터에서 인사받는 것,

[39] 회당에서도 높은 좌석, 잔치에서도 높은 자리를 차지하는 것입니다.

[40] 과부들의 가산을 등쳐먹고, 또한 돋보이려고 길게 기도하는 이런 사람들이야말로 더 엄한 심판을 받을 것입니다."

전승사적으로 볼 때 38b-39절과 40절은 따로따로 전해진 단구短句들이다. 이렇게 보는 근거는 두 가지다. 첫째, 38b-39절은 거드름을 피우는 율사들을 조심하라는 훈계인 데 비해, 40절은 "과부들의 가산을 등쳐먹고, 또한 돋보이려고 길게 기도하는" 율사들에게 엄한 심판을 예고하는 위협적인 말씀이다. 둘째, 훈계(38b-39절)의 경우에는 어록에 이문이 전해오는 데 비해(마태 23,6 = 루가 11,43), 심판 예고(40절)의 경우에는 이문이 없다.

연구 주제와 관련해서 40절의 "과부들의 재산을 등쳐먹고"만 살펴보겠다. 이스라엘 백성은 과부와 고아를 학대하지 말라는 계율을 중시했다(출애 22,21-23; 신명 10,18; 24,17-21; 26,12-13; 27,9). 이를 어기는 지도자들을 예언자들은

통박하곤 했다(이사 1,23; 10,2 = 예제 7,6). 시편에선 하느님을 일컬어 "고아들의 아버지, 과부들의 보호자"라 하고(68,6), "주님께서는 이방인들을 보호하시며 과부와 고아를 돌보시는도다"라고 한다(146,9). 그러니 하느님의 화신인 예수께서 과부들의 재산을 등쳐먹는 율사들에게 엄한 심판을 예고하시는 것은 당연하다. 이 단락에서 율사들이 어떤 방법으로 과부들의 가산을 등쳐먹었는지는 말이 없다. "돋보이려고 길게 기도하는" 신행(信行) 쇼로 과부들의 마음을 움직였을까? 지금도 기도해 준다는 명분으로 헌납을 요구하는 종교인들이 더러 있다. 신도들이 율사들에게 율법에 관해 자문을 구하는 일이 있었는데, 율사들은 자신들의 지식을 미끼로 은근히 반대급부를 요구했을 수도 있겠다. 유식한 남성 율사들이 가련한 여성 과부들을 착취하는 것을 예수께서는 용납하지 않으셨다. 종말 심판 때 하느님께서 치죄하리라!

1-5. 가난한 과부의 헌금을 칭송하신 단화

(마르 12,41-44 = 루가 21,1-4)

이 단락은 본디 율사들을 조심하라는 훈계(마르 12,38-40)와는 별도로 전승되었는데 마르코가 한 자리에 배치했다고 여겨진다. 마르코가 두 단락을 앞뒤로 배치한 까닭은 앞문맥(40절)과 뒷문맥(41-44절)에 "과부" 낱말이 나오기 때문이다. 이른바 연쇄어 구문이다. 마르코는 과부들의 재산을 등쳐먹는 율사들과 생활비를 전부 바친 과부를 비교 서술했다. 위의 두 단락 밖에도 "과부"가 나오는 전승 두 편이 더 있으니, 곧 나인 과부의 외아들을 살리신 소생이적사화(루가 7,11-17), 과부의 간청을 들어주는 재판관의 비유이다(루가 18,1-8). 밑바닥 사람들을 편애하신 예수답게 당시 자립하기 힘든 "과부"를 거론하곤 하셨다.

예루살렘 성전에는 이스라엘 여자들이 모이는 "여자 구역"이 따로 있었는데 여기에 보물창고 및 열세 개의 헌금함이 있었다. 보물창고와 헌금함을 다같이 그리스어로 "가조필라키온"(마르 12,41.43)이라고 한다. 예수께서는 부자들이 듬뿍 희사하는 것과 가난한 과부가 겨우 렙톤 두 닢을 희사하는 것을 눈여겨보셨다. 렙톤은 그리스 은화 드락마의 128분의 1로서 최소단위 동전이었다. 농촌 노동자의 하루 품삯이 한 드락마였으니만큼 렙톤은 하찮은 금액이다. 저 광경을 보시고 예수께서는 제자들을 향하여 이렇게 말씀하셨다. "진실히 여러분에게 말하거니와, 헌금함에 넣은 어느 누구보다도 이 가난한 과부가 더 많이 넣었습니다. 사실 모두 넘치는 가운데서 얼마씩을 넣었지만, 이 과부는 구차한 가운데서 가진 것을 모두, 그의 생활비를 죄다 넣었기 때문입니다"(43-44절). 여기서의 생활비는 그날 하루 식비로 보면 무난하다. 요즘의 라면 한두 봉지로 여기면 된다. 예수께서는 가난한 과부의 전적인 봉헌, 기꺼운 봉헌을 극찬하셨다. 사실 이 과부는 "마음을 다하고 정신을 다하고 생각을 다하고 힘을 다해서" 하느님을 사랑했기에(마르 12,28-34) 저렇게까지 희생할 수 있었던 것이다. 그렇지만, 이 단화를 빌미삼아 가난한 과부들더러 생활비까지 몽땅 헌납하라고 강요해선 안된다. 그렇게 한다면 "과부들의 가산을 등쳐먹는 것이다!"(40절).

조형예술로는 라벤나 시 아폴리나레 누오보 성당의 「가난한 과부의 헌금」 모자이크(6세기)가 유명하다.

1-6. 도유사화

(마르 14,3-9; 마태 26,6-13; 루가 7,36-50; 요한 12,1-8)

어느 여자가 예수께 향유를 발라드렸다는 도유사화는 네 복음서에 두루 실려 있다. 본디 도유 사건은 한 차례 있었는데 구전 과정중에 두 갈래로 전해졌다. 곧, 마르코가 물려받은 도유사화와 루가가 물려받은 도유사화로 양분되었다. 두 갈래 도유사화 가운데서 마르코 복음서에 실린 전승이 더 오래된 것이다. 또한 두 갈래 도유사화가 뒤섞인 혼합형 도유사화가 나돌았는데 요한 복음사가는 이것을 채록했다. 이 글에서는 마르코 14,3-9만 살펴보겠다.

이야기의 줄거리는 이렇다. 서기 30년 4월 초순 과월절을 맞아 예수께서 제자들 및 여자들과 함께 예루살렘으로 순례를 가셨을 때의 일일 것이다(7절). 올리브 산 너머, 예루살렘에서 3km쯤 떨어진 산기슭에 자리잡은 베다니아라는 동네에 예수님의 지기 시몬이 살고 있어 예수 일행은 시몬의 집에서 유숙했다. 시몬의 별명은 "나병환자"였다. 시몬은 전에 문둥병 또는 피부병을 앓다가 예수님에게서 치유를 받았던 것 같다. 당시 유대인들의 회식 풍습대로 예수께서 일행과 함께 비스듬히 누워 식사하고 있을 때, "어떤 여자가 순수하고 값진 나르드 향유가 든 옥합을 갖고 와서 그 옥합을 깨뜨려 향유를 예수 머리에 부었다"(3절). "어떤 이들은", 아마도 제자들은 삼백 데나리온어치 향유를 낭비할 것이 아니라 팔아서 가난한 이들을 구제하는 것이 옳다고 여긴 나머지 그 여자를 나무랐다. 그러나 예수께서는 그녀를 감싸시며 그녀의 행동을 높이 평가했다. "그 여자를 놓아 두시오. 왜 그녀를 괴롭힙니까? 그녀는 내게 좋은 일을 했습니다. 사실 여러분은 여러분 주변에서 가난한 사람들을 항상 만나게 되므로, 원하기만 하면 그들에게 잘 해줄 수 있습니다. 그러나 나를 항상 만나는 것은 아닙니다"(6-7절). 가난한 사람들을 돕는 자선은 마음만 먹으면 언제고 할 수 있는 일이다. 그러나 예수께 사랑을 표현하는 선행은 늘 할 수 있는 게 아니라는 말씀이다. 자선이 중요하지만 지금은 사랑의 행동인 선행이 더 소중하다는 말씀이다. 예수께서 당신의 죽음이 임박했음을 감지하시고 하신 말씀임에 틀림없다(7절). 이제까지의 이야기를 유심히 보면 여자는 흠모하는 예수께 아낌없이 향유를 쏟는 데 반해 남자들은 향유 값을 계산한다.

이제 예수의 말씀 후편을 보자. "이 여자는 할 수 있는 일을 했습니다. 안장 때 내 몸에 향유 바르는 일을 앞당겨 한 것입니다. 진실히 여러분에게 말하거니와, 온 세상 어디든지 복음이 선포되는 곳마다 이 여자가 한 일도 전해져서 그를 기억하게 될 것입니다"(8-9절). 이 말씀의 유래와 의미는 이렇게 추정할 수 있다. 서기 30년 4월 7일 금요일, 예수께서 돌아가신 다음 의회의원 요셉이 예수의 시신에 향유를 바르는 절차 따위를 생략하고 서둘러 장례를 치렀다. 이는 4월 9일 일요일 새벽, 부인들이 예수의 시신에 향유를 바르려고 예수의 무덤을 찾아갔다는 기사가 뒷받침한다(마르 16.1). 도유사화의 전승자 및 마르코 복음사가는 도유 사건을 풀이하여, 그것은 예수의 시신에 향유를 바르는 절차를 앞당긴 행동이라고 했다(8절). 그리고 "복음"의 내용인즉 예수의 말씀과 행적, 특히 그분의 죽음과 부활이다. 이제 예수의 죽음이 선포되는 곳마다, 장례 절차를 앞당겨 예수께 향유를 발라드린 도유 사건도 상기되게 마련이라고 한다(9절). 결론적으로 8-9절은 예수 친히 발설하신 말씀이 아니고 도유사화 전승자와 마르코가 도유 사건을 재이해한 해설이라 하겠다.

1-7. 여자들이 예수의 임종을 지켜보다
(마르 15,40-41 = 마태 27,55-56 = 루가 23,49 = 요한 19,25)

30년 4월 6일 목요일 저녁 때 예수께서 게쎄마니에서 체포되시는 순간, 제자들은 갈릴래아로 달아났다. 수제자 베드로는 대제관 가야파의 저택 내정 안에까지 들어가서 하인들과 불을 쬐고 있다가 하녀로부터, 예수와 한패거리가 아니냐는 질문을 받고 예수를 전혀 모르노라고 딱 잡아뗀 다음 역시 갈릴래아로 달아났다. 그런데 갈릴래아에서부터 예수를 따르던 여자들은 달아나지 않고 멀리서나마 예수의 임종을 지켜보았다. "여자들은 멀리서 바라보고 있었는데 그들 중에는 막달라 여자 마리아, 작은 야고보와 요세의 어머니 마리아, 그리고 살로메가 있었다. 그들은 그분이 갈릴래아에 계셨을 때 그분을 따르면서(*akoluthein* 동사) 그분의 시중을 들었다. 또한 그분과 함께 예루살렘에 올라온 다른 여자들도 많이 있었다"(마르 15,40-41).

세 여자 가운데서 막달라 여자 마리아에 관해선 상당한 정보가 있으나 작은 야고보와 요세의 어머니 마리아와 살로메에 관해선 전승이 거의 없다. 막달라 여자 마리아는 티베리아에서 북쪽으로 십 리쯤 떨어진 막달라(히브리어로는 믹달) 출신이다. 막달라 마리아는 귀신들렸다가 예수님으로부터 기적적으로 치유된 다음 요한나와 수산나와 함께 예수 일행을 따라다니면서 시중을 들었다(루가 8,1-3). 서기 30년 4월 초순경 막달라 마리아, 작은 야고보와 요세의 어머니 마리아, 그리고 살로메 등은 예수 일행과 함께 예루살렘에 순례왔다가 4월 7일 금요일 오후에 예수의 임종과 장례를 지켜보았고, 4월 9일 일요일 새벽에는 향유를 마련하여 예수의 무덤을 찾아갔다(마르 16,1). 예수께서는 부활 당일 막달라 여자를 비롯하여 이들 여자들에게 맨 먼저 나타나셨다(마태 28,9-10; 요한 24,14-18). 이것이 막달라 여자 마리아에 관한 정보 전부이다. 예수의 임종을 지켜본 여자들에 관해 적으면서 "예수를 따랐다"고 하는데(마르 15,40), 이는 제자들의 삶을 서술할 때 쓰는 표현이다. 그러니까 저 여자들은 예수의 제자들이었다는 것이다.

그런데 로마네스크·고딕·르네상스 미술을 보면 한결같이 막달라 여자 마리아를 복음서에 나오는 죄녀(루가 7,36-50) 또는 간음한 여자(요한 7,53 - 8,11)와 동일시했다. 그리하여 막달라 마리아를 요염한 모습으로 그리기 일쑤였다. 치렁치렁한 금발 머리카락으로 발가벗은 가슴과 배를 휘감은, 티치아노의 막달레나 그림이 빼어나다(1533년경 작, 피렌체 피티 궁전 팔라티나 미술관). 머리카락이 자라 온몸을 뒤덮은 데다 푹 패인 눈에 앙상한 모습으로 서 있는, 도나텔로의 막달레나 목조 입상 환조 역시 감동을 자아낸다(1453~1454년 작, 피렌체 주교좌 성당 박물관). 이들 그림과 조각이 예술적으로는 탁월하지만 역사적 진실과는 아주 상반된다. 네 복음사가들은 여자를 아끼는 섬세한 마음을 지닌 분들이라, 죄지은 여자를 거론할 때에는 절대로 그 이름을 밝히지 않는다. 막달라 여자 마리아가 지난날에 고약한 여자였다가 예수를 만나고서 통회하는 여자로 탈바꿈했다는 것은 중세적 상상일 뿐 전혀 사실이 아니다. 그가 프랑스 베즐레 읍에 있는 생트 마들렌 대성당에 묻혔다는 것도 로마네스크 시대 전설일 뿐이다.

마리아 막달레나에 관한 상론으로는 아라이 사사구, 『신약성서의 여성관』, 321-40쪽을 보라.

1-8. 여자들이 예수의 장례를 지켜보다
(마르 15,42-47 = 마태 27,57-61 = 루가 23,50-56 = 요한 19,38-42)

나무에 매달려 죽은 사람은 당일에 묻으라는 법이 있었다(신명 21,22-23). 사형수의 시신은 당일에 묻는 게 예수 시대 팔레스타인의 관례였다(요세푸스, 「유대

전쟁』, 4,5,2). 예수의 시신을 당일에 묻어야 할 만한 까닭이 또 있었다. 예수께선 30년 4월 7일 금요일 오후에 돌아가셨는데, 그날 서산에 해가 지면서 이중 축제일이 시작될 판이었던 것이다. 곧, 주간 축제인 안식일과 연중 대축제인 과월절이 함께 시작될 참이었던 것이다. 이중 축제 때 예루살렘 성 밖에 예수와 두 강도들의 시신이 매달려 있는 것은 볼썽사나울 뿐 아니라 율법 규정에도 어긋나기 때문에, 최고의회 의원이었을 것으로 여겨지는, 아리마태아 출신 요셉이 본시오 빌라도 총독의 허락을 받고 세 사형수의 시신을 거두어 서둘러 적당히 장례를 치렀다(마르 15,46). 요셉은 예수의 시신에 향유를 바르는 절차를 생략했다(마르 14,8; 16,1). 시간이 촉박해서라기보다는 사형수들의 장례에 그런 절차까지 갖출 생각이 없었다고 하겠다. 요셉은 싸구려 삼베를 사서 예수와 두 강도들의 시신을 둘둘 말아서 골고타 형장 근처 석회석 석벽에 뚫려 있는 무덤에다 처넣고 큰 돌로 입구를 봉했다고 보면 무난하다. 막달라 마리아, 그리고 요세의 어머니 마리아는 예수의 장례에 가담하지 않고 장례 장면을 그냥 바라보고만 있었다고 한다(마르 15,47).

1-9. 여자들이 예수의 빈 무덤을 발견하다

(마르 16,1-8 = 마태 28,1-8 = 루가 24,1-12 = 요한 20,1-13)

빈 무덤 사화의 두 갈래 전승이 마르코 16장 1-8절과 요한 20장 1-13절에 실려 있다. 이 중에서 마르코 16장 1-8절에 실린 이야기가 더 오래된 것이다. 이는 마르코가 채록한 수난사화(14,22 - 16,8)의 결론이다. 마르코의 빈 무덤 사화에는 역사 정보도 있고 초대교회의 예수 부활 신조도 들어 있다.

역사적 신빙성이 있는 요소는 다음과 같다. 첫째, 예수의 임종과 장례를 지켜본, 갈릴래아 출신 세 여자들이 뒤늦게나마 예수의 시신에 향유를 발라드리려고 30년 4월 9일 일요일 새벽에 예수의 무덤을 찾아갔다는 기록(마르 16,1-2)은 신빙성이 있다. 둘째, 놀랍게도 예수의 무덤이 비어 있었다는 기담 역시 신빙성이 있다. 그 근거는 이렇다. 유대인들은 부활이라면 으레 시신이 소생하는 것으로 보았다(에제 37,1-14). 그러므로 예수의 시신이 무덤에 그대로 있었다면 신도들이 예루살렘에서 예수 부활을 도저히 외칠 수 없었을 것이다. 이뿐이 아니다. 신생 그리스도교를 배척하던 유대교인들조차 예수의 무덤이 빈 사실만은 인정했다. 단지, 빈 무덤에 대한 해석이 엉뚱했다. 그리스도인들이 속임수로 예수 부활을 주장하려고 예수 시신을 몰래 이장했기 때문에 그 무덤이 비게 되었다고 줄기차게 우겼던 것이다(마태 28,15; 유스티누스, 「트리폰과의 대화」 108,2).

아울러 마르코의 빈 무덤 사화에는 그리스도 신조가 들었다. "놀라지 마시오. 여러분이 십자가에 처형된 나자렛 사람 예수를 찾고 있지만, 그분은 부활하시어 여기에는 계시지 않습니다. …"(마르 16,6-7)라는 천사의 말은 실은 천사의 발설이 아니고, 초세기 그리스도인들이 마음속으로 믿고 입으로 외치던 그리스도 신조였다(사도 3,15; 4,10; 5,30; 13,30.37; 1데살 1,10; 갈라 1,1; 1고린 6,14; 15,3-5.15; 2고린 4,14; 로마 4,25; 7,4; 8,11; 10,9; 골로 2,12; 2디모 2,8).

베다니아에서의 도유 이야기(마르 14,3-9), 예수 임종 이야기(15,33-41), 예수 장례 이야기(15,42-47), 빈 무덤 이야기(16,1-8)에는 여자들의 공덕이 두루 적혀 있다. 예수 수난 및 부활과 관련하여 보면 여자들이 남자들보다 단연 성실하고, 훨씬 강하다. 믿음직하고 강한 자여, 그대의 이름은 여자로다!

끝으로, 빈 무덤 발현사화의 종결문에 관해 약술코자 한다. "여자들은 무덤에서 나와 도망쳐 버렸다. 그들은 벌벌 떨고 당황했던 것이다. 그래서 아무에게도 말을 하지 않았다. 그들은 겁을 먹었던 것이다"(16,8). 여성신학자 듀이Joanna Dewey(506~508)는 마르코 복음 앞부분에서 남자들이 실패하더니 이제는 충성스런 여자들조차 실패한다는 식으로 16장 8절을 풀이했다. 그러나 이는 옳은 풀이가 아니다. 부인들이 신비의 극치인 예수 부활 전갈을 받고 공포와 전율의 반응을 보였다고 마르코가 쓴 것은 종교사적으로 늘상 보는 현상이다(mysterium tremendum). 마르코는 부인들이 빈 무덤 사건을 퍼뜨린 것을 잘 알고 있었다. 그러니까 빈 무덤 이야기가 복음서에 기록되기에 이르렀던 것이다. 아울러 그는 부활하신 예수께서 갈릴래아에서 베드로와 제자들에게 나타나신 사실도 잘 알고 있었다(14,28; 16,7).

1-10. 여자(들)이 예수의 발현을 보다

(마태 28,9-10 = 요한 20,14-18)

30년 4월 9일 일요일 새벽, 막달라 여자 마리아와 다른 마리아가 예수의 무덤을 찾아갔을 때 돌연 예수께서 나타나셨다고 한다(마태 28,9-10). 요한 복음서에 따르면 부활하신 예수께서 막달라 여자 마리아 한 사람에게 나타나셨다고 한다(요한 24,14-18). 예수께서 부활하신 다음 남자들에게가 아니고 여자(들)에게 먼저 나타나셨다는 발현사화는 역사적 신빙성이 있다. 이것이 사실이 아니고 허구였다면 남자 제자들이 첫 발현을 체험했다고 이야기했을 것이다. 당시 유대인들은 여자들을 불신한 나머지 법정에서 여자를 증인으로 내세우지 않았다. 그런 까닭에 발현 목록 신조(1고린 15,3-5)에 남자들이 목격한 발현만 나열했던 것이다. 예수께서 남자 제자들보다 갈릴래아 출신 여자들에게 먼저 나타나신 까닭인즉, 이들 여자들이 예수 임종(마르 15,33-41), 예수 장례(15,42-47), 예수 무덤 참배(16,1-8) 때 보여준 충성을 부활하신 예수께서 가상히 여기셨기 때문일 것이다.

초세기 여성운동가들이 위의 발현사화를 꾸몄으리라는 설을 일본의 저명한 신약학자 아라이 사사구는 내세웠다. "오랜 전승에 편승해서 볼 때 예수는 남성에게만 현현했으므로 교회의 지도자는 남성만 될 수 있다는 입장을 주장하는 데 대해서, 그렇지 않다고 이의를 제기하며 전승 속에 여성을 복귀시키려고 했던 것 같다"(『신약성서의 여성관』 49). 오늘날 여성신학자들의 시각을 복음서에 뒤집어씌운 것 같다. 또 한 가지 엉뚱한 설을 서울 어느 본당 신부가 1997년 부활절 강론중에 내세웠다. 예수께서 여자들에게 먼저 발현하신 까닭인즉, 당신의 부활 소식을 빨리 사방에 전하려는 것이었다나. 여자들은 입이 싸니까.

조형예술로는 고딕 회화의 선구자 지오토(1267?~1337)가 그린 「막달레나에게 나타나심」 벽화 두 폭이 빼어나다(아씨시 프란체스코 대성당, 파도바 스크로베니 경당).

1-11. 세관원들과 창녀들이 하느님 나라로 들어간다는 단구
(마태 21,31b-32 = 루가 7,29-30)

마태 21,31b-32	루가 7,29-30
"³¹ᵇ진실히 여러분에게 말하거니와 세관원들과 창녀들이 여러분에 앞서 하느님 나라로 들어갑니다. ³²사실 요한이 의로움의 길을 가르치러 여러분에게로 왔건만 여러분은 그를 믿지 않았습니다. 세관원들과 창녀들은 그를 믿었습니다. 그러나 여러분은 보고도 마침내 뉘우치지 않고 그를 믿지도 않았습니다."	"²⁹모든 백성은 물론 세관원들까지도 요한의 설교를 듣고 요한의 세례를 받아 하느님이 옳다는 것을 드러냈습니다. ³⁰그러나 바리사이들과 율법학자들은 그에게서 세례를 받지 않음으로써 자기들에 대한 하느님의 계획을 물리쳤습니다."

위의 두 단락은 예수 어록에 실린 단구短句(= logion)였다. 루가는 어록의 순서를 보존했고 마태오는 단구의 위치를 바꾸었다. 두 단락을 대조해 보면 낱말들이 서로 상당히 다르다. 마태오와 루가가 어록의 단구를 베끼면서 제각기 고쳐 썼을 것이다(Lambrecht, Out of the Treasure 96-97). 만일 마태오 복음서에 실린 단구가 예수님의 말씀에 가깝다고 본다면, 이는 상상을 넘어서는 폭탄선언이다. 그 뜻인즉, 바리사이들과 율사들은 요한 세례자를 배척한 까닭에 신국에 들어가지 못하고, 요한 세례자의 설교를 듣고 회개하여 세례를 받은 세관원들과 창녀들은 신국에 들어간다는 것이다. "세관원"은 국경에서 관세를 거두는 민간인들로서 부당하게 수입을 올리는 사기꾼으로 간주되었다. 주사위 놀음꾼, 돈 놀이꾼, 비둘기 경주업자, 안식년 농산물 거래자, 목동, 세무서원, 세관원은 직업상 사기꾼으로 간주되었다(바빌론 탈무드, 산헤드린 25b). "창녀"는 복음서에 세 번 나온다(마태 21,31.32; 루가 15,30).

1-12. 나인 과부의 외아들을 살리신 소생이적사화

(루가 7,11-17)

갈릴래아 지방 다볼 산 근처에 있는 나인 동네에서 과부의 외아들을 되살리셨다는 소생이적사화는, 그 옛날 엘리야 예언자가 시돈 근처 사렙다(지금의 레바논 Sarafand) 동네에서 과부의 외아들을 되살리셨다는 소생이적사화 영향을 많이 받았다. "… 엘리야 예언자는 사렙다 과부의 품에서 죽은 아이를 받아 안고 자기가 거처하고 있는 다락방으로 올라가서 잠자리에 뉘었다. 그리고 그는 야훼를 소리쳐 불렀다. '오, 나의 하느님 야훼여, 당신께서는 기어이 제가 머무르고 있는 이 과부의 집에 슬픔을 내리시어 아이를 죽이시렵니까?' 그는 아이 위에 세 번 엎드려 몸과 몸을 맞추고 나서 야훼께 기도하였다. '오, 야훼 나의 하느님, 간청하옵니다. 이 아이의 몸에 다시 생명의 호흡이 돌아오게 해주십시오.' 야훼께서 엘리야의 기도를 들으시고 그 아이에게 다시 생명의 호흡을 주시어 마침내 아이는 살아났다. 엘리야는 그 아이를 안고 아래층으로 내려와 아이 어머니에게 주면서 말하였다. '보시오, 부인의 아들이 살아났습니다.' 그러자 여인이 엘리야에게 말하였다. '어른께서는 과연 하느님의 사람이십니다. 어른께서 전하신 야훼의 말씀도 참이심을 이제 알겠습니다'"(1열왕 17,17-24).

이스라엘에는 종말에 앞서 엘리야 예언자가 재림한다는 믿음도 있었고(말라 3,23-24), 모세 같은 예언자가 출현한다는 믿음도 있었다(신명 18,15). 팔레스타인 유대 기독교 공동체에선 예수를 예언자로 여겼다. 다만, 예수를 엘리야나 모세 정도의 예언자가 아니라 훨씬 더 "큰 예언자"로(루가 7,16), 아니 "주님"으로(루가 7,13) 여긴 사실을 유념하라(Blank 50-51).

복음서엔 소생이적사화 세 편이 실려 있다. 회당장 야이로의 딸을 되살리신 이야기(마르 5,21-24.35-43), 나인 과부의 외아들을 되살리신 이야기(루가 7,11-17), 라자로를 되살리신 이야기(요한 11,1-53)이다. 이 가운데서 나인 과부의 외아들을 되살리신 소생이적사화의 경우, 주 예수께서 과부의 외아들을 소생시키는 것을 목격한 이들이 "우리 가운데 큰 예언자가 나타났다. 하느님께서 당신 백성을 찾아주셨다"(루가 7.16)고 찬양했다. 주 예수는 과부와 고아를 돌보시는 하느님의 화신이라는 뜻이 함축되어 있다.

이제 소생이적사화의 역사적 신빙성을 물을 차례이다. 소생이적사화들은 죄다 예수 부활을 전제한다. 소생사화의 깊은 뜻인즉, 예수께서는 부활하시어 삶과 죽음을 다스리시는 주님이 되셨다는 것이요, 주님을 믿으면 전적으로 새로운 삶·영원한 삶을 누릴 수 있다는 것이다. 이런 뜻이 라자로 소생이적사화에 극명하게 선포되어 있다. "나는 부활이요 생명입니다. 나를 믿는 사람은 죽더라도 살 것입니다"(요한 11.25).

조형예술로는 힐데스하임 주교좌 성당에 있는 청동 기둥(1020)에 양각된 「나인 소년의 소생」이 돋보인다.

1-13. 예수의 시중을 든 여자들
(루가 8,1-3)

앞 문맥을 유의해 보자. 나인 과부의 외아들을 되살리신 소생이적사화(루가 7.11-17), 죄녀의 도유사화(루가 7.36-50)에 이어 이제 우리 단락이 나온다. 여자들에 관한 언급이 번번이 나온다. 여기 죄녀의 도유사화는 전승사적으로 어떤 여자의 도유사화(마르 14.3-9)의 변체이므로 따로 다루지 않았다.

우리 단락(8,1-3)의 짜임새를 보면 1절은 예수의 활동을 요약한 집약문이고, 2-3절은 예수 일행의 시중을 든 여자들의 명단으로서 루가가 전승을 채록한 것이다(Bovon I 397. Blank는 반대 견해).

2-3절에선 "악령과 질병에서 낫게 된 여자들이 … 자기네 소유로 예수 일행의 시중을 들었다"고 한다. 구체적으로 세 여자를 꼽는다. "귀신 일곱이 떨어져 나간 막달라 여자라고 하는 마리아, 헤로데의 신하인 쿠자의 아내 요안나, 수산나이다." 막달라 마리아는 악귀에게 몹시 시달렸다. 요즘 말로 정신병을 심히 앓다가 예수에게서 고침을 받고 고마운 나머지 예수 일행을 따르면서 시중을 들었다. 막달라 마리아는 예수의 임종과 장례를 지켜보았고(마르 15.40-47), 예수의 빈 무덤을 확인했으며(마르 16.1-8), 부활하신

예수의 발현을 맨 처음으로 체험했다(요한 20.14-18). 요안나와 수산나에 관해서 우리 단락말고는 아무런 전승도 전해오지 않는다. 제자들마냥 이 여자들도 "예수를 따랐다"(마르 15.41). 양자간에 차이가 있다면 제자들은 전도를 한 데 비해서 이 여자들은 예수 일행의 의식주 문제를 도맡았다고 여겨진다. 당시 이스라엘은 남녀가 어울려 이야기하는 것조차 금기시한 사회였다는 것을 감안한다면 여자들이 예수 일행을 따라다니면서 수발을 들었다는 것은 매우 파격적 처신이다. 참고로 미슈나 법전에 실린 「조상들의 어록」 1장 5절을 옮겨 적는다.

> 예루살렘의 요세 벤 요하난은 이렇게 말했다. "너의 집은 활짝 열어놓고 가난한 사람들을 가족인 양 받아들여라. 그러나 여자들과는 말을 많이 하지 말라." 자기 아내와도 말을 많이 하지 말라는 것이다. 하물며 남의 아내와 말하는 경우에 있어서랴! 따라서 현자들은 이렇게 말했다. "여자들과 말을 많이 하는 남자는 불행을 자초하고 율법 공부를 소홀히하며 마침내 지옥을 물려받게 된다."

1-14. 마르타와 마리아 단화
(루가 10.38-42)

예수께서 마르타와 마리아를 방문하여 겪은 일을 적은 짤막한 이야기다. 마르타와 마리아가 산 동네는 명시되어 있지 않다. 그들이 예루살렘 근교 베다니아에 살았다는 요한 복음서의 기록은 요한계 전승의 발상이다(요한 11.1). 또한 두 자매에게 오라버니 라자로가 있었다는 요한 복음서의 기록 역시 요한계 전승에서 만들어낸 전설이다(요한 11.2; 12.1-8).

이제 마르타와 마리아 단화(루가 10.38-42)를 눈여겨보자. 마르타는 집안 살림을 꾸려가는 언니로서 예수 일행을 맞아들인 다음(38절) 시중을 드느라고, 즉 음식을 장만하느라고 정신이 없었다. "마르타는 여러 가지 시중을 드느라고 분주했다"(40a절). 그러나 동생 마리아는 "주님의 발치에 앉아 말씀을 듣고 있었다"(39절). 여기 말씀의 내용은 적혀 있지 않지만 예수님의 설교 주제인 하느님 나라였으리라. 마리아는 여기서 마치 예수님의 제자인 양 처신하는데, 이는 남녀 동석을 삼간 당시 이스라엘에선 파격적 현상이다.

마르타는 일손이 바쁜 나머지 예수께 불평했다. "주님, 제 아우가 저 혼자서만 시중들게 버려두는데도 가만히 계십니까? 아우더러 저를 도와 주라고 하십시오"(40절). 갑자기 들이닥친 예수 일행의 먹을 음식을 장만하느라 마르타는 정신이 없는데, 얌체 같은 동생은 예수의 말씀만 듣고 있으니 얄미웠을 것이다. 주 예수도 야속하고.

단화短話(Apophthegma)는 예수의 대꾸로 끝맺는다. "마르타, 마르타, 당신은 온갖 걱정을 하며 부산을 떠는데 실상 필요한 것은 한 가지뿐입니다. 사실 마리아는 좋은 몫을 택했고 그것을 빼앗기지 않을 것입니다"(41-42절). 이 구절의 표현만 보고 곡해한 경우가 흔하다. 교부 오리게네스(185년경~254년경) 이래 많은 교부들은, 마치 예수께서 활동생활(vita activa = praxis)을 하시고 관상생활(vita contemplativa = theoria)을 격려하신 것처럼 풀이했다. 마르타는 식사를 마련하는 전통적 여성상의 전형이요, 마리아는 말씀을 연구하는 혁신적 여성상의 전형으로서 후자의 여성상이 바람직하다는 식의 풀이도 있다. 오로지 단구의 글자에 얽매인 일방적 풀이다. 글자는 죽이고 성령은 살린다는, 예로부터 내려오는 주석 격언을 명심할 일이다.

그럼 올바른 이해의 지름길은 무엇일까? 예수의 가르침 전체를 안중에 두고 단화를 풀이해 마땅하다. 예수께서는 상식인으로서, 사람이 사는 데 물질적 조건인 의식주가 필요하다는 것을 아셨다. 사실 예수께서는 수제자 시몬의 장모에게서 음식 공양을 받으셨고(마르 1.29-31), 동행한 갈릴래아 여자들로부터도 의식주 문제에 도움을 받으셨다(루가 8.1-3). 그러니 예수께서 마르타의 시중을 경시했다는 식으로 보는 것은 단구의 자구에 얽매인 협량한 풀이다. 단지 예수께선 마르타가 시중을 드느라고 "분주한 것"(40절 periespato), "온갖 걱정을 하며 부산을 떠는 것"(41절 merimnas kai thorybaze peri polla)을 나무라셨을 뿐이다. 너무 시중에 정신을 쏟다 보면 그보다도 훨씬 중요한 일, 꼭 필요한 한 가지 일, 곧 하느님 나라에 관한 말씀을 듣는 일을 소홀히 하게 된다는 것이다. 음식 공양에 신경을 곤두세우는 것보다 말씀을 경청하는 일이 훨씬 더 절실하다고 예수께서는 보셨던 것이다. 요즘 식으로 말하자면 신앙에 지장을 줄 만큼 의식주에 얽매이지 말라는 것이다. 이 풀이를 뒷받침하는 예수 전승으로는, 먹거리와 입성을 두고 걱정하지 말고 우선 하느님의 나라를 찾으라는 말씀(루가 12.22-31 = 마태 6.25-34)을 들겠다. "여러분은 하느님의 나라를 찾으시오. 그러면 여러분은 이런 것들(음식과 의복)도 곁들여 받게 될 것입니다"(루가 12.31 = 마태 6.33). 또한 예루살렘 사도들이 양식 분배는 봉사자들에게 맡기고 자기네는 말씀 전파에 전력키로 한 사례를 꼽겠다. "우리가 하느님의 말씀을 제쳐놓고 식탁 일에 봉사하는 것이 마음에 들지 않습니다"(사도 6.2).

1-15. 안식일에 곱사등이 부인을 고치신 치유이적사화
(루가 13.10-17)

예수께서 안식일에 회당에서, 십팔 년 동안 병마에 사로잡혀 등이 굽은 부인을 고쳐주신 치유이적사화는 루가 복음서에만 나온다. 부인은 병을 일으키는 악령의 작용으로 곱사등이가 되었다고 한다. 몸의 병도 악령의 장난으로 생긴다고 당시 사람들은 생각했다. 예수께서는 부인에게 손을 얹어 고쳐주셨다고 한다. 성령의 힘으로 악령을 내쫓으신 것이다. 동양 기공의 표현을 빌리자면 예수께서 손을 환자에게 대는 순간 예수의 신령한 기氣가 환자에게로 옮겨갔다 하겠다(運氣).

예수께서 안식일에 병을 고쳤다고 해서 회당장이 항의하자, 예수께서는 이렇게 대꾸하셨다. "위선자들아, 너희는 누구나 안식일에도 자기 소나 나귀를 외양간에서 풀어내어 몰고 가서는 물을 먹이지 않느냐? 이 부인은 아브라함의 딸인데, 사탄이 그를 무려 십팔 년 동안이나 속박하였다. 그런데 안식일이라 하여 이 속박에서 풀려나지 말았어야 한단 말이냐?"(15-16절). 이 말씀의 뜻인즉 이렇다. 안식일에 짐승도 돌보는데, 하물며 아브라함의 후손을, 그것도 십팔 년 동안 병마에 시달리고 있는 후손을 돌보지 않을쏘냐? 여기에는 유대인들이 즐겨 쓰는 황차논법況且論法이 깔려 있다. 황차논법이란 작은 일과 큰 일을 비교하는 논법으로 "하물며"라는 낱말이 나오거나 숨어 있다. "이 부인은 아브라함의 딸인데 …"(16절)는 예리고의 세관장 자캐오를 두고 하신 말씀과 그 내용이 흡사하다. "오늘 이 집에 구원이 내렸습니다. 이 사람도 아브라함의 아들이기 때문입니다"(루가 19-10). 이 두 말씀을 비교해 보면 한 가지 사실이 분명히 드러난다. 예수께서는 아브라함의 후손이면 누구나 돌보셨다. 그분은 결코 아브라함의 아들과 딸을 차별하지 않으셨다.

1-16. 과부의 간청을 들어주는 재판관의 비유
(루가 18,1-8)

1) 본문

¹예수께서는 그들에게 비유를 들어, 언제나 기도하고 낙심하지 말아야 한다는 뜻으로 ²이렇게 말씀하셨다. "어느 고을에 어떤 재판관이 있었는데 그는 하느님도 두려워하지 않고 사람도 존중하지 않았습니다. ³또한 그 고을에는 한 과부가 있었는데 그는 재판관에게 가서 '내 (송사) 적수에게서 내 권리를 찾아 주십시오' 하고 졸랐습니다. ⁴그런데 재판관은 한동안 (들으려) 하지 않다가 결국 제 속으로 말했습니다. '나는 하느님도 두려워하지 않고 사람도 존중하지 않지만 ⁵이 과부가 나를 괴롭히니 그의 권리를 찾아 주어야겠다. 그렇게 하지 않으면 그가 와서는 끝까지 나를 성가시게 할 것이다.'" ⁶그리고 주님께서 말씀하셨다. "여러분은 이 불의한 재판관이 하는 말을 새겨들으시오. ⁷하느님께서는 당신의 선민들이 밤낮 당신께 부르짖는데도 그 권리를 찾게 해주시지 않겠습니까? 그분이 그들을 두고 저주하실 것 같습니까? ⁸여러분에게 이르거니와, 하느님께서는 서둘러 그들의 권리를 찾게 해주실 것입니다. 그러나 인자가 올 때에 땅 위에서 과연 믿음을 찾아볼 수 있겠습니까?"

2) 편집 요소 두 가지

1절: "언제나 기도하고 낙심하지 말아야 한다"는 말씀은 남달리 기도를 강조한 루가의 가필이다. 앞 문맥의 종말 교훈(17,20-37), 종말 때까지 믿음을 간직하라는 비유 결론(18,8b), 뒷 문맥에 나오는 바리사이와 세리의 기도 예화와 관련하여 18장 1절을 이해해야겠다. 그 뜻인즉, 종말 시련을 이기려면 노상 기도해야 한다는 것이다.

8b절: "그러나 인자가 올 때에 땅 위에서 과연 믿음을 찾아볼 수 있겠습니까?"도 루가가 비유 끝에 덧붙인 가필이다. 유대교 묵시문학에선 종말에 앞서 믿음을 저버리는 배교 사태가 일어나리라고 보았는데, 그같은 사상이 초세기 그리스도교계에도 있었다(2데살 2,3; 마르 13,21-23). 루가는 그 영향을 받아 8b절을 덧붙였다.

3) 비유와 적용의 전승사

2-5절은 비유이고, 6-8a절은 예수께서 그 비유를 적용하신 말씀이다. 예수께서 비유와 적용을 한꺼번에 내리 발설하셨다고 보는 설이 있는가 하면(Delling 1-25; 예레미아스 150-151), 비유 적용(6-8a절)은 예수님의 발설이 아니고 전승자가 덧붙인 첨언이라고 보는 설도 있다(Bultmann 189 = 허혁 역 한국어판 223쪽). 비유 적용(6-8a절)이 설령 전승자의 첨언이라 할지라도, 비유의 뜻을 왜곡한 것이 아니고 비유의 처음 뜻을 정확히 간파한 것이라고 여겨진다. 이제 비유와 적용을 차례로 풀이하고자 한다.

4) 주석

어느 도시의 한 과부가 적수에게서 억울한 일을 당하여 재판관에게 고소했으나 재판관은 불의한 사람이라 힘도 돈도 없는 과부의 청을 들어주지 않는다. 그러니 과부는 끈기 하나로 재판관을 물고늘어질 수밖에 별 도리가 없었다. 마침내 재판관은 과부의 청을 할 수 없이 들어주었다. 대충 비유 이야기의 줄거리이다. 이사야 예언자 시대에도 법정에서 과부의 송사를 소홀히 다루는 수가 있었다. "너의 지도자들은 반역자요 도둑의 무리가 되었다. 모두들 뇌물에만 마음이 있고 선물에만 생각이 있어 고아의 인권을 짓밟고 과부의 송사를 외면한다"(이사 1,23; 참조: 예레 5,28).

비유 이야기는 19세기 후반 메소포타미아 지방 회교법정 실태와 너무도 닮았다(예레미아스 149쪽 각주 3 운문).

입구 맞은편에 카디(= 회교 재판관)가 쿠션에 반쯤 묻혀 있고 그 주위에는 서기들이 둘러앉아 있다. 법정의 앞부분에는 주민들이 몰려들어 각기 자기의 사건을 먼저 처리해 달라고 한다. 약삭빠른 자들은 서기들과 귓속말로 흥정을 하고 그들에게 뇌물을 슬쩍 집어넣어 주면 사건은 즉시 처리된다. 그러는 동안에 한쪽 구석에서 어떤 가난한 여인이 큰 소리로, 공정하게 취급하라고 하면 일단 재판은 중단된다. 그 여인을 보고 조용히 하라고 한다. 그리고 매일 찾아온다고 그 여인을 나무란다. 그러자 그 여인은 "카디가 내 말에 귀를 기울일 때까지 찾아오겠습니다"라고 외친다. 마침내 카디는 폐정 시간 직전에 참다 못해서 "저 부인이 바라는 게 무엇인가?" 하고 묻자 여인은 사정을 설명한다. 그의 독자가 군대에 끌려갔는데도 납세를 강요당했다는 것이다. 카디는 이 사건을 신속하게 처리한다. 이렇게 그 여인의 끈기는 보답을 받는다. 만일 그에게 돈이 있어 서기에게 주었더라면 그는 훨씬 빨리 승소했을 것이다.

이제 비유 적용문을 살펴보자. 불의한 재판관이 가련한 과부의 간청을 들어주거늘, 하물며 지선하신 하느님께서 선민의 간청을 들어주시지 않을 것 같으냐? 이 적용문에는 사악한 인간과 지선하신 하느님을 비교하는 황차논법況且論法(argumentatio a minori ad majus)이 들어 있다. 황차논법은 루가 11,5-7; 11,11-13 = 마태오 7,9-11에도 있다.

5) 우리의 이해

우리가 끊임없이 간청하면 하느님께서는 꼭 들어주신다는 말씀은 참일까? 참이다. 그러나 전제조건이 있다. 첫째, 하느님의 뜻을 따르는 삶이 전제된다. "우리가 청하는 것은 다 하느님으로부터 받을 것입니다. 우리가 그분의 계명을 지키고 그분 앞에서 그분이 기뻐하시는 일을 하기 때문입니다"(1요한 3,22). 둘째, 하느님의 뜻과 하느님의 나라에 맞는 것을 청해야 한다. "우리가 하느님의 뜻에 따라 무엇을 청하면 우리의 청을 들어주실 것입니다"(1요한 5,14). "여러분은 하느님의 나라를 찾으시오. 그러면 이런 것들(음식과 의복)도 여러분에게 주어질 것입니다"(루가 12,31 = 마태 6,33). 만일 우리가 하느님의 뜻과 하느님의 나라에 걸맞지 않은 것을 청하면 하느님께서는 우리의 간청을 물리치실 것이다. "여러분은 청해도 받지 못합니다. 그 까닭은 여러분은 쾌락에 탐닉하려고 잘못 청하기 때문입니다"(야고 4,3).

참고 문헌
G. Delling, Das Gleichnis vom gottlosen Richter, ZNW 53(1962) 1-25.
요아킴 예레미아스 저, 허혁 역, 『예수의 비유』, 분도출판사 1974, 150-1쪽.
R. Bultmann, Die Geschichte der synoptischen Tradition, Göttingen 3. Aufl, 1958
  = 루돌프 불트만 저, 허혁 역, 『공관복음서 전승사』, 대한기독교서회 1971.
김득중, 『복음서의 비유들』, 컨콜디아사 1992, 290-6쪽.
요셉 블랑키, 「예수 전승에 등장하는 여성들」, 『원시 그리스도교의 여성』, 윤선아 역, 분도출판사 1992, 81-6쪽.

1-17. 사마리아 여인과의 대화
(요한 4,1-42)

공관복음서를 보면 예수 전승은 대부분 짤막짤막한 토막 전승이다. 좀 긴 이야기 전승으로는 수난사화를 꼽겠다. 그러나 요한 복음서로 건너가면 사정이 딴판이다. 요한 복음서에는 공관복음서에 비해 예수의 말씀과 사화의 수효는 많지 않지만, 말씀도 사화도 자상하고 장황하다. 요한 복음 작가가 단편적인 예수 전승들을 물려받은 다음에, 그 전승들에 대해 곰곰히 묵상한 결과 자상하고 장황한 설교와 사화를 만들어냈다. 그러니 요한 복음서는 예수 명상록이라 하겠다. 작가의 그리스도론은 다음과 같다. 요한 복음 작가는 예수를 아들 하느님으로 본다(1,1.18; 20,28; 1요한 5,20). 아들 하느님이 하느님으로부터 파견되어 사람이 되신 다음(下降 降生) 아버지 하느님을 알리고 자기 자신을 알려주신다(啓示). 그러고 나서 아버지 하느님께로 올라가셨다(上昇 高揚 榮光).

예수와 사마리아 여인과의 대화를 보면 예수께서 자기 자신을 계시하여 믿음을 발생시킨다. 우선 전반부(1-26절)를 보자. 예수께서는 사마리아 지방 시카르(지금의 Askar) 마을 근처에 있는 야곱의 우물가에서 사마리아 여인과 말을 주고받으시는데, 대화의 주제는 "생수"(7-15절), "예배"(20-24절), "메시아"(25-26절)이다. 대화가 진행되면서 예수의 정체가 차츰차츰 선명하게 드러난다. 예수는 "주님"(11절), "우리 조상 야곱보다 더 위대하신 분"(12절), "예언자"(19절), "메시아"(26절)시다. 예수께서 자신을 메시아로 계시하심으로써 사마리아 여인과의 대화는 일단락된다.

이제 후반부(27-42절)를 살펴볼 차례이다. 예수의 제자들이 돌아오자 사마리아 여인은 시카르 마을로 달려가서 사람들에게 이렇게 말했다. "와서 보시오. 내가 해온 짓을 죄다 나에게 말한 사람이 있습니다. 그분이 그리스도가 아닐까요?"(29절). 그러는 동안 예수께서는 제자들과 더불어 "음식"과 "추수"에 관해서 대화를 나누신다(31-38절). 예수께서는 시카르 마을에서 이틀을 머무셨는데, 사마리아인들은 예수의 말씀을 듣고 그분이 "세상의 구원자"시라는 것을 알게 되었다(42절). "세상의 구원자"(ho soter tou kosmou, 救世主)라는 존칭은 신약성경을 통틀어 오직 요한계 문헌에만 두 번 나온다(요한 4,42; 1요한 4,14). 예수는 유대인 사마리아인 가릴 것 없이 온 인류에게 영생을 베푸시는 지존이시라는 신앙고백이다. 이는 예수의 정체에 대한 고백의 절정이라 하겠다.

사마리아 여인과의 대화에는 요한 복음 특유의 오해양식(誤解樣式)이 깔려 있다. 요한 복음의 예수는 본디 아들 하느님으로서 아버지 하느님을 알려주려고 강생한 초월자이시다. 이와는 반대로 사마리아 여자를 비롯하여,

예수와 이야기하는 사람들은 땅에서 태어나 땅 위에서 사는 지구인이다. 초월자와 지구인은 그 차원이 너무나 달라서 서로 이야기를 주고받지만 영 말이 안 통한다. 예수께서 초월적 의미로 하시는 말씀을 지구인은 통속적 의미로 알아듣기 일쑤인 것이다. 예수께서 초월을 가리키는 상징적 말씀을 하시면 지구인은 노상 피상적으로 알아듣곤 하는 것이다. 오해양식은 요한 복음의 다음 여러 단락에 나온다(2,19-22; 3,3-5; 4,7-15.31-34; 6,32-35.41-42.51-53; 7,33-36; 8,21-22.31-33.51-53.56-58). 요한 4장에서 예수께서는 "생수"를 영생이라는 뜻으로 말씀하셨는데 사마리아 여인은 생수를 그냥 샘물로 오해했다(7-15절). 또한 예수께서는 하느님의 뜻을 행하시는 것을 두고 "음식"이라고 하셨는데 제자들은 노상 먹는 식품으로 곡해했다(31-34절). 그러나 사마리아인들이 사마리아 여인에게 한 마지막 말을 보면, 마침내 예수의 계시 말씀을 제대로 알아듣기에 이른다. "우리가 믿는 것은 이제 당신의 말 때문이 아닙니다. 우리가 직접 듣고, 이분이야말로 참으로 세상의 구원자이심을 알았기 때문입니다"(42절).

또한 사마리아 여인과의 대화에 관한 역사적 배경으로, 유대인들이 사마리아인들을 혐오한 사실을 상기할 일이다. 집회서 필자는 이런 말을 한다. "내가 혐오하는 민족이 둘이 있고, 셋째 것은 민족이라고 할 수도 없다. 그들은 세이르(사해와 아카비 만 사이 지역) 산에 사는 자들과 불레셋인들, 그리고 세겜에 거주하는 어리석은 백성들(사마리아인들)이다"(집회 50,25-26). 또한 예수께서 공공장소에서 여자와, 더군다나 과거가 화려한 사마리아 여자와 이야기를 주고받는 것도 당시 관습으로는 볼썽사나운 모습이다(「조상들의 어록」 1,5). 따라서 물을 청하는 예수께 사마리아 여자가 보인 반응은 쉽게 납득이 간다. "당신은 유대인인데 어떻게 사마리아 여자인 저에게 마실 것을 청합니까? 하고 말하였다. 사실 유대인들은 사마리아인들과 상종을 하지 않았다"(9절). 또한 제자들의 반응도 쉽게 이해된다. "예수의 제자들이 돌아왔다. 그리고 제자들은 예수께서 사마리아 여인과 이야기하시는 것을 보고 놀랐다"(29절).

예수와 사마리아 여자가 나눈 대화는 너무나도 요한 복음 작가의 오해양식과 사상으로 엮어져 있는지라, 과연 그 배후에 역사적 사실이 깔려 있는지 의문이다. 그렇지만 예수께서 사람들 사이에 가로놓인 장벽을 뛰어넘은 사실들을 상기한다면(예로 루가 10.29-37), 예수와 사마리아 여인과의 대화는 역사적 예수의 실상과 어울린다고 하겠다.

이제까지 진술한 것이 역사비평 방법의 결과라 하겠다. 그런데 여성운동가 또는 여성신학자들은 예수와 사마리아 여인과의 대화를 다른 시각으로 보곤 한다. 일례로, 1993년 "새 세상을 여는 천주교 여성 공동체"를 창립한 윤순녀 선생은 다음과 같은 회고담을 남겼다. "1989년 4월 미국에 갔는데 참 이상하죠. 전에는 전혀 안 보이던 부분들이 보이기 시작해요. 요한 복음 4장, 야곱의 우물가에서 예수님이 사마리아 여인을 만나시는 대목을 강독하는데 무릎이 탁 쳐지는 거예요. 그 앞의 3장에는 니고데모가 예수님을 찾아오지 않습니까. 당시 니고데모는 그 사회의 기득권층 아녜요. 말하자면 예수님은 일개 운동권 청년이고, 니고데모는 국회의원쯤 되는 신분이잖아요. 그런데 예수님이 니고데모를 찾아가신 게 아니고 니고데모가 예수님을 몰래 남의 눈을 피해서 찾아갔습니다. 그런데 4장에선 대낮에 예수께서 우물가로 가셨습니다. 찾아가셔서 먼저 여자에게, 물을 달라고 청하십니다. … 여자는 사람이 아니던 그 시대에 예수님은 여자를 남자들하고 똑같은 비중으로 존중하셨습니다"(『야곱의 우물』 1997년 6월호 131-2쪽).

미국 벤드빌트 대학에서 신약학을 연구하고 있는 김진경은 이 단락을 정반대로 풀이했다. 유대인 남성 예수가 자신이 예언자요 메시아임을 드러내기 위해서 사마리아 여성을 부당하게 이용했다고 풀이했다. 김진경의 글 한 단락을 들겠다. 예수께서 사마리아 여인과 생수 이야기를 하시다 말고 "갑자기 화제를 바꾸신다. 예수께서는 전혀 뜻밖에도 여인의 남편을 거론하신다. 실은 생수와 여인의 남편은 아무런 관련도 없어 보이는데도 말이다. … 예수께서 여인의 불륜을 폭로하신 목적은 오로지 당신이 예언자임을 계시하려는 것이었다. 예수께서 당신의 전지한 직관으로, 과거에 여인이 다섯 남자와 동거한 사실과 지금 동거하는 남자도 실은 남편이 아니라는 사실을 폭로함으로써, 당신이 예언자시라는 고백을 여인의 입에서 끌어내고야 만다. 한마디로, 예수께서는 여인의 부끄러운 과거를 들추어냄으로써 자신의 정체를 점진적으로 계시한다"(A Korean Feminist Reading of John 4,1-42, p.6). 요한 복음 4장은 탁월한 유대인 남자 예수가 가련한 사마리아 여자의 약점을 들추면서 자신의 신분을 과시하는 가부장적 텍스트라고 김진경은 풀이했다. 김진경의 풀이는 윤순녀의 이해와 상충한다. 어느 장단에 춤을 추어야 하나?

사마리아 여자를 소재로 한 그림으로 매우 오래된 것은 라벤나 아폴리나레 누오보 성당의 6세기 모자이크이다. 그리고 가장 화려한 그림은 파올로 베로네세가 1580~1582년에 그린 유화이다(오스트리아 빈 미술사 박물관 소장).

1-18. 간음한 여자를 변호하신 이야기
(요한 7,53 - 8,11)

이 단락이 후대 일부 사본군(DGH 등)에는 요한 복음서에 들어 있으나, 훨씬 중요하고 오래된 사본군(P66.75 SAB 등)에는 나오지 않는다. 이 단락의 양식은 공관복음서에 자주 나오는 논쟁양식이다. 다만 논쟁 자체에 역점이 있지 않고 간음한 여자, 그리고 여자를 고발한 율사들과 바리사이들을 대하는 예수의 태도에 역점이 있다(Schnackenburg II 233). 이 단락은 요한 복음 작가가 손수 채록한 것이 아니고, 초세기 교회에 구전되던 것을 후대 필경사가 채록하여 요한 복음서 7-8장 사이에 삽입했다는 게 신약학계의 정설이다. 그러므로 앞뒤 문맥과 상관없이 이 단락만 살필 일이다.

이야기의 줄거리는 너무나 잘 알려져 있다. 율사들과 바리사이들이 간음하다가 붙잡힌 여자를 예수께 데려온다. 이 여자는 유부녀(레위 20,10; 신명 22,22) 또는 약혼녀였다(신명 22,23-24). 모세는 간음한 여자를 돌로 쳐 죽이라고 했는데(신명 22,23-24), 당신 생각은 어떠냐고 하면서 예수를 떠본다(마르 12,13-17 참조). 예수께선 어떻게 답변하든 저들의 마수에 걸려들게 되어 있다. 여자를 돌로 쳐 죽이라고 답변하셨다고 가정하자. 그러면 예수께서 외친 자비와 관용의 복음은 호소력을 잃게 될 것이다. 이와는 반대로 죄녀를 용서해 주라고 답변하셨다고 가정하자. 그러면 예수께서는 율법을 무시했다는 비난을 받을 것이다.

예수께서는 가타부타 답변하지 않으시고 "몸을 굽혀 손가락으로 땅에 (무엇인가) 쓰셨다"(6.8절). 예수님의 이상한 행동에 관해서는 학설이 구구할 수밖에 없다. 예수께서는 이로써 적수들에게 예레미야 17장 13절을 상기시키려고 하셨다는 설이 지배적이다(Jeremias 226; Schnackenburg II 229; 이영헌 117).

이스라엘의 희망이신 주님,
당신을 저버린 자는 누구나 수치를 당하고
당신에게서 돌아선 자는 땅에 쓰여지리이다.
그들이 생수의 원천이신 주님을 버린 탓이옵니다(예레 17,13).

그러니까 예수께서는 손가락으로 땅에 쓰는 상징적 행위로써 적수들에게 예레미야 17장 13절을 상기키셨다는 것이다. 상징 행위의 뜻인즉 인간은 누구나 죄인이라는 것이다. 혹시라도 적수들이 상징 행위의 뜻을 알아차리지 못했을세라 예수께서는 적수들을 향하여 "당신들 가운데서 죄없는 사람이 먼저 이 여자에게 돌을 던지시오"(7절)라고 말씀하셨다.

"그러자 듣고 있던 사람들은 나이 많은 이들을 비롯하여 하나하나 떠나고 예수만 남게 되었고 그 여자는 가운데 그대로 있었다"(9절). 경상도 어느 할머니가 한 말이 생각난다. "죄가 별건가, 사는 게 죄지." 예수님의 말씀을 듣고 뜨끔해서 노인들부터 시작해서 모두 떠나고 두 사람만 남았다. 라틴 수사학자 아우구스티누스는 이 구절을 멋지게 풀이하여 "둘만 남았구나, 가련한 여자와 자비만 남았구나"(Relicti sunt duo, misera et misericordia: 요한 복음 주석 33,5)라고 했다. 이야기 끝부분(10-11절)에 역점이 있다. 여자를 단죄하려던 율사들과 바리사이들은 모조리 물러갔다. 그러니 여자는 그들로부터 해방되었다. 예수께서 "나도 당신을 단죄하지 않습니다"라고 하신 말씀에는, 하느님의 자비에 힘입어 그 여자를 용서하신다는 뜻이 들어 있다. 그러시면서 한 말씀 덧붙이셨다. "가시오. 이제부터는 더 이상 죄를 짓지 마시오." 하느님의 자비에 감읍해서 새출발을 하라는 명령이다. 이 단락을 좀더 깊이 이해하고 싶은 이는 아라이 사사구, 『신약성서의 여성관』, 289-319쪽을 보라.

1-19. 예수의 여성관

우선 유대교의 여성관을 확연히 드러내는 전거 둘을 인용한다.

> (기원전 150년경에 활약한) 예루살렘의 요세 벤 요하난은 이렇게 말했다. "너의 집은 활짝 열어놓고 가난한 사람들을 가족인 양 받아들여라. 그러나 여자들과는 말을 많이 하지 말라." 자기 아내와도 말을 많이 하지 말라는 것이다. 하물며 남의 아내와 말하는 경우에 있어서랴! 따라서 현자들은 이렇게 말했다. "여자들과 말을 많이 하는 남자는 불행을 자초하고, 율법 공부를 소홀히 하며, 마침내 지옥을 물려받게 된다"(「조상들의 어록」 1,5. 참조: 요한 4,27).

> 랍비 여후다는 말했다. 매일 찬양기도 세 편을 바쳐야 한다. 저를 이방인으로 만들지 않으신 하느님, 찬양받으소서. 왜냐하면 "그분 앞에서는 모든 이방 민족이 아무것도 아니기 때문이다"(이사 40,17). 저를 여자로 만들지 않으신 하느님, 찬양받으소서. 왜냐하면 "여자는 율법을 지킬 의무가 없기 때문이다". 저를 무식쟁이(Bur = am ha aretz. 요한 7,49)로 만들지 않으신 하느님, 찬양받으소서. 왜냐하면 "무식쟁이는 죄를 부끄러워하지 않기 때문이다"(토세프타 브라코트 7,18 = 예루살렘 탈무드 브라코트 9,13b,38).

200년경 갈릴래아 우샤에서 미슈나 법전을 편찬한 여후다 하 나지 율사가 만든 기도문이다. 바빌론 탈무드 므나호트 43b에도 같은 기도문이 있는데, 여기서는 메이르 율사가 만든 기도문이라고 한다.

유대교의 입장에서 볼 때 예수께서 여자를 가까이하신 처신은 매우 파격적이다. 왜 그러셨을까? 아무래도 예수님은 하느님의 나라, 곧 하느님의 돌보심, 특히 소외자들을 돌보시는 하느님을 의식한 나머지 소외자 부류에 속하는 여자들을 가까이하시고 아끼셨다 하겠다. 12년 동안 늘 불결 상태에 있는, 하혈하는 부인(마르 5,25-34), 가련한 과부(마르 12,38-40.41-44; 루가 7,11-17; 18,1-18), 시로페니키아 부인(마르 7,24-30), 기름바른 여자(마르 14,3-9), 창녀(마태 21,31b-32), 사마리아 여자(요한 4,1-42), 간음한 여자(요한 7,53-8,11)를 칭송하고 우대하고 변호하고 고쳐주셨다. 또한 이혼논쟁(마르 10,1-13), 마르타와 마리아 단화(루가 10,38-42), 곱사등이 부인 치유이적사화(루가 13,10-17)에는 남녀 평등사상이 환히 드러난다. 예수님의 이런 처신에 영향을 받아 원시교회 내에서 여성이 차지한 지위는 상당했다. 그 지위는 유대교의 네 종파나 로마·그리스 문화계에서 여성들이 누린 지위보다 비교할 수 없을 만큼 높았다.

열두 제자보다 예수를 따라다닌 갈릴래아의 여자들이 참된 제자였다는 느낌이 든다. 예수께서는 섬김을 받기보다 섬기러 왔노라고 하셨다(마르 10,42-45). 저 여자들은 예수님을 따르면서(마르 15,41) 예수 일행을 섬겼다(루가 8,1-3). 예수 수난 때 열두 제자들은 예수님을 배신하거나 갈릴래아로 달아났지만, 저 여자들은 예수의 임종과 장례를 끝까지 지켜보았다(마르 15,40-47). 또한 저들은 예수의 무덤이 빈 것을 맨 먼저 목격했으며(마르 16,1-8), 부활하신 예수의 발현을 가장 먼저 체험했다(마태 28,9-10; 요한 20,14-18).

교황청에서는 여성사제직을 거부하면서 그 근거로 예수께서 남자들 가운데서 열두 제자를 뽑은 사실과 가톨릭 교회의 유구한 전통을 내세우곤 한다. 이런 취지로 신앙교리성은 1977년 1월 「여성교역 사제직 불허선언」을 발표했다(『사목』 50호(1977.3) 104-7쪽). 선언문의 3-4항은 다음과 같다.

3. 그리스도께서는 당시의 세태와는 대조되는 태도로 여성들을 대하셨다. 혼인의 인연에 있어서 남녀의 권리와 의무가 평등함을 확인하시기 위해서 모세 율법까지도 주저 않고 결별하셨다. 그분이 봉사직무를 행하실 때에 일단의

여인들이 그분을 모셨다. 부활하신 예수님을 맨 처음 뵙는 특전을 받은 것도 여인들이었다. 이러한 사실들은 예수께서 여인들에게 열두 사도의 직무를 맡기지 않으셨다는 사실에 더욱 강한 인상을 준다. 교부들은 성자의 신비에 그토록 밀접히 결합되신 마리아께서 사제직을 받지 않으셨다는 의미심장한 사실을 지적하였다.

4. 사도들의 공동체는 예수님의 태도를 충실히 간직하였다. 사도들이 유대 세계의 테두리를 벗어나고 때로는 서운하지만 모세의 관습을 깨뜨리지 않으면 안되었을 때에, 사도행전과 성 바울로의 서간들에 나오듯이 복음선포의 과업에 여성들을 가담시키면서도 그들은 여성에게 서품을 주려는 생각은 하지 않았다.

이 선언문에 대해 미국의 가톨릭 활동가와 성서학자와 신학자 44명은 합동으로 반론을 제기했다(Leonard, Arlene Swidler 편, Women Priests: A Catholic Commentary on the Vatican Declaration, New York, 1977).

같은 맥락에서 교황 요한 바오로 2세는 1994년 5월 22일자로 「남성에게만 유보된 사제서품에 관하여」라는 교서를 발표했다[『한국 천주교 주교회의 회보』 82호(1994.7.1) 18-9쪽]. 교서에서 중요한 단락을 인용하면 다음과 같다.

교황 교서 「여성의 존엄」에서 본인은 이 점에 대해 다음과 같이 언급했습니다. "그리스도께서는 남자들을 당신의 사도로 뽑으실 때 완전한 자유와 권위를 행사하였다. 이때 그분은 당시의 관습이나 법적 전통의 제한에 구애받지 않으시고 여러 가지 행동을 통하여 여성들의 존엄과 소명을 강조하시면서 쓰셨던 똑같은 자유를 행사하셨다."

사실, 복음서와 사도행전은 그리스도의 이러한 선택이 하느님의 영원한 계획에 따라 이루어졌음을 증거합니다. 즉, 그리스도께서는 당신이 원하신 사람들을 뽑으시되(마르 3.13-14; 요한 6.70 참조), 그 일은 산에 들어가 밤을 세워

기도하신 후(루가 6.12) "성령의 힘으로"(사도 1.2), 아버지와의 일치 안에서 행하셨던 것입니다. 따라서 직무사제직을 허가할 때, 교회는 주님께서 열두 남자를 골라 교회의 기초로 삼으셨던(묵시 21.14 참조) 방식을 항구한 규범으로 언제나 인정해 왔습니다.

또한 신앙교리성은 이 교서를 지지하는 뜻으로 1995년 10월 28일자로 *Responsum ad dubium*이란 문헌을 돌렸다. 그러자 미국 가톨릭 신학연구회는 1997년 6월 5~8일 시카고에서 열린 전국 모임에서 교황 교서와 신앙교리성 문헌을 비판하는 결의문을 채택했다(Catholic Theological Society of America. Committee's Paper on Tradition and Ordination of Women. 참조 Orientierung 1997.8.15, pp.172-173).

신앙교리성은 1997년 1월 2일자로 스리랑카 신학자 티사 발라수리야Tissa Balasuriya 신부를 파문했는데, 그 가장 큰 사유는 발라수리야가 여성사제직을 주장했기 때문이라고 한다(The Tablet 1997.1.11, pp.50-51).

예수께서 열두 제자를 오로지 남자들 가운데서 뽑으신 것은 분명하나, 이를 근거로 여성사제직을 배척하는 것은 옳지 않다는 게 신약학계의 통설이다. ① 예수께서 열두 제자를 발탁하신 데는 이스라엘 백성 전부를, 곧 열두 지파를 재건하고 포용하시겠다는 뜻이 들어 있다. 그런데 열두 지파의 조상이 야곱의 열두 아들이었으므로 예수께서도 열두 남자를 택하셨다. 곧, 열두 남자는 야곱의 열두 아들을 가리키는 상징이다. ② 또한 예수께서는 열두 제자를 교육하여 이스라엘 각지로 보내면서 하느님의 나라를 선포케 하셨다. 그런데 당시 사회 실정으로는 여자들이 낯선 고장으로 파견되어 전도하는 것은 전적으로 불가능하였다. 예수님은 그 시대의 문화적 실정을 고려하여 남자들 가운데서 열두 제자를 발탁하셨던 것이다. 열두 제자 문제에 관심이 있는 이는 쉬쓸러 피오렌자가 쓴 『동등자 제자직』 128-137쪽을 보라.

서공석은 여성사제직 주장과는 관점을 달리하여 색다른 견해를 표명했다 (『종교신학연구』, 제10집, 분도출판사 1997, 279쪽).

성령강림에 예수의 어머니 마리아를 비롯하여 여인들이 사도들과 베드로와 함께 있다. 그들은 사도들의 경쟁 대상이 아니라 그들과 일치하여 있다. 이 여인들은 부활하신 그리스도를 먼저 만난 사람들이다.

그러나 시간이 흐르면서 사제적 봉사 직무가 다른 모든 봉사 직무들을 점차적으로 흡수하여 독점해 버렸다. 서품된 자들만이 교회에 봉사하는 것이 아니다. 여성들도 서품해야 한다고 주장하는 것은 사제직의 이런 흡수 독점 사실을 추인追認하고 정당화하는 것뿐 아니라 오히려 이 독점을 강화해 주는 것이다.

여성사제 서품보다 성직자들의 비복음적 권위주의가 훨씬 더 심각한 문제라고 보는 것 같다. 성직자들의 권위주의는 그대로 있는 채 여성성직자가 생겨난다면 별 의미가 없을 것이다. 남녀 성직자 합작 권위주의 아니겠는가?

참고 문헌

Ben Witherington III, Women in the Ministry of Jesus, Cambridge Univ. Press 1984.
F. Bovon, Das Evangelium nach Lukas I, Zürich / Neukirchen-Vluyn 1989.
R. Bultmann, Die Geschichte der synoptischen Tradition, Göttingen 6. Aufl., 1964
 = 루돌프 불트만 저, 허혁 역, 『공관복음서 전승사』, 대한기독교서회 1971.
G. Delling, Das Gleichnis vom gottlosen Richter, ZNW 53 (1962) 1-25.
J. Dewey, The Gospel of Mak, in: E. Schüssler Fiorenza (ed.), Searching the Scriptures, Vol.2, N.Y. 1994, 470-509.
J. Gnilka, Das Markusevangelium I-II, Zürich / Neukirchen-Vluyn 1978. 1979.
J. Jeremias, Die Gleichnisse Jesu, Göttingen 10. Aufl., 1984 = 요아킴 예레미아스 저, 허혁 역 『예수의 비유』, 분도출판사 1974.
J. Lambrecht, Out of the Treasure, Louvain 1992.
L. Schenke, Die Wundererzählungen des Markusevangeliums, Stuttgart 1974.
R. Schnackenburg, Das Johannesevangelium, II. Teil, Freiburg, 3.Aufl., 1980.
G. Theissen, Urchristliche Wundergeschichten, Gütersloh 1974.
김진경, A Korean Feminist Reading of John 4,1-42(미발표 영문 논문).
아라이 사사구 지음, 김윤옥 옮김, 『신약성서의 여성관』, 대한기독교서회 1993.
엘리사벳 쉬쓸러 피오렌자 지음, 김상분 · 황종렬 옮김, 『동등자 제자직 — 비판적 여성론의 해방 교회론』, 분도출판사 1997.
요셉 블랑크, 「예수 전승에 등장하는 여성들」: 다우첸베르크 외 지음, 윤선아 옮김, 『원시 그리스도교의 여성』, 분도출판사 1992, 9-116쪽.
E. 스힐레벡스 저, 정한교 역, 『교회 직무론』, 분도출판사 1985, 192-5쪽.
이제민, 『교회 — 순결한 창녀』, 분도출판사 1995, 179-203쪽.
서공석, 「여성해방신학이 구원의 신학이기 위하여」, 『종교신학연구』, 제10집, 분도출판사 1997, 275-80쪽.
최영실, 『신약성서의 여성들』, 대한기독교서회 1997.

2. 사도 바울로의 여성관

사도 바울로의 친서를 살펴보면 그는 이중적 여성관을 지녔다. 그리스도인임을 의식하고 말할 때는 남녀평등사상을 피력한다. 그러나 헬라 유대인 기질이 발동해서 말할 때는 남존여비사상을 드러낸다. 사도의 이중적 여성관을 차례로 살펴보겠다.

* 남녀평등사상

2-1. "남성도 없고 여성도 없다"(갈라 3,26-28)

사도 바울로는 제2차 전도여행중 갈라디아 지방의 여러 교회를 방문한 다음 에페소에 당도한 지 얼마 되지 않아서 갈라디아 교회들로부터 불길한 소식을 들었다. 곧, 예수만 믿어서는 구원받을 수 없고 유대교까지 믿어야만 구원받는다는 이설을 퍼뜨리는 자들이 갈라디아 교우들을 선동한다는 소식을 들었던 것이다. 뜻밖의 사태를 수습코자 바울로는 갈라디아서를 써 보냈다. 그는 "어떠한 사람도 율법의 행업으로써가 아니라 오직 예수 그리스도에 대한 신앙으로써 의롭게 된다"(갈라 2,16)는 명제를 내세운 다음 갈라디아서 3-4장에서 그 명제의 타당성을 논증했다. 이 문맥에서, 사도 바울로는 세례로 그리스도와 하나가 된 그리스도인들 사이에서는 인종·신분·남녀의 차별이란 있을 수 없다는 그 유명한 선언(3,26-28)을 했다.

> [26]여러분은 모두 그리스도 예수 안에서 신앙으로 말미암아 하느님의 아들들입니다. [27]그것은 그리스도와 하나가 되는 세례를 받은 여러분은 누구나 그리스도를 (옷처럼) 입었기 때문입니다. [28]이제 유대인도 없고 헬라인도 없으며, 노예도 없고 자유인도 없으며, 남성도 없고 여성도 없습니다. 여러분은 모두 그리스도 예수 안에서 하나이기 때문입니다.

갈라디아 3,26-28은 아래 두 가지 논거로, 세례식 때 주례가 훈계하는 내용을 옮겨쓴 것으로 보인다. 첫째, 28절에서 "유대인도 없고 헬라인도 없습니다"만 3-4장 논지에 어울리고, "노예도 없고 자유인도 없으며, 남성도 없고 여성도 없습니다"는 문맥상 불필요한 내용이다. 둘째 표현에 있어서도, 남녀문제를 다룰 양이면 점잖게 남자와 여자(aner kai gyne)의 차별이 없다고 말하는 게 정상인데, 굳이 남성과 여성(arsen kai thely = 수컷과 암컷)의 차별이 없다고 강변한다. 이는 70인역 창세기 1장 27절을 연상시킨다. "하느님은 사람을 만드셨다. 하느님은 하느님 모습대로 사람(단수!)을 만드셨다. 하느님은 그들을 남성과 여성(arsen kai thely)으로 만드셨다." 유대교 일각에선 이 구절을 풀이하여, 하느님께서는 본디 양성소유자 하나를 만드시고, 나중에 가서야 남녀로 구분하셨다고 한다. 유대교의 이런 주석을 참고하여 갈라디아 3장 28절을 이해한다면, 세례를 받아 그리스도와 인연을 맺은 그리스도인은 남성과 여성이 구별되기 이전의, 한 사람처럼 된다는 것이다. 곧, 그리스도인은 맨 첫사람으로 환원된다는 뜻이다. 그리스도인은 "새로운 조물"(kaine ktisis: 갈라 6,15; 2고린 5,17)이 된다는 뜻이다. 미국 신약학자 웨인 믹스Wayne A. Meeks가 처음으로 명백히 이런 이해를 시도했고 그 뒤 일부 주석가들이 동조하고 있다(Betz, Briggs; 아라이 사사구는 반대 견해). 갈라디아 3,26-28에 양성소유자 사상이 들어 있다고 단언할 수는 없지만, 세례훈화 전승이 들어 있을 가능성은 크다.

둘째, 갈라디아 3,26-28의 이문이랄 수 있는 글귀가 고린토 전서 12,12-13에 실려 있다. 역시 세례와 관련되는 글귀다.

> 몸은 하나이지만 여러 지체를 갖고 있고 그 몸의 지체는 여럿이지만 모두 한 몸이듯이 그리스도(의 몸)도 그렇습니다. 왜냐하면 우리는 모두 한 영 안에서 한 몸으로 세례를 받았으며, 유대인이든 헬라인이든, 노예이든 자유인이든 모두 한 영을 마셨기 때문입니다.

갈라디아 3,26-28과 고린토 전서 12,12-13이 모두 세례와 연관되는 점으로 미루어 이것들은 세례훈화라 여겨진다. 비슷한 내용의 글이 골로사이

3,9-11에도 나오는데, 이 역시 세례훈화의 일종이었을 것이다.

갈라디아 3,26-28이 세례훈화 인용문이라면, 인종·신분·남녀 차별 철폐를 부르짖는 그 내용은 바울로의 지론일 뿐더러, 당시 온 교회의 신념이었다고 하겠다. 그리스도교 공동체는 유대교·그리스 및 로마 사회와 비교할 때 일체의 차별을 넘어선, 또는 적어도 넘어서려고 작심한 대조 공동체·대안 공동체·대척 공동체였다고 하겠다.

2-2. "남자 없이 여자가 있을 수 없고 …"(1고린 11,11-12)

바울로가 헬라 유대인 기질을 유감없이 드러내어 남존여비사상을 피력한 단락(1고린 11,2-16)에서조차, 여교우들이 교회 모임에서 기도하고 예언하는 것을 당연시하고(5절), 다음과 같이 남녀는 평등하다는 말을 했다(11-12절).

> 그러나 주님 안에서는 남자 없이 여자가 있을 수 없고 여자 없이 남자가 있을 수 없습니다. 여자가 남자에게서 생겨난 것과 같이 남자도 여자를 통하여 생겨나기 때문입니다. 그러나 모든 것은 하느님으로부터 생겨납니다.

바울로 주변에는 여전도사 또는 부부 전도사가 자주 나온다. 바울로는 필립비 여교우들인 유오디아와 신디케를 두고 "복음을 위해서 나와 함께 투쟁했습니다"라고 했다(필립 4,2-3). 겐크레아 교회의 봉사자 페베를 매우 존경했다(로마 16,1). 자기와 함께 에페소에서 옥살이를 한 다음 로마로 가서 전도한 안드로니고와 유니아 친척 부부를 일컬어 "사도들 가운데서도 출중하다"고 격찬했다(로마 16,7). 아퀼라와 브리스카(= 브리스킬라) 부부는 고린토·에페소·로마에서 바울로의 전도를 도왔다(사도 18,2.18.26; 1고린 16,19; 로마 16,3-5). 바울로는 로마서 끝맺음 인사 때 "여러분을 위해 수고를 많이 한 마리아에게"(16,6), "주님 안의 일꾼들인 드리패나와 드리포사에게 … 주님 안에서 수고를 많이 한 사랑하는 베르시스에게"(16,12) 자별히 문안한다.

* 남존여비사상

2-3. 여교우들은 교회 모임 때 머리를 가리라(1고린 11,2-10.13-16)

바울로 시대 이스라엘 여자들은 외출할 때 너울로 머리를 가렸다. 머리를 가리지 않고 외출하는 것은 이혼 사유가 된다. 이 경우엔 혼인계약서에 명시된 보상금과 지참금도 되돌려받을 수 없었다(미슈나 크투보트 7,8). 유대계 그리스도교, 이방계 그리스도교 가릴 것 없이 여교우들은 교회 모임 때 이 관례를 따랐다(1고린 11,16). 마치 요즘 우리 나라 여교우들이 미사수건을 쓰고 미사에 참석하는 것처럼. 그런데 고린토 교회 여교우들 가운데는 머리를 가리지 않고 교회 모임에서 기도하거나 예언하는 여자들이 더러 있었다. 맨머리로 기도하거나 예언하는 고린토 여교우들에게 사도 바울로는 어떻게 하든지 너울을 씌우려고 고린토 11장 2-16절에서 별의별 논거를 들이대는데, 억지도 이만저만이 아니다. "남자의 머리는 그리스도요, 여자의 머리는 남자이며, 그리스도의 머리는 하느님이십니다"(3절), "여자가 머리를 가리지 않으려거든 아예 머리를 자르시오"(6절), "남자는 하느님의 모습이요 영광입니다. 그러나 여자는 남자의 영광입니다"(7절 = 창세 1,26-27), "남자가 여자에게서 생겨난 것이 아니라, 여자가 남자에게서 생겨났습니다"(8절 = 창세 2,22), "또한 남자가 여자 때문에 창조된 것이 아니라, 여자가 남자 때문에 생겨났습니다"(9절 = 창세 2,18), "여자는 머리 위에 (남편의) 권위를 받들고 지내야 합니다. 천사들(이 유혹할지도 모르기)(창세 6,2) 때문입니다"(10절), "자연도 여러분에게 가르쳐주지 않습니까? 남자가 긴 머리를 하고 다닌다면 그에게 불명예가 되지만 여자가 긴 머리를 하고 다닌다면 그에게 영광이 됩니다. 여자에게는 너울 대신 긴 머리가 주어졌기 때문입니다. 혹시 누가 반대해야 한다고 생각할지 모르지만, 우리에게는 그런 풍습이 없으며 하느님의 교회들에도 없습니다"(14-16절).

사도 바울로는 여자들에게 머리 수건을 씌우려고 창세기(7-10절), 자연(14-15절), 교회 풍습(16절) 등을 들지만 그때나 지금이나 설득력이 약하다. 남존여비 텍스트(1고린 11,2-10.13-16)는 남녀동등 텍스트(갈라 3,26-28; 1고린 11,11-12)와 상치된다. 바울로의 상치되는 여성관에 대한 논의는 계속되고 있으나 시원한 해명은 아직도 없는 형편이다. 바울로는 그리스도인으로서 남녀평등을 부르짖었으나, 헬라 유대인 기질이 발동하면 남존여비사상을 피력했으리라. 여자가 교회 모임에서 기도하거나 예언하는 것은 좋다. 그렇지만 들떠서 머리 수건을 벗어던지고 치렁치렁 머리카락을 보이는 것은 볼썽사납다는 것이리라. 원론은 남녀평등이고 각론은 남존여비라면 원론과 각론의 괴리라 하겠다. 신앙 원칙과 사회 현실 사이의 괴리라 하겠다.

이슬람은 예나 이제나 여자들에게 너울을 강요한다. "무함마드는 여성의 순결을 조개 속의 진주에 비유했다. 조개 속에 불순물이 들어가 부패하는 것을 막기 위해 베일이라는 보호막이 필요하다는 것이 꾸란의 내용이다. 여성의 순결이 조개 속의 진주처럼 맑기 위해서는 눈의 시선을 아래로 하여 다른 남자의 눈과 마주치지 아니하고 눈짓도 하지 않는 것이라 하겠다(꾸란 24: 31)"(최영길,『꾸란의 이해』, 성천문화재단 1995, 130쪽).

2-4. "여자들은 교회에서 잠자코 있어야 합니다"(1고린 14,33b-35)

고린토 전서 14장 33b-35절에서 바울로는 부인들더러 교회 모임 때 침묵하라고 명한다.

> [33b]성도들의 모든 교회에서 다 그렇듯이 [34]여자들은 교회에서 잠자코 있어야 합니다. 그들에게는 발언이 허락되지 않기 때문입니다. 율법도 말하는 바와 같이 그들은 오히려 순종해야 할 것입니다(hypotassein). [35]그들이 무엇인가 배우고 싶은 것이 있으면 집에서 제 남편에게 물어야 합니다. 여자가 교회에서 발언하는 것은 부끄러운 일이기 때문입니다.

여자들은 공석에서 발언하지 말라는 이 금령은 여자들에게는 너무나 치욕적이어서, 설마 바울로가 그런 말을 했을까, 남존여비사상에 사로잡힌 어느 후학이 조작해서 고린토 전서에다 삽입한 말이겠지 하는 학설이 심심찮

게 제기된다(로핑크 158; Conzelmann 289-290; Fee 705). 그러나 이런 학설은 아무래도 궁여지책이고, 바울로가 헬라 유대인 기질로 그런 말을 했다고 보는 게 상책일 듯싶다. 그 뜻인즉, 여교우들이 교회 모임에서 머리를 가린 채 기도하고 예언하는 것까지는 허용되지만(11.5), 질문하는 것은 허용되지 않는다는 것이다(14.33b-35). 성찬 모임 때 영언靈言 또는 예언豫言을 질서있게 해야 하듯이(14.26-33a), 논의도 질서있게 해야 하는 법인데 그러자면 여자들은 빠지고 남자들끼리만 의논해야 한다는 뜻이겠다(14.33b-36).

이제 바울로의 여성관을 집약하면 그리스도인의 견지에서는 남녀평등을, 헬라 유대인의 견지에서는 남존여비사상을 드러냈다. 그는 여성관을 뚜렷이 정립하지 못하고 사정에 따라 이랬다저랬다 했다. 그러니 바울로는 예수에 훨씬 못 미친다. 용수가 석가보다 못하고 맹자가 공자보다 못하며 플라톤이 소크라테스보다 못한 것처럼 말이다.

참고 문헌
N. Baumert, Frau und Mann bei Paulus, Würzburg 1992.
H. D. Betz, Galatians, Philadelphia 1979.
S. Briggs, Galatians, in: E. Schüssler Fiorenza (ed.), Searching the Scriptures, Vol.2, N.Y. 1994, .218-219.
H. Conzelmann, Der erste Brief an die Korinther, Göttingen 1969.
G. D. Fee, The First Epistle to the Corinthians, Grand Rapids 1987.
W. A. Meeks, The Image of the Androgyne, in: History of Religions 13 (1974) 165-208.
게르하르트 로핑크 지음, 정한교 옮김 『예수는 어떤 공동체를 원했나』, 분도출판사 1985.
로시느 랑뱅 씀, 변기찬 옮김, 「사도 바오로와 여성의 베일에 관한 고찰」, 『신학전망』 116 (1997 봄) 111-28쪽.
아라이 사사구 지음, 김윤옥 옮김, 『신약성서의 여성관』, 대한기독교서회 1993, 190-6쪽.

3. 사도 바울로 이후의 여성관

사도 바울로 사후에 씌어진 여러 서간에 가훈家訓과 교회훈教會訓이 나오곤 한다. 바울로의 가탁서간집(골로 3.18-4.1; 에페 5.21-6.9; 1디모 2.8-15; 디도 2.1-10)과 베드로 전서 3장 1-7절에 가훈 또는 교회훈이 나오는데 그 가운데서 여자와 관련되는 글귀만 차례로 개관코자 한다.

* 신약성서의 가훈家訓

3-1. "아내 여러분, 남편에게 순종하시오"(골로 3,18 - 4,1)

¹⁸아내 여러분, 주님 안에서 마땅히 그래야 하듯이 남편에게 순종하시오(*hypotassein*). ¹⁹남편 여러분, 아내를 사랑하시오. 모질게 대하지 마시오. ²⁰자녀 여러분, 모든 일에 부모에게 복종하시오(*hypoakouein*). 사실 이렇게 하는 것이 주님 안에서 맞갖은 일입니다. ²¹아버지 여러분, 여러분의 자녀들이 기가 죽지 않도록 그들을 들볶지 마시오. ²²종살이하는 여러분, 모든 일에 세속 주인에게 복종하시오(*hypoakouein*). …

골로사이 3,18 - 4,1은 부부·부자·종과 주인이 지킬 법도를 가르치는 가훈이다. 이와 유사한 가훈이 에페소 5,21 - 6,9와 베드로 전서 3,1-7에도 나온다. 그 양식과 내용이 매우 닮은 사실로 미루어 일련의 가훈은 당시 사회에서 통용되던 가훈정식家訓定式(Haustafel Formel)을 수용한 것으로 보인다. 골로사이서 필자는 전수된 가훈을 인용하면서 "주님 안에서"(18.20절)를 삽입했다. 부부夫婦·부자父子·주종主從이 상하의 질서를 지키는 것이 주님의 뜻이라는 것이다. 주님은 질서를 원하시지 무질서를 원하지 않으신다는 것이다. 그리고 부인더러는 남편에게 순종하라(*hypotassein*, 직역하면 아래 있다. 종속하다)고 하고, 아들과 노예더러는 아버지·주인에게 복종하라(*hypoakouein*)고 한다. 순종과 복종이라, 그 뜻이 서로 다를까? 의미상의 차이점을 강조하는 학설도 있으나(S. Spicq) 아무래도 기지를 지나치게 발휘한 것이 아닌가 한다. 끝으로 다른 신약 작가들과 마찬가지로 골로사이서 작가도 노예제도를 당연시했음을 유념하라(3,22 - 4,1). 오늘날 현대인의 감수성으로 볼 때 노예제도가 인권유린인 것처럼, 남녀차별 역시 여성 인권에 대한 모독이다.

3-2. "남편은 아내의 머리입니다" (에페 5,21 - 6,9)

> ²¹여러분은 그리스도를 두려워하며 서로 순종하시오(hypotassein). ²²아내들은 주님을 대하듯 자기 남편에게 (순종하시오). ²³남편은 아내의 머리이기 때문입니다. 그것은 그리스도께서 교회의 머리이신 것과 같으니, 그분은 그 몸의 구원자이십니다. ²⁴그리하여 교회가 그리스도께 순종하는 것처럼 아내들은 모든 일에 남편에게 (순종하시오). ²⁵남편 여러분, 그리스도께서 교회를 사랑하시어 그를 위해 자신을 넘겨 주셨던 것처럼 아내를 사랑하시오. … ³³여러분 한 사람 한 사람은 자기 아내를 자기 자신처럼 사랑하고, 아내는 남편을 두려워하시오(phobein).

에페소 5,21 - 6,9의 가훈과 앞에서 다룬 골로사이 3,18 - 4,1의 가훈은 그 구조가 몹시 닮았다(남편과 아내, 자녀와 부모, 종과 주인). 에페소서 필자는 골로사이서를 참고하여 에페소서를 쓴 것 같다(Schnackenburg, Epheser 26-30). 다만 에페소서 필자는 골로사이서의 가훈을 단순히 베끼지만은 않고 나름대로 보강하고 재해석했다. 구체적으로, 그는 구약성경을 인용하여 보강하고(에페 5,31 = 창세 2,24; 에페 6,2-3 = 출애 20,12와 신명 5,16), 부부관계의 표본으로 그리스도(머리)와 교회(몸)의 관계를 내세웠다(에페 5,21-33). 부부관계는 그리스도와 교회 관계마냥 수직관계라는 것이다. 그래서 사도 바울로(1고린 14,34) 및 골로사이서 필자처럼(3,18) 에페소서 필자도 아내들에게 순종을 요구하고(hypotassein 5,22), 나아가서 남편을 두려워하라고 한다(phobein 5,33).

3-3. "아내가 자기보다 연약한 그릇임을 이해하고 함께 살아야 합니다"
(1베드 3,1-7)

> ¹아내 여러분은 자기 남편에게 순종하시오(hypotassein). 그래야만 말씀에 순종하지 않는 남편이라 할지라도 아내의 말없는 처신으로 설득될 수 있습니다. ²여러분이 두려움으로(en phobo) 깨끗하게 행동하는 것을 보기 때문입니

다. ³여러분은 머리치장과 금패물과 옷치레 같은 겉치장을 하지 말고, ⁴온유하고 정숙한 정신 같은, 썩지 않는 장식으로 속마음의 인간이 되시오. 이것이야말로 하느님의 눈에 ⁵귀한 것입니다. 이처럼 옛날에 하느님께 희망을 둔 거룩한 아내들도 자기 남편에게 순종함으로써 자신을 치장했습니다. ⁶예를 들어 사라는 아브라함을 자기 주인이라 부르며 그에게 순종하였습니다. … ⁷마찬가지로 남편 여러분은 아내가 자기보다 연약한 그릇임을 이해하고 함께 살아야 합니다. 그리고 생명의 은총을 함께 상속받을 사람으로 알고 아내를 존중하십시오. 그래야 여러분의 기도가 막히지 않을 것입니다.

1-6절의 남편은 외교인이고, 7절의 남편은 교우이다. 우리 단락에서도 부부관계를 수직관계로 보고, 순종(1절)과 두려움(2절)의 덕목을 아내에게 요구한다. "아브라함을 주인이라 부르며 그에게 순종한" 사라를 아내들의 귀감으로 내세운다(6절). 남편더러는 "아내가 자기보다 연약한 그릇임을 이해하고 함께 살아야 합니다"라고 하는데(7a절), 이는 당시 사회에서 유행하던 가훈을 옮겨쓴 것이다. "생명의 은총을 함께 상속받을 사람으로 알고 아내를 존중하십시오"는 구원론적 관점에서 남녀평등사상을 드러낸 것이다.

* **신약성서의 교회훈**教會訓

3-4. "여자가 가르치거나 남자를 다스리는 것을 허락하지 않습니다"
(1디모 2,8-15)

⁸나는 남자들이 화를 내거나 말다툼을 하지 말고 어디서나 거룩한 손을 들어 기도하기를 바랍니다. ⁹마찬가지로 여자들도 단정한 옷차림에다 정숙하고 소박하게 단장하기 바랍니다. 머리를 야단스레 꾸미지 말며, 금붙이나 진주나 사치한 옷으로 단장하지 말고, ¹⁰오히려 하느님을 섬기기로 작심한 여자에게 어울리게끔 선행으로 단장하십시오. ¹¹여자는 언제나 순종하며 en pase hypotage 침묵 가운데 en hesychia 배워야 합니다. ¹²그래서 나는 여자가 가

르치거나 남자를 다스리는 것을 허락하지 않습니다. 오히려 여자는 침묵해야 합니다*en hesychia*. ¹³사실 아담이 먼저, 그 다음에 하와가 빚어졌습니다. ¹⁴그리고 아담이 속은 것이 아니라, 여자가 속아넘어가서 죄를 범하게 되었습니다. ¹⁵그렇지만 여자는 아기를 낳음으로써 구원을 받을 것입니다. 다만, 그들이 믿음과 사랑과 성덕에 항구하며 소박하게 살아가야 합니다.

디모테오 전서 2장 8-15절은 가훈이 아니고, 남녀가 주로 교회 모임에서 지킬 수직을 적은 교회훈敎會訓(Gemeindetafel)이다. 디모테오 전서 필자는 여교우더러, 교회 모임 때 여자 교우들에게 침묵하라고 명한다(11절). 필자는 여교우가 교회 모임에서 "가르치거나 남자를 다스리는 것을 허락하지 않는다"(12절). 이런 지침은 고린토 전서 14장 33b-35절의 지침과 신통하리만큼 흡사하다(본 논문 2-4항 참조). 필자는 남녀관계를 상하 수직관계로 보는 이유를 창세기의 인간 창조와 범죄 신화에서 찾는다. 곧, 남자는 여자보다 앞서 창조되었다고 하고(13절 = 창세 2.7.21-22), 아담은 범죄하지 않고 하와가 범죄했다고 강변한다(14절 = 창세 3.6에 대한 유대교 풀이). 그렇지만 여자는 출산함으로써 구원받을 수 있다고 한다. 디모테오 전·후서와 디도서 등 사목서간집 필자들이 경계하는 이단사상은 영지주의 초기 형태라는 설이 득세하고 있다(Oberlinner, Titusbrief 52-73). 디모테오 전서 2장 8-15절 역시 초기 영지주의자들을 의식하고 쓴 교회훈이라고 볼 수도 있다. 그렇다면 초기 영지주의자들의 모임에서, 영지를 터득한 여자들은 가르치는 것을 즐긴 반면 출산을 기피했으리라는 느낌이 든다.

3-5. 나이 많은 여교우들과 젊은 여교우들의 의무(디도 2.1-10)

¹그대는 건전한 가르침에 부합하는 말을 하시오. ²나이 많은 남자들은 냉정하고 점잖고 분별력이 있어야 하며, 믿음과 사랑과 인내심이 강한 사람이어야 합니다. ³나이 많은 여자들도 마찬가지로 거룩한 봉사를 하는 이답게 처

신하며 험담하지 않고 과음에 빠지지 않으며 선을 가르치는 사람이어야 합니다. ⁴그러면 젊은 여자들을 깨우치어, 남편과 자식들을 사랑하며 ⁵지각있고 순결하며 집안 일을 잘하고 선하며, 저희 남편들에게 순종케 할 수 있습니다hypotassein. 그래야만 하느님의 말씀이 손상되지 않을 것입니다. …

디도서의 가탁 필자 사도 바울로가 디도더러, "건전한 가르침"hygiainousn didaskalia을 전하라고 한다(1절). "건전한 가르침"이란 사상적으로는 영지주의를 배척하고 구원의 복음을 신봉하라는 것이요(11-14절), 윤리적으로는 각자 자기 신분에 어울리는 삶을 살라는 것이다(2-10절). 필자는 나이 많은 남자들(2절), 나이 많은 여자들(3절), 젊은 여자들(4-5절), 젊은이들(6절), 디도(7-8절), 노예들(9절) 순으로 타이른다. 이 가운데서 나이 많은 여자들에게 요구하는 것들을 한 마디로 요약한다면, 젊은 여자들의 귀감이 되도록 처신하라는 것이다. 젊은 여자들에게 당부하는 것들 가운데는 "저희 남편들에게 순종케 할 수 있습니다hypotassein"라는 문구가 돋보인다.

결론적으로 가훈이나 교회훈에선 남녀관계를 상하 수직관계로 보고 번번이 여자더러 남편 또는 남교우들에게 순종하라고 훈계한다(1고린 14,34; 골로 3,18; 에페 5,22.24; 1베드 3,1; 1디모 2,11; 디도 2,5). 또한 아내는 남편을 두려워해야 한다(에페 5,33; 1베드 3,2). 남편은 주인이고 아내는 연약한 그릇이다(1베드 3,6-7). 여교우가 교회 모임에서 침묵을 깨고 "가르치거나 남자를 다스리는 것은" 용인되지 않는다(1디모 2,8-15; 참조: 1고린 14,33b-35).

참고 문헌

J. Gnilka, Der Kolosserbrief (HThK), Freiburg 1980.
E. Schweizer, Der Brief an die Kolosser (EKK), Zürich / Neukirchen-Vluyn 2.Aufl. 1980.
J. Gnilka, Der Epheserbrief (HThK), Freiburg 3.Aufl. 1982.
R. Schnackenburg, Der Brief an die Epheser (EKK), Zürich / Neukirchen-Vluyn 1982.
K. H. Schelkle, Die Petrusbriefe – Der Judasbrief (HThK), Freiburg 5.Aufl. 1980.
N. Brox, Der erste Petrusbrief (EKK), Zürich / Neukirchen-Vluyn 1979.
J. Roloff, Der erste Brief an Timotheus (EKK), Zürich / Neukirchen-Vluyn 1988.
L. Oberlinner, Erster Timotheusbrief (HThK), Freiburg 1994.
―――, Titusbrief (HThK), Freiburg 1996.
D. Balch, Let Wives be Submissive (SBL Monograph Series), Atlanta 1981.

4. 가톨릭 여성관 약사

4-1. 예수

예수는 막힘이 없는 분이셨다. 예수는 사람들 사이에 가로놓인 장벽을 훌쩍 뛰어넘는 분이셨다. 남녀 교제가 허용되지 않던 당시에 예수는 거침없이 여자들과 상종할 뿐더러 갈릴래아 여자들을 데리고 다니면서 전도하셨다. 예수 수난 때 남자 제자들은 모조리 스승을 버렸지만 여자 제자들은 예수의 임종과 장례를 끝까지 지켜보았다. 예수께서 남자들 가운데서만 열두 제자를 뽑으셨으나 이는 야곱의 열두 아들, 곧 이스라엘 백성을 죄다 포섭하시겠다는 상징적 처사였다. 예수의 열두 제자 발탁을 근거로 여자들에게 사제직을 거부하는 것은 주석을 뛰어넘는 비약이라는 게 신약학계의 통설이다.

4-2. 사도 바울로

사도 바울로의 여성관은 이중적이다. 그는 그리스도인으로서 인종·신분·남녀 차별 철폐를 내용으로 하는 세례식 훈화를 전폭적으로 수용했다(갈라 3,26-28; 1고린 12,12-13; 참조: 골로 3,9-11). 그렇지만 바울로는 지중해에서 산 헬라 유대인으로서 남존여비 관행과 사조의 영향을 받아 고린토 여교우들더러, 교회 모임에서 기도하거나 예언할 때 머리를 가리라고 했다(1고린 11,2-10.13-16). 또한 바울로는 부인이 교회 모임에서 물어볼 게 있어도 거기서는 물어보지 말고 집에 가서 남편에게 물어보라고 지시했다(1고린 14,33b-35). 그러니까 바울로는 그리스도인으로서는 남녀평등사상을, 헬라 유대인으로서는 남존여비사상을 드러냈다고 하겠다. 바꾸어 말하면, 그리스도인 기질이 발동하면 남녀평등 원칙을 내세우고, 헬라 유대인 기질이 발동하면 남녀차별 현실을 감안했다고 하겠다. 필레몬서에서 보다시피 그는 노예문제에 있어서도 유사한 입장을 취했다.

바울로의 전도에 협력한 여전도사 또는 부부 전도사가 많은데, 이는 당시 시대 관습과 사조를 고려하면 파격적 현상이라 하겠다(2-2항 참조).

4-3. 사목서간집과 베드로 1서 저자

사도 바울로의 가탁 서간집과 베드로 전서 3,1-7에 실린 가훈(家訓)과 교회훈(敎會訓)을 보면 하나같이 여자를 비하한다. 아내는 남편에게, 여교우는 남교우에게 "순종하라"고 노상 서간집 필자들은 타이른다. 또한 아내는 남편을 두려워해야 한다고도 한다(에페 5.33; 1베드 3.2). 남편은 주인이고 아내는 연약한 그릇이라고 한다(1베드 3.6-7). 여교우가 교회 모임에서 침묵을 깨고 "가르치거나 남자를 다스리는 것은" 허용되지 않는다(1디모 2.8-15). 그러니까 바울로가 네로 박해 때(64~68) 순교한 다음 교회 내에서 남존여비사상은 현저히 강화되었다 하겠다.

4-4. 사도 교부

사도 교부 시대에 이르러 성직에서 여성을 제외시키는 제도가 확립되었다. 95년경 고린토 교회로부터 로마의 주교 클레멘스에게 불길한 소식이 날아들었다. 고린토 교회의 교우 청년 몇이 작당하여 교회 원로들을 내쫓았다는 것이었다. 클레멘스는 고린토 교회에 편지를 써 보냈는데, 그 요지인즉 원로들을 다시 모셔오라는 것이었다. 그러면서 클레멘스는 다음과 같은 논리를 편다. 하느님은 그리스도를, 그리스도는 사도들을, 사도들은 감독들과 원로들과 봉사자들 등 성직자들을 파견한 까닭에, 이들 성직자들을 거역하는 것은 사도들·그리스도·하느님을 거역하는 죄라는 것이다(클레멘스, 고린 42-44장). 여자들은 세 계급 성직에서 제외되었다. 110년경 로마에서 순교한, 시리아 지방 안티오키아의 주교 이냐시오도 같은 생각이다. 그가 안티오키아에서 로마로 압송되던 중, 터키 서부 항구 알렉산드리아 트로아스에서 스미르나(오늘의 이즈미르) 교회로 써 보낸 편지 8장에서, 현행 가톨릭 성직제도와 같은 제도를 전제하면서 성직자들을 따르고 존경하라고 타이른다. "여러분은 모두 예수 그리스도께서 아버지를 따르듯이 감독(주교)을 따르고, 사도들을 따르듯이 원로단(사제단)을 따르며, 하느님의 계명을 존중하듯이 봉사자들(부제들)을 존중하시오. …" 이런 교계제도는 지금까지 변함없다. 2천 년 교회사상 서방 가톨릭 교회에서 여자에게 사제직은 고사하고 부제직을 수여한 적도 없다. 교부 시대 이후 교계제도에서 큰 변화가 있었다면 동방에선 알렉산드리아·안티오키아·예루살렘·콘스탄티노플 중심의 총주교좌가 득세하고, 서방에서 로마 교황청이 전권을 행사하게 되었다는 것이겠다.

4-5. 20세기 가톨릭

교황청의 공식 입장 두 가지만 상기시킨다. 신앙교리성은 1976년 10월 15일자로 「여성 교역 사제직 불허 선언」을 발표했다(본 논문 1-19항 참조).

교황 요한 바오로 2세는 1994년 5월 22일자로 「남성에게만 유보된 사제서품에 관하여」라는 교서를 발표했다(본 논문 1-19항 참조).

4-6. 21세기 가톨릭의 전망

구약성서의 동태복수법(출애 21.24; 레위 24.20; 신명 19.21)은 예수님에 의해서 반복수법(마태 5.38-42 = 루가 6.29-30)으로 바뀌었다. 또한 구약 시대의 일부다처제를 예수께서는 일부일처제로 바꾸셨다. 성서의 계시도 인류의 의식 발달과 더불어 점진적으로 발전했다는 생생한 증거이다.

사도 바울로(필레몬서) 및 그의 후학들(골로 3.18 - 4.1; 에페 5.21 - 6.9; 디도 2.1-10)은 노예제도를 당연시했다. 그러나 오늘날에 와서는 전세계적으로 노예제도는 인권유린으로 간주되어 철폐되었다. 악명높았던 남아프리카의 인종차별도 1990년대에 와서 철폐되었다. 이는 무엇을 뜻하는가? 하느님의 계시는 신약성서로써 막을 내린 것이 아니라, 인류 역사와 함께 계속된다는 생생한 증거이다.

유엔 총회는 1967년 11월 7일자로 「여성차별의 철폐에 관한 선언」을 채택했는데 그 골자는 다음과 같다. "남성과의 동등한 권리를 부인하거나 또는 제한하는 여성차별은 근본적으로 부당하고 인간의 존엄에 대한 침해이다"(제1조). "여성을 차별하는 기존의 법률·관습·규범·관례를 철폐하기 위하여, 남녀의 동등한 권리를 법적으로 보호하는 모든 적절한 조치가 취해져야 한다"(제2조). 신선한 선언문이다. 마치 예수님의 말씀을 듣는 것 같고, 초세기 세례식 훈화(갈라 3.26-28)를 듣는 것 같다. 선언문에 담긴 남녀평등은 인류의 염원으로 장차 인류의 의식이 발전함과 더불어 점진적으로 실현될 것이다.

가톨릭 교회의 처신을 눈여겨보면 하느님의 계시는 예수와 전통과 더불어 끝난 것처럼 보는 것 같다. 계시의 역사를 닫힌 꼴로 본다는 말이다. 그러나 앞에서 예시했듯이 계시의 역사는 열린 꼴이다. 진보적 가톨릭 여성주의자에서 탈기독교적 여성주의자로 변신한 미국 보스턴 칼리지 교수 메리 데일리Mary Daly가 한이 맺혀서 외치는 소리를 기독교계는 그냥 헛소리로 치부할 일이 아니다. "과거의 고유하고 폐쇄적인 '계시'에 대한 사고 또한 성계급 체계의 산물이요, 그 체계를 영속시키는 역할을 하고, 그 사회를 닫혀 있게 한다. … 성차별주의는 질병이며, 그것은 지구적 질병이다. 그것은 또한 내가 이름붙이고자 했던 악마이다"(메리 데일리 지음, 황혜숙 옮김, 『교회와 제2의 성』, 여성신문사 1997, 308쪽). 역사학의 표현을 빌리자면 역사는 과거와 현재 사이의 대화이다. 또한 역사는 과거와 현재를 보고 미래를 내다보는 예지이다. 세상은 변한다. 요즘 세상은 더 빨리 변한다. 가톨릭도 변하지 않고는 못 배길 것이다. 다만 그 변화 속도가 문제다. 예상컨대 가톨릭의 변화는 개신교나 성공회보다는 훨씬 늦고, 정교회 또는 이슬람교보다는 조금 빠를 것이다. 끝으로 역사에서 익힌 교훈 한 마디 덧붙인다. 인권은 노상 각성과 투쟁으로 신장되었듯이, 여성 인권도 오로지 자각과 투쟁으로 확보될 것이다(위 책, 323-6쪽 참조).

〈질의응답〉

질문 1: 계시가 열린 꼴이라는 것은 변화·발전한다는 것으로 이해됩니다. 저희들은 교회에서 계시가 예수님에게서, 또는 예수님을 체험한 제자들에게서 끝났다고 배웠습니다. 이러한 교회의 가르침은 수정되어야 하는 것인지요? 계시의 열린 꼴에 대해 더 자세히 말씀해 주세요.

답변: 성서의 계시가 발전했다는 것은 마태오 복음서 5장 21-48절에 실린 여섯 가지 대립 명제를 보면 분명합니다. 구약성경의 계율들을 예수께서 심화하시거나 폐기하시거든요. 예로, 구약 시대에는 남편이 부인을 소박하는 것을 허락한 데 반하여 예수께서는 소박 불가를 선언하셨습니다(마태 5,31-32). 또한 구약 시대에는 "눈에는 눈으로, 이에는 이로"라는 격언으로 동태복수법을 인정한 데 반하여 예수께서는 도무지 보복하지 말라고 하셨습니다(마태 5,38-42).

예수님이나 사도 바울로는 당대의 노예제도를 건드리지 않았습니다. 바울로는 그리스도인 노예가 면천하려고 애쓸 필요가 없다고 하면서 두 가지 근거를 댔습니다. 첫째, 노예 신분이 참 그리스도인이 되는 데 지장이 없다는 것이었습니다(1고린 7,20-24). 둘째, 역사가 곧 끝장날 터인데 굳이 노예 신분을 바꿀 필요가 없다는 것이었습니다(1고린 7,29). 노예제도는 그리스도교계 문화권에서 1,800여 년 동안 지속되었습니다. 미국에선 제16대 대통령 에이브레헴 링컨(1860~1865 대통령직)이 비로소 노예제도를 폐지했습니다. 우리 나라에선 1894년 갑오경장 때부터 종들이 풀려날 수 있었습니다. 노예문제에 관한 단행본을 소개합니다. F. 프라우 지음, 박영옥 옮김, 『고대 노예제도와 초기 그리스도교』, 한국신학연구소, 1988.

질문 2: "여성사제 서품"이 중요하게 거론되고 있는데, 어딘가 과녁을 잘못 정한 것이 아닐까요? 무슨 말인고 하니, 오늘날 권위주의적·독재적으로 변질된 사제직은 비성서적·비그리스도교적이라 할 수 있는데, 구태여 그런 사제가 되려고 여성이 악을 써야 하는지요? 여성들은 자신들이 비판하는 "지배적 인간"이 되고 싶어하는 것인가요? 아예, "사제직" 자체를 문제삼아야 하지 않을까요? 예로 모든 그리스도인의 "만인萬人 사제직"을 주장할 수 있지 않을는지요?

답변: 너무나도 지당한 말씀입니다. 교회 직분은 본디 교우들을 섬기는 봉사직인데 자주 교우들 위에서 군림하는 통치직으로 전락하고 말았습니다. 현행 가톨릭 교계제도는 중세 유럽의 봉건제도를 고스란히 본떴다는 느낌입니다. 황제 - 영주 - 기사 - 농노라는 봉건제도가 교황 - 주교 - 신부 - 교우라는 교계제도로 이어진 것이지요. 세상은 많이 변해서 봉건제도가 완전히 사라졌습니다. 그러나 교계제도는 여전히 지속되고 있는데, 이는 민주사회와 영 어울리지 않는 것입니다. 그러니 성숙한 민주시민일수록 화석화된 교계제도에 이질감을 느끼게 마련입니다. 교계제도의 혁신이 절실합니다. 그렇지만 가톨릭 교회는 2천 년이란 긴 역사에다 9억이란 많은 신도를 거느린 거대한 교단입니다. 따라서 기동력이 많이 떨어집니다. 시대의 징표에 매우 둔감합니다. 제2차 바티칸 공의회를 전후하여 새 바람이 부는가 했더니 도로아미타불입니다. 안타까운 일이지만 가톨릭 교인으로서는 감내해야 하는 큰 십자가입니다. 가톨릭 교회가 복음따라 기쁨을 주고 구원따라 생기를 불어넣는 대조·대안·대척 교단으로 거듭 태어난다면 얼마나 좋겠습니까만, 이는 이루기 어려운 이상 아닐까요?

질문 3: 여성들의 자각과 투쟁으로 여성 인권이 성장한다고 하셨습니다. 교회 안의 여성 인권운동이 교회 지도부로부터 탄압받고 있습니다. 교회 여성운동 조직이 우선적으로 해야 한다고 생각하는 일은 무엇입니까? 그리고 신부님의 입장에서 지원할 의사는 있으신지요.

답변: 저는 노예제도 폐지 운동, 민주화 운동, 노조 운동, 여권신장 운동 등 일련의 인권신장 운동이 절로 성공한 사례를 알지 못합니다. 인권신장은 하나하나가 싸워서 얻어낸 것이지요. 우리 교회의 경우에도 사정은 마찬가지입니다. 이런 맥락에서 한국 가톨릭 여교우들이 1993년에 자발적으로 창립한 "새 세상을 여는 천주교 여성 공동체"는 지극히 중요한 결사입니다. 이 운동이 끈질기게 계속된다면 시작은 작지만 결과는 클 것입니다. 마치 작은 겨자 씨앗 같고 한줌 누룩 같습니다. 끊임없이

의식을 확산하고 개혁을 촉구할 뿐 아니라 저항까지도 불사한다면 차츰차츰 교회와 사회가 달라지지 않을까요? 저같은 먹물은 기껏해야 "신약성서의 여성관" 따위 글 줄이나 쓰면서 따뜻한 눈길로 여권신장 운동을 지켜보겠지요.

질문 4: 미사중에 미사보를 쓰지 않는 여성들에게, 성체를 영할 수 없다고 하거나 성당에 오지 말라고 하는 신부님이 계시는데, 이럴 때에 신부님과 미사중에 싸워야 하는지요, 끝까지 버텨야 하는지요? 정 신부님의 견해를 듣고 싶습니다.

답변: 미사보를 두고 막가파 식으로 나가는 본당신부에게 용감한 여교우가 대든 적이 있습니다. 유럽이나 미국에서는 여교우들이 미사보를 쓰지 않는다구요. 그랬더니 본당신부가 대뜸 하는 소리인즉, 어서 빨리 미국이나 유럽으로 이민가라는 것이었습니다. 언어 폭력이지요.

프랑스 선교사들이 한국 천주교회 여교우들에게 미사 수건을 강요하게 된 배경은 두 가지라고 여겨집니다. 첫째, 프랑스 여자들은 성당, 극장 등 실내에서 모자를 쓰는 게 예의입니다. 조선조 여자들은 모자가 없었기 때문에, 프랑스 선교사들은 조선 여교우들에게 모자 대신 수건이나마 씌웠을 것입니다. 둘째, 프랑스 선교사들은 사도 바울로의 지침을 따르고자 했을 것입니다. 여교우들은 교회 모임 때 머리를 가리라는 지침 말입니다(1고린 11,2-16).

요즘 한국 여교우들이 쓰는 미사보는 머리를 가린다는 뜻보다는 정갈한 마음가짐으로 미사에 참석한다는 상징적인 의미가 있을 것입니다. 이런 의미에서 될 수 있는 대로 미사보를 착용해 주십사고 권장하는 것은 몰라도, 막무가내로 미사보를 강요하는 것은 무리라고 생각됩니다. 우리 교회와 사회에 이보다 중요한 일이 얼마나 많습니까?

〈약정토론〉

김 판 임

(독일 괴팅겐 대학교 신약학박사)

1. 들어가는 말: 문제제기

이번 심포지엄의 주제 "한국 가톨릭 교회 - 이대로 좋은가?"라는 질문은 다분히 현행의 가톨릭 교회를 되돌아보고 반성해 보려는 의도뿐만 아니라 앞으로 좀더 나은 방향으로 교회가 나아가기를 소망하는 간절한 염원이 담겨있는 것으로 보인다. 여성과 교회 쇄신이라는 우리의 주제를 위해 발제를 해주신 정양모 신부님께서는 신약성서의 여성관을 포괄적으로 다룬 다음 마지막 단락 21세기 가톨릭의 전망에서 "세상은 변하고, 요즘 세상은 더 빨리 변하니 가톨릭도 변하지 않고는 못 배길 것"이라고 가톨릭 교회의 변화 불가피설을 예견하신다. 오래된 사회제도나 관습을 개혁해 보려는 시도들은 대개 잘못된 제도에 의해 희생당한 많은 사람들이 더 이상 견딜 수 없다고 함성이 모여질 때야 비로소 이루어지는 것이 보통이다. 남성 신부이자 교수인 오늘의 발제자는 여성들이 교회 내에서 어느 정도로 부당하고 비인격적인 대우를 받고 있는지 직접적인 체험이 없으실 텐데도, 교회 안의 남녀평등에 관심을 갖고 가톨릭 교회의 나아가야 할 길을 제시함으로써 우리 시대의 예언자적 역할을 담당하고 있다고 평가될 수 있을 것이다.

그럼에도 불구하고 개신교인인 약정토론자의 입장에서 볼 때, 오늘의 발제에서 기대했던 몇 가지 쟁점들이 부각되지 않아 아쉬운 점이 있다:

첫째, 한국 가톨릭 교회에서 여성문제가 구체적으로 무엇인지, 그리고 그 문제들이 교회 내에서 의식되고 있는지의 여부에 관해 언급이 없다. 가톨릭 여성들이 교회에 바라고 있는 것이 무엇인가? 그리고 교회는 그들의 요구를 들어줄 의향이 있는가 혹은 없는가? 그럴 의향이 있는데도 교회의 쇄신이 이루어지고 있지 않고 있는 것인가? 아니면 그럴 의향이 없다면, 교회의 입장을 고수할 만한 성서적 혹은 전통적 근거가 있는가, 그리고 그 근거가 합당한가 등의 문제에 대해 언급이 없다.

둘째, 21세기 가톨릭 교회는 변해야 한다고 주장하지만, 구체적으로 어떤 방향으로 나아가야 하는지 제시하지 않고 있다. 단지 마지막 페이지에서 1967년 11월 7일자 "여성차별의 철폐에 관한" 유엔의 선언을 이용하신 것으로 미루어보아 가톨릭 교회에서도 여성차별이 폐지되어야 한다고 생각하시는가보다라고 짐작할 수 있을 뿐이다. 실제로 가톨릭 교회 내에서 여성차별의 사례는 무엇인지, 그리고 여성차별이 없는 교회는 어떤 모습일 수 있는지에 대해 전혀 언급이 없다. 〈4-5. 20세기 가톨릭〉이란 항에서 1976년 10월 15일자 「여성 교역 사제직 불허 선언」이란 교황청의 공식 입장과 1994년 5월 22일자 「남성에게만 유보된 사제서품에 관하여」란 교황 요한 바오로 2세의 교서를 언급하신 것으로 미루어볼 때, 가령 가톨릭에서 여성사제의 허용이 21세기에 있어야 할 변화라고 생각하시는 것일까? 미국과 유럽에서는 실제로 여성사제 제안이 가톨릭 교회에서 하나의 큰 이슈가 되고 있는데, 과연 한국 가톨릭 교회에서도 여성이 사제가 되기를 원하는가 하는 문제와 그리고 남성사제들은 여성들을 같은 사제로 인정하고 동역할 의사가 있느냐도 아울러 제기해 볼 수 있을 것이다.

가톨릭은 전통에 근거한다고 한다. 그리고 그 전통은 교부 시대 사도들의 전통에 소급된다. 그 전통의 유지가 가톨릭의 생명이라고 한다면 처음부터 오늘의 주제는 부적절하다. 전통은 어디서 오는가? 루터가 가톨릭 전통에 대항하기 위해 성서를 붙들은 이후 오랫동안 도식적으로 사용되어 왔던 "가톨릭-전통, 개신교-성서"는 이제 더 이상 유효하지 않다.[1] 실제로 사도 교부들의 전통도 성서에 기초했고, 최근에 논의되는 문제들에 대한 교

---

[1] 서 공석, "가톨릭 교리서의 문제점", 『종교신학연구』, 제9집, 서강대학교 1996, 302.

황청의 답변도 전통만을 고수하는 입장이 아니라 성서나 성서학자들의 연구 결과에 의존하여 설명하려는 노력이 다분하다. 여성들에게 관심의 초점을 맞추면서 가톨릭 교회의 쇄신의 당위성을 제시해 보려는 오늘의 발제자는 신약성서의 여성관을 발표하였다. 복음서에 나타난 여성 전승, 바울 서신, 바울 후기 서신에 나타난 여성관 등의 방대한 취급 결과는 신약성서 안에 여성에 대한 이해가 실로 다양하다는 사실을 보여주었다. 신약성서에는 그리스도 복음 전파를 위해 여성들이 활발하게 활동했던 역사적 흔적뿐만 아니라 그리스도 안에서 남녀의 차별을 철폐하는 위대한 선언도 찾아볼 수 있다. 그런가 하면 가부장적 문화를 반영하는 성차별적이며 여성을 비하하거나 억압하는 취지의 텍스트들이 상당수 있다. 가령 고전 14:33b-35; 딤전 2:11-15 등은 여성의 안수 및 목회 내지 사목활동 금지를 위해 애용되어 온 텍스트들이다. 이 시대에도 교회 내에서 여성의 적극적인 활동을 억압하려는 사람들은 성서의 그런 구절들을 펼치며, 권위있는 하나님의 말씀이라고 말하면서 여성들을 누르려고 한다. 오늘의 발제자는 이런 구절들을 개관하는 입장에서 소개해 주었을 뿐, 신학자로서 그 구절들에 대해 평가를 내리지는 않고 있다. 평가란 다름아니라 그런 구절들이 인류 역사에서, 그리고 가톨릭 교회의 현행 유지를 위해 얼마나 기여해 왔는지, 그것이 교회의 발전에 어느 정도로 저해요소가 되고 있는지, 그리고 우리 시대에도 그런 구절들을 계속 고집해도 되는지, 아니면 과감하게 버리거나 평가절하해도 좋은지, 그런 주장을 한다면 성서적 근거를 제시할 수 있는지 등에 대해 언급하는 일인데, 이러한 작업이 충분히 이루어지지 않고 있는 점이 아쉽다. 발제자는 신약성서의 여성관이 예수의 입장을 제외하고는 거의 모두가 여성에 대해 불리한 것을 파악하고 그러한 텍스트에 대해서는 언급을 회피하고 예수의 입장만을 강조하시면서, 복음서에 나타난 예수의 입장이 바울이나 바울 후기 서신에 나타난 것보다 왜 훌륭한지 그 해석학적 입장을 제시하지 않으신다.

2. 신약성서의 여성관을 위한 해석 방법: 문자는 죽이고 영은 살린다

성서를 통해 여성의 해방과 구원을 모색해 보려는 많은 여성신학자들은 신약성서의 다양한 여성관을 두고 적잖은 고민을 하였다. 정확히 말하면 문제는 다양성이기보다, 신약성서에 여성 비하의 내용이 너무나 많기 때문이다. 실제로 많은 여성학자들이 이러한 이유로 성서를 버리고 기독교를 떠나가는 일도 허다했다.[2] 신약성서의 여성관을 쓴 일본학자 아라이 사사구는 신약성서의 다양한 여성관이 여성의 존엄성 회복을 위해 큰 도움이 되지 못함에 대해 난감해하면서 성서 해석자가 자신의 입장을 갖고 그 입장에 맞는 성서 본문을 선택할 수 있다는 입장을 취한다.[3] 이러한 입장은 "정경 안의 정경"을 확립하려는 노력으로 나아갔다. 즉, 성서 안의 다양한 내용들과 상호 모순성, 그리고 오늘날의 상황에 직면해서 적합하지 않거나 직접적으로 시대에 역행하고 있는 내용들에 직면해서, 정경 내에 시공을 초월해서 영원히 그리스도인들의 규범이 될 만한 것들과 그렇지 못한 것들, 즉 시대적 한계를 반영하여 오늘날의 상황에 도저히 적용할 수 없는 것들을 가려내어 이 시대에 맞는 알짜배기 정경을 정립하자는 입장이다. 그런데 이 입장은 여성문제를 해결하는 데 큰 도움이 되지 않는 것 같다.[4] 왜냐하면 여성의 입장에서는 여성의 구원과 안녕을 위해 적합한 구절들만

---

[2] 가령 Mary Daly, Naomi Goldenberg, Carol Christ 등.

[3] 아라이 사사구, 『신약성서의 여성관』, 김윤옥 옮김 (대한기독교서회 1993). 아라이 사사구는 마지막에서 다음과 같은 몰트만 벤델의 〈젖과 꿀이 흐르는 땅 — 여성신학의 전망〉의 한 구절을 인용함으로써 성서해석자는 자기 입장에 따라 성서본문을 선택할 수 있다는 입장을 취한다: "루터는 그의 판단기준에 근거해서 야고보서는 신앙에 의한 의가 아니라 행위에 의한 의를 가르치기 때문에 지푸라기 서신이라고 깎아내릴 수 있었다. 오늘날 여성들은 이런 판단기준에 서서 성서의 반여성적 구절이 우리의 하나님의 자녀로서의 입장을 손상시키기 때문에 그것을 거부하고 혹은 다시 재해석할 권리를 가진다"(288).

[4] 정경 내의 정경 수립의 문제점에 대한 지적으로는 E. S. Fiorenza, Bread Not Stone (Beacon Press 1984), 한국어 역, 『돌이 아니라 빵을』, 김윤옥 옮김, 대한기독교서회 1994, 35-64. 김경희, 『페미니즘적 성서해석과 해석학』, 한국여성신학 제2권, 대한기독교서회 1995, 31-56.

을 정경 내의 정경이라고 하겠지만, 여전히 가부장적 사고방식에 젖어 있거나 가부장적인 유익을 고수하고자 하는 사람들은 여성을 억압하거나 가치절하한 성서의 구절들을 하나님의 권위있는 말씀에 근거한다면서 계속 애용할 때 여성문제는 하나님의 종말 심판 때까지 해결되지 못한 채 옥신각신하며 나아갈 것이 틀림없기 때문이다. 물론 여성신학자 로즈마리 류터는 성서 안에서 여성신학의 성서적 근거가 될 수 있는 규범적 성서 전통을 임의적으로 내세우는 것이 아니라 성서 안에 흐르는 예언자적·메시아적 전통에서 발견하고자 한다.[5] 엘리자벳 피오렌자는 성서 안의 특정 전통을 여성신학을 위한 규범적 원리 내지 열쇠로 설정하는 이러한 입장들에 대해, 그럴 경우 성서 안에 나타나고 있는 다양한 경험들을 포기하고 성서 텍스트들의 다양성과 특수성을 추상적인 원리로 축소시키는 결과를 낳게 될 위험성을 지적한다. 피오렌자는 성서가 가부장적 언어로 씌었음을 감안하고 그 배후에 살아 있는 다양한 경험들을 살리는 입장에서 성서를 보되, 특별히 초기교회에서 활발했던 여성들의 활동을 찾아내어 새로운 교회를 이루는 기반으로 제시해 보고자 한다.[6] 오늘의 발제자는 다양한 신약성서의 여성관에 봉착해서 여성을 존중하는 예수의 입장을 선택한 셈인데 상반된 여성관에 대해서는 별로 평가를 내리지 않고 있다. 약정토론자는 이번 난제를 해결하기 위한 해석학적 원칙으로서 바울의 한 구절을 상기시키고자 한다: "문자는 죽이고 영은 살린다"(고후 3:6). 즉 문자에 얽매여 신약성서에 이런저런 여성에 대한 구절들이 있다고 주장하면서 계속 여성들의 교회 내에서 잠잠할 것을 요구하고 여성들의 적극적인 활동을 억압한다면 교회는 죽을 것이다. 그러나 신약성서에 흐르는 고귀한 그리스도교 정신을 찾아 그것으로써 우리들을 새롭게 무장하고 그 정신을 교회가 살리고자 할 때 교회는 새로운 생명력을 얻을 것이 틀림없다. 우리들로 하여금 문자에

---

[5] R. R. Ruether, Feminist Interpretation: A Method of Correlation, in: Feminist Interpretation of the Bible, ed. L. Russell (Philadelphia: The Westminster Press 1985), 117.

[6] E. S. Fiorenza, 위의 책, 51-52.

얽매이지 않고 신약성서의 위대한 정신을 찾게 하는 데는 역사비판학적 방법의 공헌이 크다고 하겠다. 그 방법은 우리들로 하여금 그 텍스트가 언제 어떤 상황에서 형성되었는지 역사적 고찰을 하게 함으로써 씌어진 문자가 그대로 하나님의 말씀이라는 근본주의적인 입장에서 우리를 해방시켜 시대적 한계를 반영하는 내용의 텍스트들과 시대를 초월하는 영원한 진리를 구분할 수 있는 능력을 제공해 주었다. 필자는 그리스도교의 위대한 정신은 예수의 말씀과 행동에서 시작·형성되었고, 복음서 기자들에 의해 호의적으로 서술되었으며 바울에게서 선언적 명제로 제시되었다고 본다.

3. 신약성서 전체에 흐르는 위대한 정신: 예수와 바울

3.1. 하나님 나라를 가르치고 보이시는 예수의 태도에 나타난 여성관

예수의 언행이 하나님 나라에 관한 것이라는 사실은 전세계 신약학회의 공통된 의견이다. 예수는 하나님 나라에 관해 가르치시되 비유로써 가르치시고, 그의 이적 행위들은 하나님 나라의 현재적 도래를 보여준다. 여성에 대한 그리스도교의 위대한 정신은 우선 예수께서 하나님 나라에 관한 비유들을 가르치시되 남자만을 대상으로 하신 것이 아니라 여성들도 그의 청중으로 고려하고 있다는 점(누룩 비유, 은전 비유 등)에서 찾아볼 수 있다. 그리고 병 치유와 귀신 축출에 있어서도 남성·여성 구별하지 않고 있다는 점도 들 수 있다(시몬의 장모 치유, 야이로의 딸 소생이적, 하혈하는 여인의 치유, 시로페니키아 부인의 딸 치유 등). 이와같이 예수의 가르침과 치유의 대상이 성차별 없이 이루어지고 있다는 사실은 그 당시 유대교의 여성과 병자에 대한 이해와 비교해 볼 때 가히 혁명적이라고 말할 수 있을 것이다. 정양모 신부님의 발제 I부에서는 이것이 잘 부각되고 있다. 예수 당시 유대교에서 여성들은 종교적 존재가 못 되었다. 예수는 여성들을 향해 너희들은 하나님 나라에 관해 들을 자격이 없다고 물리치신 것이 아니라 그들도 그의 귀한 청중으로 여기시고 그들이 알아들을 수 있는 비유들로써 가르치셨다. 그 당시 유대교에서 예수

외에 누가 여성들을 종교적 대화의 상대자로 대했겠는가? 예수의 이러한 언행에 감동받은 여인들은 줄곧 예수를 따라다니며 그의 가르침에 귀기울이고, 예수의 병고침, 그의 온갖 이적들의 대상자들이자 목격자였으며, 끝내는 예수의 십자가 임종과 장례를 지켜보며 예수의 빈 무덤을 발견하기까지 예수를 따른다. 그리고 이들은 그리스도교 내에서 부활하신 예수 그리스도를 만나고 전하는 중요한 역할들을 담당했으리라고 짐작된다.

유대인인 예수는 어떻게 그 당시 여성에 대한 고정적인 관념을 넘어서 여성에게도 하나님 나라에 관한 이야기의 대상으로 삼을 수 있었는가? 예수가 하늘에서 사탄이 떨어지는 것을 보았을 때(눅 10:18), 그가 그의 손으로 혹은 말로써 귀신들이 나가는 것을 볼 때(눅 11:20), 예수가 확신한 것은 이런 일들이 그 자신의 능력으로 이루어지는 것이 아니라 하나님의 능력이 그를 통해 작용하고 있다는 사실이었다. 하나님 나라는 눈으로 잘 보이지 않지만 현재하고 있다(눅 17:20-21). 이제 예수의 시대는 슬퍼서 금식하는 때가 아니라 신랑과 함께 즐거워하며 기뻐하는 때이다(막 2:19). 이것은 종교사상 획기적인 관찰이라 하겠는데, 유대인들이 마지막 예언자 말라기 이후 수백년 동안 미래에 있을 것으로 기대했던바, 하나님의 지상에서의 직접적인 관여가 이제 예수의 현재에서 이루어지고 있음을 본 것이다. 하나님의 직접적인 통치는 바로 인간의 죄로 인해 망쳐지고 어그러져 간 인간 역사의 회복, 즉 하나님 보시기에 좋았던 창조시로의 환원이다. 예수의 여성관은 그가 선포했던 하나님 나라의 도래와 관련시켜 이해하면 분명하다. 하나님이 인간을 남자와 여자로 만드시고 축복하시며 보시기에 좋아했던, 인간의 죄 이전 상태가 이제 회복되고 있음을 그의 활동을 통해 확인하는 예수는 "하나님 나라"의 임재를 가르치고 그 나라에서는 여성이나 남성이나 차별없이 하나님의 귀한 피조물임을 가르친다. 예수의 활동과 함께하는 하나님 나라는 그 당시 유대교의 관행을 깨고 놀랍게 작용했을 것이 분명하다. 유대교에서 자명하게 오랫동안 생각해 왔던 병과 여자에 대한 인식, 즉 병은 죄의 결과라는 것, 그러므로 병자들이란 무슨 죄라도 지었음에 틀림없다는 생각, 여자는 남자의 지배를 받아야 한다는 생각, 왜냐하면 여자는 유혹에 약하여 죄를 짓기 쉽고, 여자보다 남자가 먼저 지음을 받았기 때문이라는 가부장적인 고정관념들이 예수의 병고침이나 귀신 축출 행위를 통해 이제 병자들은 더 이상 죄인으로 머물러 있지 않고 회복되었다는 사실과, 여자든 남자든 하나님 나라를 가르치고 보여주는 예수의 청중으로 고려되는 점에서 엄청난 도전을 받았다고 볼 수 있다. 예수의 이혼 금지도 하나님 나라의 도래와 관련해서 이해할 때 그 의미를 충분히 파악할 수 있다. 예수가 단지 남성들의 권리였던 이혼에 대해 여성들의 인권을 옹호하는 목적이었다면, 이혼 금지가 아니라 여자들 자신도 스스로 남자를 버릴 수 있다는 법을 허용해 줄 수도 있었을 것이다. 모세가 허락한 이혼에 대해 그것은 하나님의 뜻이 아니라 인간이 완악하기 때문이라고 평가한 예수의 입장은 그의 현재에서 하나님 나라가 임하고 있음을, 즉 하나님의 뜻이 이루어지고 있음을 보기 때문에 가능하다고 하겠다. 하나님 나라에서는 인간의 죄가 사함받아 인간의 완악함이 사라지므로, 남성과 여성이 동등하게 창조되어 하나님 보시기에 좋았던 때와 마찬가지로 남녀의 결합은 온전할 것이다.

예수를 통해 치유를 경험한 사람들, 예수의 하나님 나라 가르침을 통해 시대의 전환, 창조 때의 좋은 것으로의 회복을 경험하는 사람들, 귀신에 사로잡혀 시달리다가 해방을 얻은 사람들, 이 모든 것들을 예수 곁에서 목격한 사람들은 남자든 여자든 큰 감동을 받아 예수를 떠나고 싶지 않았을 것이다. 어느 시대나 어느 장소나 여자들 중에는 가정생활, 즉 출산과 육아 및 식사 준비를 하는 것을 자기 본분으로 알고 만족하는 여성들이 있는가 하면 그렇지 않은 여성들도 있다. 성서, 하나님의 말씀 등 종교적인 관심이 있는 여성들도 있고, 그외 다른 분야 가령 예술이나 문학 등의 분야에 관심과 애착을 갖는 여성들도 있다. 문제는 하나님에 대해, 그의 말씀에 대해 지대한 관심을 가진 여성들의 인생은 동서고금을 막론하고 편안하지 못하다 못해 비난을 받는다는 것이다. 특별히 유대교에서 여성들은 종교적 존재로 인정받지 못하였다. 여성들이 담당하는 육아교육은 자녀가

0~5세까지 육체적 성장과 관련해서만이고, 6세 이상 자녀의 종교교육은 아버지가 담당한다. 성전 출입도 여성에게는 허용되지 않았고, 여성이 들어갈 수 있는 영역은 지성소에서 멀리 떨어진 뜰뿐이다. 거룩한 문서를 여성들은 배울 수 없다. 여성을 비종교적 존재로 보는 유대교적 배경을 염두에 두고 마르타와 마리아의 단화를 이해하면 좋을 것이다. 여자가 집안일 — 이 단화에서는 손님 접대를 위한 식사 준비로 표현되었다. — 을 소홀히하면서까지 무슨 일에 열중하면 비난을 받는다. 여기서 마리아가 열중하는 것은 예수의 말씀, 그의 가르침인데 이는 분명히 하나님 나라에 관한 것이었으리라. 마리아가 집안일을 돕지 않는다는 마르타의 비난에 대해 "마리아가 좋은 몫을 택했고 그것을 빼앗기지 아니하리라"는 예수의 대답은 그 당시 통용되어 오던 여자의 일 외에 다른 더 좋은 일, 가령 하나님 나라에 관한 말씀에 귀기울이는 일을 택할 수 있다는 것을 말해준다.

  복음서, 특별히 마가 복음서는 예수가 십자가에 처형될 때와 매장될 때 예수를 지켜보는 사람들이 예수가 선택했다는 남자 제자들이 아니라 — 그들은 모두 도망갔고 부인했다 — 갈릴리에서부터 따라온 여러 여자들이었다고 보도한다. 그들은 다름아니라 여성들도 하나님 나라에 관한 소식을 들을 가치가 있다고 여기고 남자와 여자의 차별 없이 대하신 예수의 말씀과 행동에 감동받은 사람들이라고 말할 수 있다. 여자들도 남자들과 똑같이 하나님 나라에 관한 가르침의 청중으로 존중해 주고 하나님 나라의 현재를 보여주는 병 고침이나 귀신 축출을 직접 행해 구원을 맛보게 하시는 예수를 그가 십자가에 달려 죽고 매장될 때까지도 떠날 수 없을 만큼 그로부터 깊은 감동을 받았을 것이 틀림없다. 그들은 결국 부활하신 예수를 제일 먼저 만나게 된 장본인들로서 예수의 부활 선포에 앞장서게 되었다.[7]

---

[7] 초기 그리스도교에서 여성들이 예수의 죽음과 부활의 소식을 전하는 사도적 역할을 담당했다는 사실은 여성신학자들뿐만 아니라 많은 신약성서학자들이 동의하고 있는 내용이다. 이에 관해 대표적인 작품들을 들자면, Luise Schottroff, "예수를 따른 신약시대의 여성들", 김윤옥 편, 여성해방을 위한 성서연구(한국신학연구소 1988), 179-225; Luise Schottroff, "예수의 무덤 옆에 있던 막달라 마리아와 여인들", 위의 책, 226-258.

3.2. 세례선언문(갈 3:28)에 나타난 바울의 여성관

예수 그리스도를 믿는 사람들을 박해하다가 돌아서서 예수 그리스도를 전하는 사람으로 돌변한 바울의 위대성은, 남자가 여자 우위에 서고 여성을 비인격적·비종교적 존재로 보았던 유대 사회에서 여성들도 남성들과 동등한 청중으로, 하나님 나라에 동참할 수 있는 존재로 보았던 예수의 언행을 답습하는 데 있지 않다. 여성에 대한 이해와 관련해서 바울의 위대한 정신은 갈 3:28에 잘 나타나 있다: "그리스도 안에는 유대인이나 그리스인이나, 노예나 자유인도 없으며, 남성도 여성도 없습니다. 여러분은 모두 그리스도 예수 안에서 하나이기 때문입니다." 이 구절은 그리스도 안에서 모든 믿는 사람이 차별없음, 하나됨을 선포하는 위대한 선언이라 하겠다. 여기서 차별 없다고 선언되는 세 부류, 즉 종족·신분·성은 바울 당시 구원과 관련해서 차별이 있다고 자명하게 여겨지던 것이었다. 유대인의 입장에서 볼 때 유대인 외에 다른 민족이 구원을 얻으리라고는 생각하지 않았을 것이고, 종과 자유인이라는 사회적 신분계층이 엄격한 사회에서 구원이 논의되었다면 당연히 종은 인간이 아니니 자유인에게만 구원이 해당한다고 생각되었을 것이다. 남성만이 종교적 존재이고 책임있는 인격이라는 생각은 구원에 있어서 남성과 여성의 차별을 당연시하게 만들 것이다. 그러한 시대에 그리스도 예수 안에서 유대인과 그리스인, 노예와 자유인, 남자와 여자 사이에 차별이 없다는 선언은 그리스도교를 전세계를 향해 뻗어나갈 수 있게 하는 초석이 아닐 수 없다. 구원과 관련해서 민족·신분·성 차별을 철폐하는 이 위대한 선언이 그리스도교의 세례 이해에서 생겨났다는 것은 갈 3:27에서 알 수 있거니와, 실제로 초기교회에서 교회에 입회하려는 모든 사람에게 세례를 베풀었다는 사실은 이의를 제기할 필요가 없다. 세례와 관련해서 이러한 위대한 정신이 표출되는 것은 다음과 같은 역사적 사실에 근거한다고 본다.

첫째, 교회가 입회를 원하는 사람들에게 세례를 주되, 유대인만 준 것이 아니라 이방인도 주었으며, 자유인만 아니라 종도 주었고, 남자만 아니라 여자에게도 베풀었다는 점이다. 그런데 그 당시 관례로 보아 노예는 스스로 자기 인생을 책임지는 독립적 존재가 아니라 주인에게 예속된 존재이므로 그 노예의 신상에 무슨 일이 있다면 주인에게 보고하거나 주인을 불러와서 문의를 해야 할 것이다. 주인이 예수를 믿기로 결심하고 자기와 그의 가족과 종들 모두에게 세례를 베풀게 하는 경우도 있겠지만, 그외에 노예가 주인과 상관없이 스스로 예수를 믿기로 결단했을 경우에도 세례가 베풀어졌음을 짐작할 수 있다. 여자의 경우도 마찬가지로 생각해 볼 수 있다. 가장인 남편이 세례를 받을 때 그에 따르는 가족을 세례받게 하는 경우도 있겠으나, 여자가 남편의 의사와 상관없이 개인의 의지와 결의에 따라 세례받기를 원할 경우 교회가 주저하지 않고 세례를 베풀었다는 사실이다. 고전 7장에 이혼을 원하는 여자들에 대해 헤어지지 말라. 지금은 믿지 않는 남편이 언제 구원받을는지 알 수 없다고 이혼하지 말라는 바울의 권면은 이러한 사실을 말해준다.

둘째, 그리스도 교회는 세례를 원하는 사람들에게 "개인적으로" 세례를 베풀되, 각 사람에게 한결같이 "예수 그리스도의 이름으로" 행했다.

셋째, 예수 그리스도의 이름으로 세례를 받은 사람은 누구든지 예수 그리스도와 관련을 맺되 바로 예수를 그의 주로 고백한다. 세례받은 사람이 세례로써 예수 그리스도와 맺은 관계는 그가 유대인이든 그리스인이든, 자유인이든 노예이든, 남자든 여자든 차별없이 동일하다.

이러한 세례 현황에서 인종, 신분, 남녀의 차별없음이라는 위대한 선언이 가능했고, 이 선언은 그리스도교를 범세계적 종교로 부상시키는 데 큰 기여를 했다고 하겠다.

4. 여성의 활동을 억압하는 데 오용 내지 애용된 텍스트들

4.1. 고전 14:33b-35는 교회 내에서의 여성의 활동, 특별히 설교나 가르침의 활동을 억압하는 성서적 기반으로서 사용되어 온 텍스트들 중의 하나이다. 이는 바울 친서에 속해 있기 때문에 교회 전통은 사도의 권위로 여

성들의 말씀과 관련된 활동을 금지하는 데 애용해 왔다. 그리스도 안에서 인종, 신분, 성의 차별이 없음을 선포한 바울이 교회 내의 여성의 활동을 억압하는 발언을 했을까? 필자의 소견으로는 문제의 이 본문이 바울의 의도와는 달리 그리스도교 전통에서 오용되어 왔다고 본다. 왜냐하면 33b에 "교회에서 모든 성도가 그렇게 함과 같이"라는 말이 분명히 서술되어 있건만, 33b절을 전혀 염두하지 않고 34a절에 나오는 "여자는 교회에서 잠잠할지어다"라는 구절에만 집착함으로써 바울의 의도를 오해했던 것이다. 고전 33b-34a는 반드시 연결시켜 이해되어야 한다. 여자만 교회에서 조용해야 하는 것이 아니라 남자도 교회에서 조용해야 한다.

고전 14:33b-35는 고전 12:1 - 14:40 전체 맥락에서 이해해야 한다. 고전 12:1 - 14:40은 성령의 은사로 인해 생긴 교회 내의 문제에 대한 바울의 입장 표명이라고 할 수 있다. 이에 의하면 모든 세례받은 그리스도인은 각자 서로 다른 성령의 은사를 받았으나 성령의 은사들 사이에는 차별이 없다, 왜냐하면 그 모든 은사들이 한 성령에서 나오기 때문이라는 것이다(고전 12:4, 11). 고린도 교회에서 개개의 그리스도인이 서로 자기가 받은 은사가 다른 사람이 받은 것보다 크다, 중요하다고 하면서 다투고 그 결과 교회 내에 갈등이 있었음을 짐작할 수 있다. 그중에서도 방언의 은사가 문제의 핵심이라는 사실을 짐작하게 하는데, 이는 14장 전체에 걸쳐 예언의 은사와 방언의 은사를 대조시키면서 다시 한번 언급되고 있기 때문이다. 14장에 흐르는 논조는 다음과 같다. 1) 방언은 하나님께 비밀로 말하는 것이니, 자신에게는 덕이 되지만 교회에는 덕이 되지 못한다. 그러니 사람이 알아들을 수 없는 방언보다는 위로와 권면을 할 수 있는 예언하기를 힘쓰라고 바울은 권면한다(14:5-25). 굳이 방언을 하겠다면 누군가가 통역을 하도록 하고 통역할 사람이 없다면 교회에서는 잠잠하라고 말한다(14:28). 2) 교회에 덕을 세우는 예언이라도 여러 사람이 동시에 말한다면 다른 사람들이 잘 알아듣기 어렵다. 그러니 한 사람씩 순서있게 예언하기를 권하며(14:29-32) 교회의 예배시간이 질서 있기를 바라며 14장을 마감한다(14:33,40). 3) 여자들이 교회에서 잠잠할 것에 대한 권면은 이러한 맥락에서 이해되어야 한다. 바울은 고전 14장에서 방언과 예언, 즉 말씀의 은사를 받았다는 사람들이 예배 때에 서로 떠들기 때문에 시끄럽고 무질서한 예배 분위기를 바로잡으려는 의도로 쓰고 있는데, 방언과 예언에 대해 어느 정도 할말을 다했다 싶을 때, 교회에서 조용하지 않은 존재들이 바울의 머리에 떠올랐던 것이다. 즉, 하나님의 말씀을 받았다는 사람들은 남자든 여자든, 그 말씀이 예언이든 방언이든 주저없이 말하고자 했을 것이고, 특별히 하나라도 올바로 알고자 열심 있는 여자들은 예배 때에도 주저없이 물음으로써 예배 분위기를 소란하게 했을 가능성이 농후하다. 바울은 이왕 방언과 예언에 대해 언급한 김에 그들에 대해서도 한 마디 하려고 "모든 성도들이 교회에서 조용히함과 같이 여자들도 조용히 하십시오" 했다고 볼 수 있다. 그렇다면 이 구절은 남성과 차별을 두어 여성만을 교회에서 잠잠케 하려는 의도가 아님은 분명하고 이것으로써 여성의 목사나 사제로서의 역할을 반대하는 성서적 전거로서 이 구절이 사용될 수 없다고 말할 수 있다. 그러나 실상 여자에 관한 언급이 느닷없이 나온 듯한 인상을 주기 때문에 오해의 소지가 많은 데다가, 바울 34b-35절에 제시한 이유 설명에서 바울 당시 유대적·가부장적인 사고가 전제된 언어용법을 비판없이 사용했기 때문에, 바울 이후의 독자들은 유대적 가부장적인 이유 설명에만 매달려서 여성의 활동을 저지하고 억압하는 데 사용해 왔던 것이다. 36절 이하를 참작하면 실제로 고린도 교회의 많은 여자들이 하나님의 말씀을 받았다고 말하며 활발하게 활동했고, 올바로 알고자 하는 열심이 남성들보다 강했던 것을 알 수 있다.

4.2. 딤전 2:11-15에서 제시하는 여성상은 가부장적 사회에서 요구하는 전형적인 여성상이라고 할 수 있다. 순종과 침묵의 여성적인 자세, 출산과 육아로 규정된 여성의 본분을 제시하고 남성을 가르치거나 다스려서는 안 되고 남성의 지배를 받아야 한다는 내용의 이 본문은 성서에 나타난 위대한 정신, 예수와 바울의 뜻과 배치됨에도 불구하고 이천 년 가까운 그리스도교 역사를 지배해 왔다. 더욱 심각한 것은 그러한 여성관의 근거로서 창

세기 2-3장의 창조와 타락 이야기를 성서적 권위로 제시하고 있다는 점이다.[8] 바울 당시 모든 그리스도인들이 세례로써 예수 그리스도와 맺은 관계와 성령의 은사로 인해 평등하고 자유롭게 그리스도의 복음 전파를 위해 활동했다면, 딤전 딤후 디도서의 분위기는 완전히 다르다. 일명 사목서간(목회서신)이라고도 불리는 이 서신들의 주된 관심은 교회의 질서 확립과 유지에 관한 것이다. 그런데 그 교회는 개개인의 그리스도인들이 그리스도와 맺은 인연으로 평등한 형제애를 나누는 공동체가 아니라 가부장적 가정의 의미로 이해되었다. 교회의 사역과 지도권은 연령, 성에 의거하지, 개개인의 영적 능력이나 은사의 종류에 의거하지 않는다. 사목서간에 나타난 이러한 특징을 피오렌자는 "교회와 사역의 가부장화"라고 명명하였다. 그는 이어서 가부장적인 경향을 지니는 문서들이 "서술적"이 아니라 "규정적"이라는 점을 강조하고, 사목서간이 기록될 때에도 교회에 영적으로나 재정적으로 영향력있는 여성들의 존재가 무시되지 못했다는 것과 2~4세기 그리스도교 전통에서 가부장적인 규정들이 자명하게 받아들여지지 않았음을 지적하고 있다.[9] 오늘날에도 가부장적인 가치관에 머물러 있는 사람들은 남자든 여자든 딤전 2:11-15에 직면해서도 아무런 문제의식을 가지지 않을 수 있다. 그러나 가부장적 가치가 무너지고 있는 현대 사회에서, 즉 사람은 존엄하며 법 앞에서 인종, 성별, 출신 등의 차별이 없이 누구나 평등하다는 현대법 정신이 공포되고 있는 이 시대에서, 신약성서에 흐르는 예수의 위대한 정신과 바울의 주 안에서의 평등 선언으로 그리스도인의 정체성을 갖고 있는 사람이라면 이 구절의 시대적 한계성과 문제점을 생각하지 않을 수 없을 것이다.

---

[8] 디모데 전서 저자의 창세기 해석의 문제점에 대한 지적으로는 장상, 창세기 1-3장과 디모데 전서 2장에 나타난 여성의 위치, 우에젤 로젠해거/사라 스테펜스 공편, 장상 역, 『함께 걷자 나의 자매여. 여성 목사 안수에 대한 개혁 신학의 이해』, 이화여자대학교 출판부 1995, 58-76 참조.

[9] E. S. 피오렌자, 『크리스챤 기원의 여성신학적 재건』, 김애영 역 (종로서적 1986), 355-376.

5. 나오는 말: 남성이든 여성이든 주를 위하여, 교회를 위하여
   — 하나님이 보시고 참 좋다고 하실 교회

오늘의 주제, 여성과 교회쇄신은 단순히 남녀평등이란 이데올로기를 주장하려는 것이 아니다. 더 나은 교회, 새 시대에 맞는 교회를 위한 여성의 본분과 역할이 우리의 관심이라 하겠다. 우리의 시대는 남성들만이 사회를 주도하고 여성들은 사회를 주도해 가는 남성들을 보조하는 역할로 만족하는 시대가 이미 아니다. 20세기 여성 참정권의 획득, 산업화와 함께 이루어진 여성 근로자들의 사회 진출 등 정치·경제·문화 모든 면에서 여성들의 남성들과 동등한 지위 획득을 위한 노력은 사람은 존엄하며, 이러한 존엄성은 직업·출신·가문·성에 의해 차별이 없다는 현대법 정신을 바탕으로 꾸준히 이루어져 왔다고 하겠다.

이 시대에 교회만은 유일하게 남성 위주의 사회라 하겠다. 교회 구성원의 50% 이상이 여성임에도 불구하고 교회의 지도자들은 남성들이며, 이는 예수 바울로 대변되는 성서의 정신과 위배됨에도 가부장적인 경향을 지닌 딤전 2:11-15 같은 구절들에 의거해서 형성되었던 전통이라 하겠다. 개신교회들은 물론 아직도 모든 교단이 허락하지는 않았지만, 교회의 활동가, 여성 전도사와 신학자들의 수십 년간의 투쟁 끝에 몇몇 교단이 여성에게 목사 안수를 허락하고 있다. 새로운 시대에 새로운 모습의 교회를 이루어 보려는 노력은 개신교 사람들만이 아니라 가톨릭 사람들도 마찬가지이다.

1976년 교황청의 「여성 교역 사제직 불허 선언」과 1994년 교황 요한 바오로 2세의 교서 「남성에게만 유보된 사제서품에 관하여」는 비역사적이고 우연한 발표가 아니라 여성도 사제가 되어야 한다는 시대적 요청에 반대하여 교황청의 입장을 밝힌 것이다. 이 두 발표문은 내용적으로 큰 차이를 보이지 않는데, 시대의 요청인 여성사제직을 거부하는 이유로서 성서적 권위나 전통적 권위를 내세우는 것이 아니라, 역사비판학적 성서 방법에 기초를 두고 탐구해 낸 역사적 사실, 즉 예수의 제자 선택을 들고 있다는 점이다. 이는 개신교의 보수주의적 지도자들이 성서를 축자적으로만 이용함으로써 계속 여성들의 목회적 활동을 제한하는 것보다 훨씬 학문적이고 융통성있게 들린다. 즉, 신약성서 딤전 2:11-15 등에 보면 여성들은 교회에서 강론이나 성례전 집전, 가르침 등은 할 수 없다거나, 가톨릭의 전통은 여성에게 사제서품을 허용하지 않는다는 식이 아니라, 위대하신 예수님, 당시 최고의 권위였던 모세의 율법까지 뛰어넘는 자유하신 예수님에게 무슨 일인들 불가능했겠는가. 그러나 그는 오직 남자들만을 그의 제자로 삼으시고 그들에게 사도의 직분을 맡기셨다는 사실을 여성사제 불가설의 이유로 들고 있는 것이다. 미국의 가톨릭 활동가들과 신학자들은 1976년, 1994년 교황청의 발표가 있을 때마다 다음과 같은 이유로써 반론을 편다. 첫째, 열둘이라는 수는 이스라엘 열두 지파 모두를 구원에 포함시키려는 상징성을 띤다는 것; 둘째, 예수께서 남자 제자들만을 불렀다는 것이 사실이라 해도 이것이 여성사제를 반대할 이유는 되지 못한다는 것이다. 왜냐하면 예수께서 제자를 부르실 때는 사제서품 같은 일은 전혀 염두에 두지 않았을 것이 분명하기 때문이라는 점이다.

한국 가톨릭 교회의 발전을 위해 오늘의 주제를 준비하면서 여성사제 문제를 거론해 보는 것이 어떻겠느냐고 몇몇 아는 분들께 여쭤 보았다: "여성사제요? 우리는 거기까지 바라지 않아요. 다만 교회 내에서 여성들도 남성들과 동등한 인격자로 인정받으면 좋을 것 같습니다." 여성사제는 그렇다면 우리 사회에서는 불필요한 안건인가? 불가능한 사안인가? 미국과 유럽에서는 어떤 사람들이 여성사제의 허용을 주장하는가? 구체적으로 교회 내에서 여성이 남성과 똑같은 존엄성을 지닌 존재라는 것, 여성도 남성과 똑같은 인격자라는 것이 어떻게 실현될 수 있느냐의 문제를 생각해 보아야 한다. 성직의 남성 독점은 가부장적 사회에서 자명하게 흐르던 남성우월사상이 그 밑에 깔려 있는 무서운 현실을 직시해야 한다. 바울이 고린도 서신에서 여러 가지 성령의 은사를 열거하면서 이 모든 것이 질적으로 차별이 없으며 모두 교회의 덕을 위해 사용되어야 한다고 말할 때, 은사의 종류에 성적 차별이 없었다. 다시 말하면, 여성은 봉사의 은사만을 받고, 남성은 지식의 말씀을 받았다고 말하지 않는다는 것이다. 여성이든 남성이든 각자 받은 은사대로 교회를 위해 일해야 한다고 본다. 사랑과 봉사의 은사를 받은 여성은 훌륭한 분으로 대접을 받지만, 여성으로서 성서의 진리에 심혈을 기울이는 사람은 칭송은커녕 비판과 핍박의 대상이 되기 쉬운 우리의 현실이다. 여성 중에 하나님의 진정한 뜻과 성서적 진리에 관심있는 분들은 당연히 가르침이나 강론을 할 수 있는 기회를 주어야 교회에 생명력이 있지 않을까? 그리고 남성사제들도 여성들이 자기와 똑같은 역할을 교회 내에서 담당할 때, 진정 남자와 여자는 동등하게 피조되었을 뿐만 아니라, 예수 그리스도의 복음을 위해서도 남녀의 차별없이 부름을 받았다는 것을 인식할 수 있으리라고 생각된다. 이런 점에서, 여성들도 교회 내에서 인격적 대우를 받고 싶다는 소박한 소망은 여성사제 허가를 청원하고, 여성사제 불가능을 반대하는 성서적·신학적·역사적 기반을 구축하는 적극적인 교회개혁 운동으로 연결되어야 하리라고 생각한다. 인류를 남자와 여자로 만드시고 난 뒤 좋아하신 하나님, 하나님 나라에 관한 가르침에 남자와 여자를 구별하지 않으신 예수님께서 오늘날 남성사제만이 주도하는 미사를 받으시고 좋다고 하실는지 의문이기 때문이다.

참고 문헌

김경희, "페미니즘적 성서 이해 및 해석학의 모색", 한국 여성신학회 엮음, 성서와 여성신학, 『여성신학 사상』 제2집, 대한기독교서회 1995, 31-56.
김윤옥 편, 여성해방을 위한 성서연구, 한국신학연구소 1988.
다우첸베르크, "바울로의 교회들에서 여성들이 차지한 위치", 『원시 그리스도교의 여성』, 윤선아 역, 분도출판사 1992, 231-284.
L. Russell (ed), Feminist Interpretation of the Bible, Philadelphia 1985.
로핑크, "신약성서 내의 여성 부제(*DIAKON*)", 『원시 그리스도교의 여성』, 윤선아 역, 분도출판사 335-358.
──, 『예수는 어떤 공동체를 원했나?』, 정한교 역, 분도출판사 1987.
맥해피, Her Story: Women in Christian Tradition, 『기독교 전통 속의 여성』, 손승희 옮김, 이대출판부 1995.
블랑크, "예수 전승에 등장하는 여성들", 『원시 그리스도교의 여성』, 윤선아 역, 분도출판사 9-116.
서공석, "가톨릭 교리서의 문제점", 『종교신학연구』 제9집, 서강대학교 1996.

──, "여성해방신학이 구원의 신학이기 위하여", 『종교신학연구』제10집, 분도출판사 1997.
아라이 사사구, 『신약성서의 여성관』, 김윤옥 옮김, 대한기독교서회 1993.
Elisabeth Schüssler Fiorenza, In Memory of Her (1983), 『크리스찬 기원의 여성신학적 재건』, 김애영 옮김, 종로서적 1996.
──, Bread Not Stone. The Challenge of Feminist, Bibl. Intepretation (1984), 『돌이 아니라 빵을』, 김윤옥 역, 대한기독교서회 1994.
──, DISCIPLESHIP OF EQUALS. A Critical Feminist Ekklesia-logy of Liberation (New York 1993), 『동등자 제자직 ─ 비판적 여성론의 해방 교회론』, 김상분/황종렬 옮김, 분도출판사 1997.
──(ed), Searching the Schriptures Vol.I/II, NewYork 1994.
우에젤 로젠해거/사라 스테펜스 공편, 『함께 걷자 나의 자매여. 여성 목사 안수에 대한 개혁 신학의 이해』, 장상 옮김, 이대출판부 1995.
이우정 편, 『여성들을 위한 신학』, 한국신학연구소 1985.
최만자/박경미 공저, 『새하늘 새땅 새여성』, 생활성서사 1993.
최영실, 『신약성서의 여성들』, 대한기독교서회 1997.
한국 여신학자 협의회, 『새롭게 읽는 성서의 여성들』, 대한기독교서회 1994.

③

수도생활과 교회 쇄신

〈발제강연〉

이 덕 근

(전 베네딕도회 왜관수도원장)

들어가는 말

우리는 지난봄 한국 주교단이 주교회의 정기총회를 마치면서 발표한 2000년 대희년 준비를 위한 「주교단 공동 사목교서」를 접한 바 있다. 주교단은 우리 사회의 부정과 부패에 대해 언급하면서 세상의 빛과 소금으로서의 역할을 다하지 못한 그리스도인의 책임이 크다고 고백하고 교회 쇄신의 필요성을 주장하고 있다. 사목교서를 언급하지 않더라도, 사회와 교회의 현실을 직시하는 사람이라면, 먼저 교회의 회개와 쇄신을 요청하지 않을 수 없을 것이다. 교회 안팎의 뜻있는 이들은 사회의 온갖 비리와 부정부패를 비난하기에 앞서, 이 나라 인구의 절반이 넘는 종교인들이, 특히 교회 지도자들이 사회의 온갖 부조리에 영합함으로써 종교인으로서의 역할을 제대로 하지 않음을 질책하면서 회개를 요청하고 있다(참조: 오장균, 『거꾸로 가는 세상, 거꾸로 가는 교회』, 사목 214호; 서공석, 『교회 쇄신, 또 한 번의 말잔치』, 사목 217호; 심상태, 『세속화 현상이란?』, 사목 217호: 청학동 훈장 이경석 지음, 『세상 사람은 나를 보고 웃고 나는 세상을 보고 웃는다』, 기리온, 1995).

350만 가톨릭 신자, 1,000만이 넘는 그리스도인들이 사는 이 사회가 그토록 부패했다는 사실은 그리스도인들이 복음정신에 따라 살지 않음으로써 세상의 빛과 소금의 역할을 하지 못했음을 단적으로 말해준다. 더 나아가서, 이 사회의 현실은 교회의 강단이 신자들의 영성생활과 세상의 복음화에 초점을 맞추기보다는 교회의 외형적 성장을 위한 모금운동 등에 활용되고, 교회의 각종 신심운동과 여러 행사들도 교회의 사회적 영향력 확장과 자기 울타리를 넓히는 방편으로 사용되었다는 의혹을 받기에 충분한 것 같다.

제2차 바티칸 공의회는 "교회 창립의 목적은 하느님 아버지의 영광을 위하여 그리스도의 왕국을 전세계에 펴고 모든 사람을 구원에 참여케 하며 또한 그들을 통하여 전세계를 그리스도에게로 향하게 하는 것"이라고 말하고 있다(「평신도 교령」 2항, 참조: 「평신도 교령」 5항, 「교회헌장」 9항). 그런데도 우리 교회는 그동안, 신자의 숫적 증가와 대형 성당의 신축과 같은 일들을 복음화로 여기면서 교회의 외형적 성장에 온힘을 쏟지 않았는지 반성해야 할 것이다. 그리고 우리 신자들은 그동안, 교회생활과 사회생활을 별개의 것으로 여기면서 신심만 앞세우고 양심을 소홀히하는 실천적 오류들 가운데 살지 않았는지 반성해야 할 것이다.

우리 사회와 교회의 현실을 보면, 한국교회가 교세의 확장에는 어느 정도 성공했는지 모르지만 사회의 복음화에는 실패한 것 같다. 그러나 그나마 근년의 신자 증가율 감소와 냉담자 증가 현상을 볼 때, 우리 교회의 회개와 쇄신의 노력으로 교회 본연의 모습을 되찾지 못한다면 사회의 복음화도 하느님 나라의 확장도 모두 실패하고 말 것이라는 생각이 든다. 이제 우리 교회는 교회를 위한 교회가 아니라 세상을 위한 교회, 세상을 위해 십자가에 못박히신 그리스도의 교회로 다시 태어나지 않으면 안되겠다. 특히 교회 지도자들은 복음정신에 따라 자기 삶을 쇄신하고, 또 이 시대의 징표를 바로 읽음으로써 교회의 제도와 사목 방향을 개선해 나가야 할 것이다.

우리가 개혁 공의회로 부르는 제2차 바티칸 공의회가 폐막된 지도 벌써 30년이 넘는 세월이 흘러갔다. 1962년에 aggiornamento(쇄신과 적응)라는 개혁적 기치 아래 시작하여 1965년 12월 8일에 폐막된 이 공의회는 교회 안에 가히 "콘스탄티누스의 전환"에 버금가는 변화를 가져오게 했다. 이 공의회는 정치권력과 종교간의 혼합으로 점철된 콘스탄티누스 시대적 사고를 극복함과 동시에, 종파주의를 그 바탕에 깔고 있는 개신교 및 타종교에 대한 편협된 사고를 지양하고 과거 법치적 트렌트 신학 사고에서 복음적 신학 사고에로 전환을 이루면서, 콘스탄티누스의 대중교회가 버렸던 초기 그리스도교의 복음적 순수성을 되찾으려는 시도의 기점이 되었다. 이때부터 우리는 제2차 바티칸 공의회가 내어놓은 「교회에 관한 교의헌장」을 비롯하여 많은 문헌을 읽으면서 현대세계의 그리스도화를 위해서 교회의 계속적인 쇄신과 적응을 기대했지만, 오늘의 교회는 그 기대에 크게 미치지 못하고 있음을 실감한다.

제2차 바티칸 공의회를 이끄신 하느님의 성령은 3천년대를 맞이하는 교회를 향하여 끊임없는 쇄신과 적응을 요청하고 있다. "쇄신"은 역사의 흐름과 함께 교회 안에 쌓이게 마련인 비복음적 요소를 제거하여 교회를 복음정신에 걸맞게 재정립하는 것이며, "적응"은 시대의 징표를 하느님의 뜻으로 보고 교회를 현대화하는 것이다. 이를 위해서 교회는 끊임없는 신학적 반성과 함께, 어떠한 기득권도 깨끗이 포기하는 그런 개혁의 의지를 확고히 지녀야 할 것이다. 참된 쇄신에는 복음의 가르침에 따른 신자 개개인의 생활개선과 함께, 복음정신과 시대의 요청에 따른 교회의 제도의 개선과 사목 방향의 재정립도 포함시켜야 한다. 예를 들어, 성소의 부족만을 탓하지 말고 교회의 각종 업무에 전문직 남녀 평신도를 폭넓게 등용하고, 종신부제 제도를 시행하고, 더 나아가서 교회 재산의 관리를 위해서 초기교회의 부제(집사)직을 부활시킴으로써 사제들은 신자사목과 복음선포에 전념하도록 할 것이다. 또 최고 목자인 주교를 선임할 때 하느님의 백성인 신자들의 목소리도 폭넓게 수렴해야 할 뿐 아니라, 급변하는 사회에 교회가 효과적으로 대응하기 위해서 교구장직의 임기제를 도입하는 방법도 고려해야 할 것이다.

수행생활로 그리스도의 삶을 교회 안에 재현하고 세상에 증거할 사명을 받은 수도자들은, 자기 성소에 충실치 못함으로써 야기되는 오늘날의 교회와 사회의 부정적 현실에 대해 그 책임을 통감하고, 복음정신에 비추어 자신들의 생활을 새롭게 정립해야 할 것이다. 수도자는 교회 구성원으로서 쇄신의 대상일 뿐 아니라, 성소의 본질상 교회 쇄신의 특유한 주체라는 사실에 비추어볼 때, 수도자와 수도생활의 쇄신은 하나의 긴박한 과제로 여겨진다.

사회는 물질주의에 젖어 나날이 정신적 가치가 힘을 잃는 가운데 부정부패가 만연하고 있으며, 교회는 물질적·세속적 힘에 둘러싸여 그 정신적 영향력을 잃었을 뿐 아니라 스스로 영적 존재로서의 역할을 포기하면서까지 외형적 성장에 급급한가 하면, 정신적·영적 가치를 증거해야 할 수도자들도 생산적 행위를 존재 자체보다 우위에 두는 현대의 실천적 오류에 물들어 활동만을 중시하고 영적 수행을 경시하는 것이 오늘의 현실이다. 그리고 성직자와 평신도는 물론이고 수도자 자신들까지도 수도자를 성직자의 사목활동을 위한 보조자 내지 교회 사도직을 위한 봉사자 정도로 이해하고 있다. 이런 현실 아래서 수도생활의 쇄신을 위해서는 전체 교회가, 특히 수도자 자신들이 수도자의 신원과 역할을 올바로 이해하고 받아들여야 하겠다. 이런 의미에서 우리는 수도생활의 기원과 역사를 살펴보고, 수도자 신원의 본질과 역할을 규명하는 가운데 수도생활의 쇄신을 함께 논해 보고자 한다.

1. 수도생활의 기원과 역사

1) 그리스도교 수도생활의 발생 배경

근 300년간 박해를 받던 그리스도교는 313년, 로마 제국의 콘스탄티누스 황제의 밀라노 칙령으로 종교의 자유를 얻고 황제의 특별한 보호를 받게 된다. 그리고 392년에는 테오도시우스 황제의 이교제사 금지칙령으로 그리스도교는 로마의 유일한 제국 종교가 된다. 국가로부터 박해받던 교회가 국가의 보호받는 교회로 변했던 것이다. 교회사가들은 이 놀라운 변화를 "콘스탄티누스의 전환"이라고 부른다.

그런데 이 콘스탄티누스의 전환에 따른 국가의 교회 보호는 국가에 의한 박해 못지않은, 아니 어쩌면 박해보다 더 큰 위험을 교회에 안겨주었다(참조: 아우구스트 프란츤, 『교회사』, 분도출판사, 1982, 88-92쪽; 왈벗 빌만, 『하느님의 엄청난 모험』, 분도출판사, 1991, 45-54쪽). 국가의 보호 아래 있는 교회로 몰려든 로마 제국의 시민들은 교회의 모습을 이전과는 전혀 다른 모습으로 바꾸어 놓는다. 그때까지 교회는 순교를 각오한 확신적인 신앙인들로 구성된 공동체였으나, 이제 교회는 정치적 야망을 지닌 이들, 이교도적 관습에 젖은 이들이 주종을 이루는 군중교회로 변해버린다. 황제의 총애를 누린 성직자들은 성직주의와 성사주의에 젖어드는가 하면, 국가의 특권층으로 부상하여 현세 권력을 맞들임으로써 교회는 속화되고 정치적으로 악용되기 시작한다. 초기교회의 복음적 순수성은 현세 권력을 추구하는 일부 성직자들의 야망 아래 희생되었으며, 국가권력과 밀착한 가운데 "나누고 섬기던" 교회가 그 본연의 모습을 잃고 "소유하고 다스리는" 교회가 되고 만다.

그러나 하느님의 성령은 콘스탄티누스 전환 이래 나날이 속화의 길을 걷는 교회를 내버려두지 않고, 초기교회의 복음적 순수성을 회복시키기 위해 수도생활을 탄생시키신다. 당시의 교회 실상을 안타까워하면서 초기교회의 복음적 생활을 갈망하던 일부 그리스도인들은 스스로 절제함으로써만 복음적 순수성을 회복할 수 있다고 믿고 에집트의 사막으로 물러나 고독과 은둔 가운데서 수행생활에 전념했다(참조: 아우구스트 프란츤, 『교회사』, 분도출판사, 1982, 120-1쪽).

이 수도생활의 발생 역사를 볼 때, 초기 그리스도교 수도승 운동은 로마, 알렉산드리아, 비잔티움 같은 세속도시를 반대해서 일어난 운동이 아니라, 이 도시들 가운데서 복음정신을 잃어가는 교회와 자기 자신을 거슬러 일어난 첫번째 "교회 쇄신 운동"으로 보아야 옳을 것 같다.

2) 그리스도교 수도생활의 역사

하느님의 성령은 교회 안에 은사적인 수도생활을 세우심으로써 교회의 쇄신을 준비시키시고, 교회가 위기에 처할 때마다 기존 수도회를 통해서나 새 수도회의 탄생을 통해서 교회를 새롭게 하신다.

2세기경, 그리스도를 본받기 위해서 독신을 지키면서 기도와 교회를 위한 봉사에 열중한 금욕자들ascetae, ascetics과 동정녀들virgines, virgins이 교회 안에 나타났다(예: Alexandria의 Origenes). 시간이 흐르면서 그들은 사회로부터 물러나 기도에 전념함으로써 점차 수도승 생활의 형태를 갖추기 시작했다.

그러던 중, 콘스탄티누스의 전환에 따른 교회의 세속화는 사막의 은수생활vita eremitica, eremitic life을 탄생시키면서 4~5세기에 와서는 수도승 생활vita monastica, monastic life이 일종의 평신도 운동으로 자리잡게 만든다. 종교의 자유가 주어지면서 순교의 기회도 사라지고 교회가 복음정신을 점차 잃게 되자, 일부 뜻있는 신자들은 복음 말씀에 따른 자기성화의 의무를 느끼고 고독과 은둔 가운데 하느님만을 찾는 일에 전념하기 위하여 사막으로 물러났던 것이다. 먼저 3세기 말엽에 에집트, 시리아, 팔레스티나 등, 소위 동방에서 시작된 이 수도승 생활은 성 안토니오의 생애를 쓴 성 아타나시오S. Athanatius(297~373)에 의해 서방에 전해졌다. 그리고 이 수도승 생활은 451년 칼체돈 공의회의 승인을 받고 교회의 제도로 정착하게 된다.

그리스도교 수도승 생활의 시조로 여겨지는 에집트의 은수자 성 안토니오S. Antonius(250~350), 수도승 생활을 위한 규칙서를 최초로 만든 성 빠코미오S. Pachomius(287~347), 오늘날까지 동방교회 수도생활의 규범이 되고 있는 수도규칙을 만든 체사리아의 성 대 바실리오S. Basilius(329~379), 서방 수도자들을 위해 최초의 수도규칙을 쓴 성 아우구스띠노S. Augustinus(354~430), 동방 수도승 생활의 전통을 이어받아 서방의 수도승을 위한 규칙서를 기술한 서방 수도생활의 아버지 성 베네딕도S. Benedictus(480~547), 그밖의 많은 수도 교부들은 복음정신에 바탕을 둔 수행생활을 가르침으로써 수많은 수도승들이 하느님을 찾으면서 교회와 세상에 봉사하게 했다.

13세기에 와서 성 프란치스코S. Franciscus(1181~1226)와 성 도미니코S. Dominicus(1170~1221)는 직접적인 복음전파를 수도자의 소명으로 받아들이면서, 탁발 수도회ordo mendicans, mendicans order라고 일컬어지는 "작은 형제회" Ordo Fratrum

Minorum와 "설교자회"Ordo Fratrum Praedicatorum를 각각 세워 교회 쇄신과 복음전파에 크게 기여했다. 그후 성 이냐시오S. Ignatius(1491~1556)는 그리스도를 위하여 분투하는 것을 사명으로 여기고, 종래의 수도승 생활이나 탁발 수도 생활과는 달리, 사도직 수행을 앞세우는 예수회Societas Jesu를 창설함으로써 "교회에의 봉사"라는 근세 활동 수도회의 기본적 틀을 마련했다. 그렇다고 "하느님만을 찾는" 수도승 전통이나 "예수의 모방"과 같은 탁발 수도회의 이상이 수도생활에서 소멸된 것이 아니다. 다만, 여러 전통과 이상들이 교회 안에 병존하는 가운데 "교회와 세상을 위한 봉사"라는 새로운 특성이 근세 수도생활 안에 공식적으로 나타나게 된 것이다.

17세기 수도회 역사 안에 특기할 만한 사건은 교회 안에 활동 수녀회가 생겼다는 사실이다. 성 빈센트 드 뽈S. Vincent(1581~1660)은 프랑스의 수도 파리에서 루이스 드 마리악Louise de Marillac의 도움을 받아 가난한 병자를 돌보는 일을 목적으로 한 활동 수도회를 교회 안에 처음 탄생시켰다. 성 빈센트가 1663년에 창립하여 1668년 교황 끌레멘스 9세의 인가를 받은 "사랑의 딸회"는 봉쇄구역 안에 살도록 요구한 여자 수도원의 전통을 버리고 활동 사도직에 종사한 첫번째 경우이다.

예수회의 창설 이후, 수도자가 활동 사도직을 통하여 교회와 사회에 직접 봉사하는 것을 목적으로 삼는 수도회들이 창립되고, 성 빈센트에 의한 사랑의 딸회를 기점으로 하여 거의 모든 수녀회는 교육, 선교, 병자 간호 등 일정한 봉사를 목적으로 삼고 창설되었다. 근세에 창립된 활동 수도회가 교회와 세상을 위해 기여한 바가 크지만, 여기에도 함정은 있다. 그것은 수도자가 교회를 위해 활동 사도직에 투신한다는 구실로 수도자의 일차적 소명인 수행생활을 소홀히 할 수 있다는 것이다.

20세기에 와서는 "하느님 나라를 위한 독신"이라는 관점에서 수도생활과 유사한 생활을 하는 이들의 단체인 "재속회"institutum saeculare, secular institute가 교회 안에 등장한다. 이 재속회의 회원은 수도승도, 수도자도 아니다. 다만 복음적 권고를 실천한다는 점에서 수도자의 범주에 넣을 수 있겠으나, 수도자들이 원칙적으로 사회를 떠나 세속과 어느 정도 격리된 생활을 하는 것과 달리 재속회 회원들은 사회 안에서 사회인들과 같이 생활한다는 점에서 수도자는 아니며, 이 회원들의 단체도 수도회라 할 수 없다. 교황 비오 12세는 19세기에 생기기 시작한 이 재속회를 1947년에 정식으로 인가했다.

2. 수도자의 신분과 역할

1) 수도생활의 본질

　수도생활은 그리스도교에만 있는 종교 현상이 아니다. 우리는 수행생활에 몸바쳐 절대자를 추구하는 불교의 승려, 힌두교의 sanyassy, 이슬람교의 sufi 같은 수도자들을 언제나 만날 수 있다. 이런 수도자들의 수행생활은 대부분의 큰 종교에서 항상 찾아볼 수 있는 종교적 삶의 한 양식이다. 그것은 죄와 고통과 죽음 등, 피할 수 없는 인간의 한계상황을 극복하려는 구도자적 노력의 일환으로서, 삶의 의미를 절대자 안에서 찾는 인간생활의 한 가지 본질적 면모이다. 그래서 수도자는 삶의 의미를 절대자 안에서 찾음으로써 신의 존재를 세상에 선포하고 증거하는 사람이라고 하겠다.

　그리스도교 수도생활은 인류를 위해 죽고 부활하신 예수 그리스도를 믿음으로써 "이미" 구원을 받았으나 "아직" 완전히는 구원받지 못한 신앙인이, "이미" 오셨으나 "아직" 완전히 오시지는 않은 하느님을 찾는 그리스도인 생활의 본질적 한 가지 면모이다. 그리스도교 수도자는 통상적인 사회생활을 떠나 독신적 정결과 청빈과 순종의 복음적 생활을 함으로써 이 세상의 어떤 것이 아니라, 이 세상의 모든 것에 참된 의미와 가치를 부여하시는 "하느님만을 찾는 사람"이다. 그러므로 그리스도교 수도자는 하느님만을 찾는 수도생활을 통하여 이 세상에 하느님의 존재와 그분의 구원을 세상에 선포하고 증거하는 사람이라고 하겠다.

　수도생활의 일차적 목적은 하느님을 찾는 것이며, 그 구체적 생활양식은 통상적인 사회생활과는 전혀 다른 독신적 정결과 청빈과 순명의 복음적 권고를 실천하는 생활이며, 생활 관습은 그것이 사막이거나 혹은 침묵을 겸한 수도원의 봉쇄구역이거나간에 어느 정도의 은둔과 고독의 분위기 가운데서 실천하는 기도와 성서 독서, 그리고 사도적 활동을 포함한 노동이라고 할 수 있다.

성 바실리오, 니싸의 성 그레고리오 그리고 성 요한 크리소스토모에 의하면 수도자가 된다는 것은 적극적인 태도로 충실한 그리스도인이 된다는 것을 의미한다. 수도자의 성소는 그리스도인의 일반적 성소와 분리될 수 없다. 그리스도인의 생활 목적은 완벽한 사랑의 실천을 통해서 하느님과 일치하는 데 있다. 모든 그리스도인은 죽기까지 성부께 순종하신 그리스도를 본받아야 하며, 믿음과 사랑의 정신에 따라 살아야 하고, 하느님 나라에 대한 희망을 지니고 언제나 기도하면서 성령의 인도 아래 살아야 한다. 이 모든 면에서 수도자와 평신도는 마찬가지다. 구태여 일반 그리스도인의 성소와 수도성소의 차이점을 찾는다면, 우리는 그것을 생활양식에서 찾아야 할 것이다. 수도자는 하느님만을 찾는데 전념하기 위해서 독신과 청빈과 순명이라는 복음적 권고를 생활양식으로 삼는다는 점에서 평신도와 구별된다. 달리 말해서, 일반 그리스도인이 사회의 직분을 수행하면서 하느님을 찾는 사람이라면, 그리스도교 수도자는 복음적 권고의 실천을 생활양식으로 삼으면서 기도와 성서 독서와 사도직을 주축으로 한 "단일 일과"뿐—日課의 수행생활로써 하느님을 찾는 사람이다.

수도자들은 그리스도를 추종하기 위하여 세상 사람들이 가장 소중히 여기는 것들, 곧 결혼생활과 재물의 소유와 자유의사를 포기한다. 그러나 수도자가 이 소중한 것들을 포기하는 것은 결코 포기 그 자체에 의미를 두기 때문이 아니며, 또 그것들을 악으로 여기기 때문도 아니다. 그것은 그 소중한 것들을 포기할 때, 더욱 자유롭게 하느님만을 찾을 수 있기 때문이다. 독신, 청빈, 순명 등의 서원 내용은 그 자체로 수도생활의 목적이 아니다. 그것들은 수도생활의 목적인 "하느님을 찾는 일"에 전념하기 위한 수단이고, 또 교회가 수도자에게 맡긴 예언직을 수행하는 수단이다.

수도서원의 내용이 가정과 재산과 인간의 자유의지의 가치를 배척하고 거부하는 것으로 여겨서는 안된다. 수도자는 복음적 권고의 서원으로 가정과 재산과 자유의지를 포기하지만, 실상 그 포기를 통하여 가정과 재산과 자유의지의 참된 가치와 의미를 깨우쳐줌으로써 세상에 봉사한다. 수도자들은 결혼을 포기함으로써 세상을 향하여 모든 이를 포용하는 참된 사랑, 참된 의미의 몰아적 사랑이 인간 상호간에 얼마나 필요한지를 선언한다. 재물의 소유를 포기함으로써 세상 사람들이 가진 바를 어떻게 서로 나누어야 하는지를 가르치고, 더 나아가서는 현세 재물의 절대 소유자는 하느님이시며, 사람은 재물의 관리자일 뿐이라는 진리를 선포한다. 또 순종을 서약하고 이를 지킴으로써 참된 자유의 의미, 곧 참된 자유는 자신의 욕구를 따르는 행위가 아니고 하느님의 뜻에 순종함으로써 얻는 영적인 풍요로움임을 깨우쳐준다. 이렇게 보면, 수도자들은 어떤 의미에서 자기가 포기한 것들, 곧 사랑과 재물과 자유를 위해서 자신을 바친 사람들이며, 자신들의 포기를 통해서 세상에 봉사하는 사람들이다.

2) 수도자의 신분과 역할에 관한 제2차 바티칸 공의회의 가르침

독신적 정결과 수도적 청빈과 몰아적 순명을 서원하고 실천하는 수도자는 교회 안에서 누구이며 무엇하는 사람들인가? 제2차 바티칸 공의회의 「교회에 관한 교의헌장」 제44항은 수도자의 신분을 "교회의 종말론적 성격의 증인", "신약의 예언자", "교회 성성의 표징"으로 본다.

「교회에 관한 교의헌장」은, 종말에 완성될 하느님의 나라를 증언하고 보여줄 사명을 지닌 교회는 그 사명을 특별히 수도자들에게 맡겨 "교회의 종말론적 성격의 증인"이 되게 한다고 천명하며 이렇게 말한다. "수도 신분은 … 믿는 모든 사람에게 이미 이 세상에 와 있는 천상 보화를 더 잘 보여주고, 그리스도의 구원으로 얻게 된 새롭고 영원한 생명을 더 잘 증거하며, 미래의 부활과 천국의 영광을 더 잘 예고하는 것이다."

또 수도자는 독신적 정결과 수도적 청빈과 몰아적 순명을 서약하고 실천함으로써 자신의 전 존재를 바쳐 이 세상에 하느님의 존재와 하느님 나라의 탁월성을 선포하는 "신약교회의 예언자"임을 「교회에 관한 교의헌장」은 이렇게 표현한다. "수도 신분은 마침내 모든 지상 것을 초월하는 하느님 나라의 탁월성과 그 최상의 요구를 특수한 모양으로 밝혀준다."

계속해서 「교회에 관한 교의헌장」은, 수도자는 하느님 나라를 선포하기 위해 독신으로 사셨고, 하느님 나라를 차지하기 위해 가난하게 사셨으며, 인류를 구원하시기 위해 죽기까지 성부께 순종하신 그리스도의 삶을 서원을 통해 교회 안에서 재현할 소명을 받은 "교회 성성의 표징"이 된다며 이렇게 증언한다. "수도 신분은 또한 하느님의 성자께서 세상에 오시어 성부의 뜻을 채우시던 그 생활, 성자께서 당신을 따르는 제자들에게 보여주신 그 생활을 더 철저히 본받고 교회 안에서 영구히 재현하는 것이다."

공의회의 가르침에 따르면 수도 신분은 개인적으로 완덕을 추구하는 신분이기 이전에, "교회의 종말론적 성격의 증인"이며 "신약 교회의 예언자"요, 교회의 영적 면을 대표하는 "교회 성성의 표징"이다. 수도자가 교회로부터 이와 같은 놀라운 직능을 부여받게 된 것은 수도자가 복음적 권고를 공적으로 받아들이고 서원을 했기 때문이다. 모든 신자들이 제 나름대로 검소한 생활을 하고 정결의 덕과 순명의 덕을 닦아야 하지만, 수도자는 교회 앞에서 하느님께 공적으로 독신과 청빈과 순명을 서원함으로써 교회 안에 특수한 신분을 형성하는 것이다. 복음적 권고의 서원이 교회의 예언직을 수행할 수도 신분의 기초라면, 수도자가 일차적으로 닦아야 할 덕은 정결과 청빈과 순명이라고 할 수 있다.

3) 수도자의 사도직과 예언자적 소명

"수도생활의 대헌장"이라고 말할 수 있는 「교회에 관한 교의헌장」 제6장은 수도 신분을 "교회의 종말론적 성격의 증인"이며 "교회 성성의 표징"이요 "신약 교회의 예언자"임을 천명했다. 제2차 바티칸 공의회의 이 가르침은 수도자가 수행해야 할 일차적 사도직은 교회와 세상을 위해 무엇을 행하는 "활동 사도직"이기 이전에, 자신의 존재와 삶을 바쳐 하느님을 증거하는 "존재의 사도직"이라는 사실을 깨우쳐준다. "수도자의 삶 자체가 복음을 선포한다. 하느님과 예수를 삶의 중심으로 삼는 그의 특유한 방식에 의해서 삶 자체가 복음을 선포하는 것이다. 그런 식으로 복음선교를 함으로써 수도자들은 자기 주변의 세계에 하느님 현존의 표지 내지는 성사가 된다"(레오나르드 보프,『세상 한가운데서 하느님을 증언하는 사람들』, 분도출판사, 1990, 305쪽).

그러므로 우리는 수도회나 수도자의 역할을 기능적인 면에서만 이해하려 해서는 안된다. 수도생활에서 서원생활을 통해 하느님을 찾는 본질적 내용을 소홀히하면서 수도회의 고유한 이상과 사명을 논한다는 것은 별 의미를 지니지 못한다. 달리 말해서, 존재는 행위에 우선하기 때문에 수도자의 사도적 활동도 수행생활이 전제되어야 참 가치를 지닌다. 수도자의 활동 사도직은 수도생활의 한 가지 표현이고 결과이다. 교회와 세상을 위한 수도자의 일차적이고 본질적인 사도직은 복음적 권고의 실천을 통하여 하느님을 찾는 생활에 몸바침으로써, 믿음이 없는 이 세상에 하느님의 존재를 선포하고 증거하는 예언자의 역할을 하는 것이다.

구약성서에 나타나는 예언자는 이스라엘 백성에게 가장 큰 종교적 활력소였다. 이스라엘의 왕직과 제사장직이 하느님의 백성인 이스라엘 민족의 외적 종교행위의 통일적 요소였다면, 예언자들의 역할은 이 외부구조에 하느님의 영을 불어넣는 영적 활동이었다. 하느님의 새 백성인 신약 교회에도 외면적 조직과 영적 감화의 두 요소가 병존하고 있다. 주교단을 중심으로 한 교계제도와 순수한 성령의 은사인 수도생활, 이 두 요소는, 비록 이분법으로 나누어 말해서는 안되지만, 교회의 외부구조와 영적 사명을 대표한다고 하겠다. 이런 관점에서 수도자는 신약 교회의 예언자요, 그 일차적 사명은 어떤 외적 활동이 아니라, 복음적 권고를 실천하는 서원생활을 통해서 하느님의 존재와 그 뜻을 증거하는 예언자적 소명에 충실히 임하는 것이다(참조: 라디슬라스 M. 오르시,『성령께 마음을 열라』성 바오로출판사, 1977, 15-22쪽).

성서가 말하는 예언은 다가올 미래의 사실에 대한 예보가 아니라, 하느님의 뜻이 무엇인지를 알리는 일이다. 이스라엘 백성이 이 세상의 유혹에 빠져서 하느님을 배반했을 때, 예언자들은 그들의 잘못을 질책하고 하느님을 의식하게 함으로써 이스라엘 백성이 회개하여 하느님 앞에 바로 서 있도록 자극했다. 예언자들은 재난의 날에는 앞으로 다가올 행복의 날을, 압박을 당할 때는 해방을 약속했다. 예언의 내용은 미래에 대한 예보나 윤리생활에 관한 교훈이 아니라 하느님 자신이며, 진리에 대한 설명이 아니라 진리 자체였다.

구약의 예언이 그렇다면, 이제 신약 교회의 예언자인 수도자의 소명도 분명해진다. 그것은 자신의 복음적 생활을 통하여 하느님의 존재와 그분의 구원하시는 사랑을 세상에 선포하고 증거하는 "영적 사람"이 되는 것이다. 신약 교회의 예언자인 수도자는 하느님의 존재를, 하느님의 아들 예수 그리스도의 파스카 신비를, 그리고 성령의 구원하시는 사랑을 어떤 모양으로나 먼저 체험하고, 자신이 체험한 이 진리를 말로서만이 아니라 하느님을 향하여 개방된 자신의 인격과 생활로 증거해야 한다. 세상이 하느님을 잊고 금력과 권력, 그리고 현세적 지식만을 찾아 헤맬 때, 수도자는 물질세계를 넘어 있는 영적 세계를 보여주고, 자신의 끊임없는 수행생활로써 인간의 최종 목표는 회개하여 하느님과 화해하고 그분과 일치하는 것임을 보여주고, 적어도 그렇게 권고해야 한다.

3. 수도생활의 쇄신

1) 수도자의 수행과 수도생활의 쇄신

제2차 바티칸 공의회는 수도자들의 영성생활과 사도적 활동에 관해서도 철저한 쇄신을 촉구했다. 공의회 문헌들, 특히 수도생활의 신학을 다루는 「교회에 관한 교의헌장」*Lumen Gentium* 제6장과 「수도생활의 쇄신 적응에 관한 교령」*Perfectae Caritatis*은 "수도생활의 대헌장"이라고 부를 만큼 수도생활의 신학적·사목적 쇄신을 위한 기본적 지침을 제시했다. 그러나 오늘 수도자들이 직면한 현실을 볼 때, 각 수도자와 수도 공동체가 공의회의 정신에 따라 자기쇄신에 힘씀으로써 바람직한 수도자의 모습과 수도 공동체의 모습을 되찾고 있는지 의심스럽다.

제2차 바티칸 공의회는 「수도생활의 쇄신 적응에 관한 교령」 2항에서 "수도생활의 쇄신 적응이란 모든 그리스도교적 생활의 원천과 각 회의 창립 당시의 정신에 계속 돌아감과 동시에, 시대의 변화하는 상황에의 적응을 내포하는 데 있다"고 가르친다. 여기서 말하는 수도자들이 되돌아가야 할 "창립 당시의 정신"은 단순히 개별 수도회의 창립 정신만을 뜻하지 않고 "수도생활 발생 당시의 정신"도 의미한다고 보아야 한다.

수도자들이 시대의 요구와 지역교회의 요청에 따라 여러 가지 형태의 수도회가 성령의 서로 다른 은사를 받고 태어나 교회와 세상에 봉사하고 있다. 그러나 각 수도회와 수도자들은 자기 수도회의 고유한 카리스마만을 논할 것이 아니라, 하느님의 성령이 교회 안에 수도생활을 마련하실 때 베푸신 수도생활의 본질에 속하는 근본적 카리스마의 중요성을 함께 이해해야 한다. 수도생활의 본질에 속하는 근본적 카리스마를 잊어버리고, 개별 수도회의 고유 카리스마를 말하거나 수도회간의 차이점을 말하는 것은 별 의미가 없다. 우리가 참으로 수도생활의 쇄신을 원한다면, 통상적인 사회생활과는 엄청나게 다른, 수도생활의 본질에 속하는 근본적 카리스마를 먼저 생각해 보아야 한다. 그런 다음에 아주 다른 문제, 곧 자기 수도회의 고유한 은사와 특수한 사명을 생각해야 할 것이다.

때로는 수도회의 사명이 수도생활의 영역을 넘어 있을 경우가 있기 때문에, 수도회의 "사명"을 그 자체로 수도생활과 분명히 구별된다고 할 수 있다. 예를 들어 살레시오회의 은사와 사명인 청소년 교육사업의 이상은 살레시오회가 창립되기 전부터 있었다. 또 살레시오 회원이 청소년 교육이 아닌 다른 일에 봉사하더라도 그는 살레시오회 수도자이다. 따라서 교육사업 자체는 살레시오 회원에게도 수도생활의 본질적 내용이 아님이 명백하다. 그뿐만 아니라, 여러 수도회의 수도자들은 먼저 자신이 수도자가 되겠다고 결정한 다음에 여러 수도회 가운데서 자기 이상과 일치한다고 여겨지는 한 수도회를 선택했을 것이다. 그러므로 모든 면에서 일반적 수도생활의 이상이 개별 수도회의 특수한 사명에 우선한다는 사실을 잊지 말아야 한다.

쇄신은 생활 규범의 반성과 함께 이루어지는 영성의 회복을 뜻한다. 그러므로 수도자는 독신적 정결과 청빈과 순명이라는 수도자의 생활양식과 함께 침묵과 고독, 기도와 형제애, 노동과 봉사 등 수행생활을 위한 전통적 관습의 의미와 가치를 복음의 가르침과 창립자의 정신에 비추어 새롭게 이해하고 받아들여야 한다. 수도 교부들의 한결같은 가르침에 의하면, 수도생활의 직접 목표는 "마음의 순결"을 얻는 것이며, 그 궁극 목표는 나누이지 않는 순결한 마음으로 "하느님을 찾는 것"이다. 그래서 초기 수도승들은 사막의 암자에서나 수도원의 봉쇄구역에서 극기와 희생, 침묵과 잠심 가운데 "기도"와 "성서 독서"와 "노동"이라는 세 가지 주된 일과를 하느님을 찾고 형제를 사랑하는 수단으로 삼았다. 쇄신에 임하는 오늘의 수도자들도 극기와 희생, 침묵과 잠심, 소박한 생활과 섬기는 사랑 등 수행의 수단들을 결코 경시하지 말아야 한다. 예나 지금이나 침묵 없는 기도와 잠심 없는 관상이 있을 수 없고, 희생 없는 사랑이 있을 수 없기 때문이다. 수도자는 사도적 활동에 앞서, 복음적 권고의 실천과 충실한 수행생활로써 믿음이 없는 이 세상에 하느님의 존재를 증언할 예언자의 소명을 받았다는 사실을 잊지 말아야 한다.

2) 수도생활과 활동 사도직의 쇄신을 위한 제언

(1) 수도자가 참으로 세상과 교회를 위한 수도자가 되기 위해서는 먼저 복음적 권고의 실천을 통해서 "하느님을 찾는 일"에 불림을 받았다는 자기 성소의 본질과 의미를 올바로 이해하고 받아들여야 한다. 그리고 복음적 권고의 실천을 서원함으로써 사회인의 생활양식과 기능을 포기하는, 수도자 신분의 제한성을 인정하고 받아들여야 한다. 중세 농경사회와 달리 오늘의 사회는 교육, 문화, 과학기술, 자선사업 등 모든 분야가 분업화되고 전문화되어 있다. 전문적 다원사회 아래서 수도자는 수도 신분의 제한성 때문에 사회의 전문가

를 기술적인 면에서 능가할 수 없다는 사실을 겸허하게 받아들이고, 특히 자기 수도회의 카리스마와는 무관한 분야의 전문가가 되려 하지 말아야 한다. 그보다는 먼저 "하느님을 찾는" 수행생활의 전문가가 되도록 노력해야 한다.

(2) 수도자는 이웃을 위한 봉사에 최선을 다해야 하지만, 결코 어떤 현세적 성취욕에 얽매이지 말아야 한다. 하느님만이 수도자의 몫이기 때문이다. 특히 장상과 수도 공동체는 자기 수도회를 다른 수도회와 비교하면서 공동체와 공동체 사업의 외형적 성장을 수도자 개개인의 영적 성장에 앞세우지 말아야 한다. 수도회의 외형적 성장을 앞세우는 태도는 결과적으로 공동체 수도자간의 경쟁심과 세속적 출세욕을 유발시키게 마련이기 때문이다. 수도회의 각종 사업은 수도생활의 일차적 목적이 아니라, 수도생활의 한 가지 표현이며 결과라는 사실을 명심해야 한다.

(3) 수도자는 복음적 권고의 실천과 수행생활을 통하여 개인적으로 하느님의 존재와 그리스도의 구원을 증언하고 세상에 봉사할 뿐 아니라, 자기 수도회의 고유 카리스마에 따라 단체적으로 증언하고 봉사한다. 학교, 병원, 양로원, 탁아소, 무료 식당, 피정의 집 등을 설립하여 창립자의 카리스마에 따라 사회 안에서 그리스도교적 사랑을 실천한다. 그러나 교회와 세상에 봉사하기 위해 설립된 기관이 세월이 흐르면서 본래의 의도와 달리, 복음정신과 무관하거나 비복음적인 모습으로 변질되지 않았는지 살펴보고 꾸준히 개선해 나가야 한다. 수도자의 입장에서 보아, 기존의 봉사기관이 복음정신과 시대의 요구에 부응하지 못한다고 판단되면 과감히 폐쇄해야 하거나 사회단체에 이양해야 한다.

교회는, 특히 교회의 수도 공동체는 비록 그것이 자선을 위한 봉사기관일지라도 사회적 세력과 권위를 누리는 기업 형태의 기관으로 발전시키려 하지 말아야 한다. 기업 형태의 거대한 기관은 쉽게 실적을 앞세움으로써 본래의 의도와는 달리 복음선포에 장애를 가져올 수 있을 뿐 아니라, 교회의 봉사는 세상 사람들에게 어떻게 서로 섬기고 사랑해야 하는지를 깨우쳐 주는 데 일차적 목적이 있기 때문이다. 수도 공동체는 대형 사업체가 아니라 작은 나눔과 수도자들의 청정한 삶을 통하여 세상 사람들에게 나눔의 정신을 심도록 해야 한다.

(4) 각 수도회는 창립 당시의 카리스마에 따라 수도자의 활동 사도직을 재조정해야 할 것이다. 특히 선교지역이라는 이유로 이루어진 수녀회의 획일적인 본당활동은 재고해야 할 것이다. 특히 1개 본당 1개 수녀회 분원이라는 다른 나라에서는 찾아보기 힘든 제도는 고쳐나가야 할 줄 안다. 그뿐만 아니라, 예비자 교리 지도, 주일학교 지도, 가정방문, 제의실 준비 등 본당 전교수녀가 하던 일은 할 수 있는 대로 평신도, 특히 신학원 출신 평신도 전교사에게 맡기고 각 수녀회의 고유 카리스마에 따라 교회와 세상에 봉사하는 길을 모색해야 한다. 수도자의 위치는 제도적이고 교계적인 곳에 있지 않고 카리스마적인 데 있으므로, 수도자의 봉사는 제도적이고 교계적인 차원을 넘어 교회의 공식 수단이 제대로 미치지 못하는 영역까지 넓혀져야 한다. 수도자들은 본당의 선교활동을 넘어, 교회일치 운동과 타종교와의 대화, 전쟁과 핵무기, 자연파괴와 공해, 기아와 인권유린 등, 교회와 사회의 제 문제에 대해서 더욱 관심을 기울이고 대처해야 할 것이다.

(5) 수도 공동체가 하느님을 증거하는 영적 공동체가 되기 위해서 해결해야 할 한 가지 현실적 과제는 장상의 역할 문제이다. 복음을 전하는 사도로서의 주교의 역할이 교구 관리자 역할에 우선하는 것처럼, 영적 지도자로서의 수도회 장상의 역할은 수도원 관리자 역할에 우선한다. 수도생활의 전통에 비추어보면 수도 공동체의 장상은 수도자의 신앙생활을 보살피는 영적 스승이다. 그러나 현실은 그와 정반대로 수도회 장상은 관리자며 조정자일 뿐이라고 말해도 과언이 아니다. 수도 공동체가 영적 공동체가 되기 위해서는 장상이 먼저 수도회의 외적 활동보다도 수도자의 영성생활에 관심을 가져야 한다. 그러기 위해서는 장상을 수도회의 과중한 활동 사도직과 현세적 업무에서 해방시키는 제도적 장치가 있어야 할 것 같다. 수행생활의 지도자인 조실 스님과 사찰의 관리자인 주지 스님이 책임자로서의 역할을 분담하는 한국불교의 사찰제도를 수도회 장상의 한 가지 모델로 삼고 연구해 봄직하다.

(6) 한국교회 안에 생활 관습과 활동 사도직에서 기존 수도회와 유사한 새 수도회가 난립하는 현상, 특히 자선사업과 같은 봉사기관을 먼저 설립한 후 봉사자가 필요하다는 구실로 새 수도회를 설립하는 현상은 바람직하지 않다고 본다. 이런 현상들은 결국 수도생활을 수행 없는 봉사생활로 전락시키고 말 것이기 때문이다. 교황 요한 바오로 2세가 새 수도회의 설립에 따르는 주교의 책무를 두고 한 말씀을 잊지 말아야 하겠다. "교회의 권위는 창립 목적의 진정성을 판별하고 서로 유사한 수도회의 난립을 막아야 할 책임이 있다"(교황 요한 바오로 2세의 권고,『봉헌생활』, 한국천주교 중앙협의회, 1987, 21쪽).

나오는 말

한국천주교회는 신자수의 급격한 증가와 함께 사회적인 세력집단이 되었는가 하면, 아직도 성직주의가 팽배한 가운데 교회의 지도자인 "성직자들은 … 권위적인 정치 지도자에 버금가는 권위적인 관료집단이 되는 등"(『세속화현상이란?』사목 1996년 11월호, 19-20쪽) 세속화의 깊이를 더해가고 있다. 여기에 수도자들도 예외가 아닌 것 같다. 오늘날의 수도생활은 지나치게 성직화되었을 뿐 아니라, 수도자들도 이미 사도적 활동에서 오는 인간적 성취감과 사회적 대우를 즐기는 데 익숙해져서 희생이 전제되는 수도자의 정체성 회복과 예언자적 직분 이행을 그렇게 소중히 여기지 않는 것 같다. 이 모든 현실은 4세기 "콘스탄티누스 전환"에 의한 교회의 세속화와, 이 교회의 세속화에 연유한 수도생활의 탄생을 우리에게 상기시켜 준다. 그리고 이 바람직하지 못한 교회와 사회 현실은 수도생활의 쇄신을 통한 수도자의 정체성 회복을 촉구하는 한편, 수도자가 "교회 역사상 가장 어려운 상황에서 언제나 쇄신의 원천이요 출발점이 되어 왔다"(『봉헌생활』53쪽)는 사실을 상기시키면서, 교회 쇄신과 사회개혁을 위한 수도자의 역할을 다시 한번 기대하게 한다.

〈질의응답〉

질문 1: 한국교회의 사제들이 성직주의와 특권의식에 젖어 있는 것처럼, 수도자들도 수도복으로 신분을 과시하면서 권위주의와 특권의식에 젖어 행동하는 경우가 허다한 것 같은데 이 문제를 어떻게 생각하는가?
답변: 교회가 사제성소와 수도성소의 고귀함을 신자들에게 주지시키는 과정에서 사제들과 신자들의 의식 안에 잘못된 성직주의가 뿌리내리게 했는가 하면, 수행자의 신분인 수도자들에게까지 성직주의에 버금가는 특권의식이 자리잡고 있는 것이 현실인 것 같다. 사제들이 하느님의 백성인 신자들에게 겸손한 자세로 봉사해야 하는 것처럼, 만사에 우선하여 하느님을 찾으면서 복음적 권고의 실천으로 그리스도의 지상적 삶을 재현하는 수도자는 마땅히 작은 자로 처신하면서 교회와 세상에 봉사해야 한다.

물론, 수도자는 자기가 입고 있는 수도복이 자신을 세상에 과시하여 섬김을 받기 위한 옷이 아니라, 하느님 앞에 자신과 세상의 죄스러움을 고백하면서 자신 안에 죽음을 선언하는 수행자의 옷임을 잊지 말아야 한다.

질문 2: 수도회의 지·청원자, 수련자, 유기서원자, 종신서원자라는 신분이 공동체 안에서 일종의 계급처럼 차별과 갈등을 초래하는 경우가 있는데 이 문제를 어떻게 보는가?
답변: 일생을 수도생활에 몸바칠 수도자의 양성 과정으로 청·지원기, 수련기, 유기서원기가 있는 것은 오랜 수도생활 역사의 경험에서 나온 결과다. 물론 초기 회수도자들은 비교적 짧은 수련기를 거쳐 바로 종신서원을 했다. 그러나 오늘처럼 다양한 사상체계와 급변하는 사회 현실 아래서 일생을 수도생활에 전념하기 위해서는 이전에 비해 더욱 철저한 교육과 함께 오랜 기간의 현장체험을 통하여 성소에 대한 공동체와 개인의 확신이 요구된다. 특히 지원기와 청원기는 개인의 성소와 적성에 대한 일반적인 판단과 함께 수도생활을 위한 기본적인 지식을 습득하도록 도와주는 시기

이다. 수련기는 수도생활의 본질적 내용을 배우고, 서원으로 실천해야 할 독신적 정결과 청빈과 순명의 삶과 수도생활에 자양을 공급할 기도생활을 익히는 시기이다. 또 종신서원 전의 일정한 시험기간인 유기서원기는 일생을 수도생활에 몸바치는 종신서원을 서원생활로 준비하는 시기이다. 그런데 만일 이 단계적 양성 과정이 교육과 관계없이 공동체 형제자매간의 어떤 차별대우에 이용된다면 그것은 마땅히 시정되어야 할 것이다. 후배는 선배를 존경하고 선배는 후배를 사랑하는 그런 공동체가 되도록 함께 노력해야 할 것이다. 사랑은 가정에서 시작된다는 진리를 잊지 말자.

질문 3: 교구 사제들의 수도생활에 대한 인식의 부족으로 인해 본당에서 함께 일하는 데 어려움이 적지 않은데, 교구 사제들에게 수도생활에 대한 교육과 체험의 기회가 있었으면 하는데 어떻게 생각하는가?
답변: 한국교회는 외국 선교사에 의해 본당 중심 교회로 자리잡게 되었을 뿐 아니라, 은수생활, 수도승생활, 활동 사도직 수도생활 등 여러 형태의 수도생활이 함께 봉사하는 서구 교회와 달리 한국교회는 선교지역이라는 이유로 사도직 수도회가 먼저 자리잡고 이 사도직 수도회가 주종을 이루게 되었다. 이런 현실 아래, 사제와 평신도는 물론 수도자 자신까지도 수도생활과 수도자의 신원에 대한 인식 없이 수도자를 교회 사도직을 위한 봉사자 정도로 생각하고 있다. 한국교회의 영적 성장을 위해서 사제, 평신도, 수도자 구분 없이 수도생활에 대한 올바른 인식과 이해를 위한 모든 수단이 강구되어야 할 줄 안다. 다행히 몇 년 전부터 여러 신학교에 수도생활에 관한 특강이 있는 것으로 안다.

질문 4: 흔히 수도자는 가난하지만 수도회는 부유하다는 말을 듣는다. 수도회의 단체적 청빈에 문제가 있다고 보는데 이 점에 대해 어떻게 생각하는지?
답변: 일반적으로 말해서 한국교회는 부유한 부자들의 교회가 되었고, 수도회들마저 가난한 이가 가까이하기 힘들 정도로 부유해졌다는 말은 부인하기 힘든 것 같다. 1960년대 경제개발이 국가의 지상목표가 된 이래, 교회까지도 외형적 성장이 바로 발전이라 여김으로써 초래된 결과로 보인다. 그러나 우리는 가난한 교회, 가

난한 수도원이라는 이상을 포기하지 말고, 수도자의 검소한 생활과 공동체 차원에서의 가난한 이와의 나눔으로 참 수도자의 모습, 참 수도회의 모습을 되찾도록 할 것이다.

그런데 개별 수도회의 가난은 수도회의 고유한 이상에 따라 달리 표현된다는 사실도 간과하지 말아야 한다. 예를 들어 수도승 공동체는 자급자족과 공동소유를 이상으로 삼기 때문에 공동체는 일정 규모의 재산 소유가 타당하고, 탁발 수도회는 신자들로부터 가난한 이의 생활에 필요한 희사금을 받는 것이 용납되며, 활동 사도직 수도회는 회원들의 봉사로 합당한 임금을 받아 생활하는 것이 마땅하다. 그럴지라도 그가 어떤 회의 수도자이건 상관없이, 수도자는 자유로운 신앙인으로 살기 위해 물질에 대한 집착을 버려야 하고 검소한 생활을 사랑해야 한다. 그리고 수도회는 필요하지 않은 재산은 가난한 이들에게 나누어줌으로써 수도회와 수도자들의 미래를 하느님의 손에 맡기는 모범을 세상에 보여주어야 한다. 덧붙여 말한다면, 수도회는 수익을 좋은 목적에 사용한다는 것과 같은 어떤 좋은 명분으로도 가난한 이들을 더욱 가난하게 만드는 부동산 투기와 같은 불의를 행하지 말아야 한다. 행위의 목적도 정당해야 하지만, 그에 못지않게 방법과 과정도 정당해야 하기 때문이다.

질문 5: 수도자의 복음적인 삶에 관한 말씀을 들었는데 수도자도 복음적 삶에 앞서 진실한 인간으로서의 자세를 지녀야 한다고 생각합니다. 이 점에 대한 의견을 듣고 싶습니다.

답변: 수도자는 세례의 은총을 바탕으로 삼아 그리스도를 더 철저히 추종하기 위하여 독신적 정결과 청빈과 순명의 복음적 권고를 자신의 생활양식으로 받아들이고 이를 실천한다. 이 복음적 권고의 실천은 독신으로 가난하게 사시면서 언제나 하느님의 뜻을 먼저 찾으신 그리스도의 지상적 삶을 그대로 본받아, 자신을 하느님께 완전히 봉헌하는 생활태도이다. 그런데 수도자의 전인격으로 받아들이는 이 복음적 권고의 실천은 원숙한 인격과 기본적인 교양 등 사람됨의 모든 면모를 포괄하고 있다. 그러므로 수도자의 양성 과정에서 수도자의 독신, 청빈, 순명의 서원생활이 잘못 이해되어, 수도자의 인격이 차갑고 괴팍한 비인간적인 모습으로 형성되지 않도

록 해야 한다. 복음적 권고의 실천을 통해 하느님과 하느님께 대한 사랑으로 풍요로워진 마음은 이웃 형제와도 참된 사랑을 나눌 줄 알게 마련이다.

　이와 연관하여 수도자 양성 때 명심해야 할 것은 사도직 이행을 위한 인간적 기술을 익히는 것에 앞서, 원숙한 그리스도인으로 성장하기 위한 영성교육이 필요하다는 사실이다. 사회적인 면에서 아무리 유능한 수도자라도 인격과 수행생활에 문제가 있다면, 그의 봉사활동은 좋은 결실을 얻을 수 없다. 세상 사람들은 수도자가 유능한 기능인으로 자기들을 돕는 것보다도 겸손과 사랑, 성실과 친절 등으로 그리스도의 향기를 풍기는 이들이 되기를 원한다는 사실을 잊지 말아야 한다.

질문 6: 각 수도회는 자기 고유의 영성을 지니고 있다. 그러나 각 수도회의 회원들은 자기 수도회의 고유 영성을 제대로 이해하여 생활에 받아들이지 못하는 것 같다. 심지어는 창립 정신이 예수회의 영성과 전혀 무관한 수도회의 서원 준비 피정을 성 이냐시오의 "영성수련"으로 대치하는 경우가 있는데 이런 현상을 어떻게 보는가?

답변: 그리스도인에게는 신인 그리스도 중심의 영성, 즉 교회 안에서 그리스도를 통하여 하느님께로 나아가는 하나의 영성이 있다. 그러나 그리스도 신비체 안에서 그 지체들의 서로 다른 기능 때문에, 제이차적 의미로 서로 다른 영성을 지닌다. 곧 그리스도교 영성생활의 목표인 하느님과의 일치에 도달하기 위한 수단 내지 방법의 차이에서 서로 다른 영성을 지닌다. 예를 들어, 수도승 공동체는 은둔과 고독 가운데 기도생활을 우위에 두고 성서독서 lectio divina를 영성생활의 주된 수단으로 삼는다. 그리고 그들은 세상에 파견되기보다, 수도원의 전례와 기도생활에 세상 사람들을 초청함으로써 복음을 선포하고 봉사한다. 이에 비해, 사도직 수도회는 세상에 더 개방된 생활을 하면서 파견되어 교회와 세상에 봉사한다. 그리고 세상에 파견된 사도직 수도자들의 영성생활을 위해서 집중적인 피정과 재교육 과정을 가진다. 특히 예수회와 예수회의 영향 아래 설립된 수도회는 성 이냐시오의 "영성수련"과 같은 집중적인 영적 수련 과정을 이행한다.

　실제로 성 베네딕도의 규칙서를 지키는 수도승 공동체, 작은 형제회 같은 탁발 수도회, 그리고 예수회 같은 근세 이전에 설립된 수도회는 창립 당시의 시대적 요구에 부응하는 수도규칙으로 수도회간의 서로 다른 영성의 특징을 지니게 된다. 그리고 근세와 현대에 와서 창립된 대부분의 수도회는 중세기에 창립된 수도회의 규칙서 중 하나를 선택하여 자기 수도회 영성의 바탕으로 삼고 있다. 이렇게 이론적으로는 수도회의 다양한 영성이 있음에도 불구하고, 한국교회의 수도자들은 일반적으로 수도생활 신학과 자기 수도회의 영성에 대한 이해와 관심의 부족으로 인해 자기 회의 고유한 영적 유산을 찾아 익히기보다 시대에 유행하는 수행방법을 찾아 헤매기 일쑤이다. 그리고 대부분의 수도회는 수도회의 고유한 카리스마를 견지하기보다 경쟁적으로 본당선교, 의료사업, 교육사업 등 수도회간에 구별 없이 공통적인 사도적 활동에 뛰어들게 되어, 수도들이 외형적 활동에서도 획일화된 것이 하나의 현실이다. 각 수도회는 수도생활 발생 당시의 영성과 함께 자기 수도회 창립 당시의 정신과 영적 유산을 익히고 그것을 오늘의 수도생활에 적응시킴으로써 수도생활의 쇄신에 박차를 가해야 할 줄 안다. 그런 연후에, 필요하다고 판단되면 개인 수도자가 예외적으로 다른 수도회 전통의 도움을 받도록 주선할 것이다.

제2차 바티칸 공의회는 「수도생활의 쇄신 적응에 관한 교령」에서 모든 회의 수도자들은 그리스도인 생활의 원천인 복음정신으로 돌아가야 하며, 또 각 수도회 창립자의 정신으로 돌아가야 한다고 가르치고 있다. 각 수도회는 수도자들의 영적 생활과 사도적 활동을 점검하면서 복음정신으로 되돌아가는 노력을 그치지 말아야 하며 또 시대의 흐름에 따라 잃어버린 창립자의 정신을 회복하고 자기들이 받은 고유한 카리스마에 충실하도록 노력해야 한다. 무엇보다도 수도자 양성 때 일반 그리스도교 영성교육과 함께 수도생활의 역사와 각 수도회 고유 영성에 대한 이론적이고 실천적인 교육에 더욱 힘써야 할 것이다. 이때, 수도자들의 다양한 수도생활과 사도적 활동은 하나인 교회 영성을 더욱 풍요롭게 만들 것이다.

〈약정토론〉

이 완 영
(서울 성가소비녀회 수녀)

최근 수년 동안 "오늘의 수도생활 이대로 좋은가?"라는 주제하에 수녀 연합회 차원에서 함께 2000년 희년을 앞두고 21세기의 방향을 바로잡기 위해 고심하고 있습니다. 이러한 때 서강대학교 신학연구소 가을 심포지엄에서 수도생활과 교회 쇄신에 대한 연구를 해주심에 먼저 깊은 감사를 드립니다. 저희 수도자를 아끼시는 여러분들의 사랑과 격려에 힘입어 저희들은 더욱 열심히 노력하며 하느님께서 뜻하신 대로 교회가 기대하는 쇄신을 이루려고 노력할 것입니다.

먼저 주제를 발표하신 이덕근 신부님의 노고에 감사드립니다. 실제 체험에 바탕을 두신 연구이기에 전반적으로 깊이 공감을 하며 읽었습니다. 읽으면서 몇 군데 저의 생각을 토로하고 싶은 부분을 골라 보았습니다.

우선 "들어가는 말"에서

"수도자는 교회 구성원으로서 쇄신의 대상일 뿐 아니라, 성소의 본질상 교회 쇄신의 특유한 주체라는 사실에 비추어볼 때, 수도자와 수도생활의 쇄신은 하나의 긴박한 과제로 여겨진다"(130쪽)라고 하였는데 제2차 바티칸 공의회 이후 30여 년 간 수도자들의 최대, 최선의 관심은 수도생활 쇄신이었고 노력과 방법도 다양했다고 봅니다. 따라서 지금은 "쇄신"의 목표가 뚜렷했는가? 그 과정은 올바르고 적합했는가? 또 "쇄신"은 지속되어야 한다고 볼 때, 현 시점에서의 "쇄신"은 어떻게 진행되고 있는가? 미래의 비전은 뚜렷한가 ? 등의 고찰이 무엇보다 긴박한 과제라고 생각합니다.

"수도자의 본질"에서

"그러므로 그리스도교 수도자는 하느님만을 찾는 수도생활을 통하여 이 세상에 하느님의 존재와 그분의 구원을 세상에 선포하고 증거하는 사람이라고 하겠다"(134쪽).

타종교의 승려, 산야씨, 수피들처럼 하느님 혹은 진리추구 쪽에만 전념하는 일에 한때는 너무 치중해서 세상에서의 도피가 아니냐는 데까지 갔던 것 같습니다. 제2차 바티칸 공의회는 그리스도 중심의, 성령 중심의, 일치적Ecumenical 신학의 기초를 원천인 복음으로 돌아가서 다지며 생활을 쇄신하라고 촉구했습니다.

교회는 그리스도를 따라서 인류 구원 소명과 사명을 그분이 바라시는 대로 세상에 성사적으로 재현하기 위해 선택을 받고 보냄을 받은 하느님의 백성들이기에 본질적으로 미셔나리Missionary라고 했습니다.

교회의 "생명과 성성"에 속하는 축성생활(「교회헌장」 44, 새교회법 574-①)에 몸담은 수도자도 교회의 소명과 사명을 본질로 받고 있기에 복음 삼덕의 서원으로 증거하는 "존재 사도직"을 우선적으로 강조하는 것은 지극히 당연합니다.

그러나 수도생활 쇄신에 관한 교령에서 사도직에 종사하는 활동 수도회들에 있어서는 "사도적 활동과 복지활동은 수도생활의 본질에 속하는 것이다. … 그러므로 회원들의 수도생활 전체는 사도적 정신으로 충일할 것이며, 사도적 활동 전체는 수도정신으로 생기차 있어야 한다"(「수도생활의 쇄신 적응에 관한 교령」 8)라고 하고 있기에 사도직 수행을 위한 카리스마 식별과 정립에도 같은 비중의 노력을 기울여야 한다고 생각합니다.

한국교회의 수도자들 대부분이 특히 방인 수도회들은 거의 전부가 사도직을 하기 위한 활동 수도회들입니다. 더욱이 "수도생활과 활동 사도직의 쇄신을 위한 제언 (4)"에서 언급하셨듯이 "1개 본당 1개 수녀회 분원이라는 다른 나라에서는 찾아보기 힘든 제도"(143쪽)를 가진 한국교회입니다. 성소자들은 한국 수녀들의 삶을 보면서 부르심을 받았고 양성을 받았고 같은 일터에 파견되어 사도직을 수행하는 가운데 신원이 형성되어 굳어졌습니다.

이같은 환경에서 수도생활 쇄신을 위해 노력하는 동안 세계교회에서는 비슷한 표본이 없는 점이 우리의 방향모색의 어려움이기도 했습니다.

1994년, 축성생활에 관한 "시노드"를 준비하고 치르면서, 한국 가톨릭 교회의 시작이 특유한 것같이 한국의 수도생활은 유례가 없는 특이함 때문에 오히려 토착화와 쇄신의 새롭고도 고유한 방향모색이 있어야 함을 깨달았습니다.

제언 5(143쪽)에서

"장상의 역할문제"를 제시하며 수도자 "양성"에 관한 언급을 하셨습니다. 사실 저희들에게 가장 시급하고 중요한 과제는 "양성"입니다.

한국 수녀들의 수도생활은 세계에 유례가 없는 특이한 역사와 현실을 가지고 있는데 수도자 양성을 위한 양성 책임자들과 장상들은 아직까지 대부분 로마를 비롯한 서구 그리스도교 국가에서 공부를 하며 양성되었습니다. 또한 수도승적·정주적 공동생활을 본질적 원칙으로 하며, 특이한 1본당, 1수녀회뿐 아니라 1수녀회 구성원이 2명에서 3명으로 업무는 과다한 본당 사목에 협조해야 합니다. 수도생활을 이해하려고 노력하고 협조하는 사제가 있는 본당에서조차 수도자 본연의 소명과 사명을 다할 수 있는 쇄신은 가장 어려운 문제로 남아 있습니다.

기존의 틀을 깨고 완전한 탈출을 통한 제도 변화와 내적 쇄신이 함께 이루어진다면 바람직한 쇄신을 할 수 있을지 모르겠습니다. 그러나 한국교회는 거의 모든 교구에서 소공동체 운동을 펴며 초대교회의 모습을 이상으로 쇄신을 기하고 있고, 전국 방방곡곡 80% 가까운 본당들뿐 아니라 꽤 많은 수의 공소에도 수녀들이 있습니다. 만일 수녀들이 지금 있는 현지에서 복음 삼덕의 서원을 살며 하느님을 흠숭하고 경배하는 공동체, 사랑의 공동체로 쇄신된다면, 하느님의 백성은 "나누고 섬기는" 자세로 가난한 교회, 가난한 이들의 교회를 건설하게 될 것입니다.

실상 축성생활 시노드 이후 앞서가는 수도자들이 21세기의 수도생활을 전망해 보기 시작했습니다. 21세기에 예상되고 기대되는 축성생활은 성소의 감소에도 불구하고 "소수의 핵심을 이룬 수도자"와 많은 선의의 자원봉사자들, 단기 유기서원 봉사자들 등 다양한 형태의 전적인 투신을 기하는 형제 자매들과 함께 새로운 복음화에 투신하며 명실공히 교회의 "생명과 성성"에 속하는 그들의 소명과 사명을 다할 수 있을 것이라고 보고 있습니다.

어떻게 보면 한국교회 수도생활의 형태가 미래에 전망하는 이상 형태라고 볼 수 있는데 지금 우리의 현실에서 이 사실을 그대로 공감할 수 있는가? 21세기에서 시작하는 3000년대의 복음화를 위한 새로운 형태의 "수도생활"로 변신하기 위한 쇄신 어떻게 할 것인가?는 지속되는 과제로 저희를 촉구하고 있습니다.

끝으로 질문을 하나 드립니다.

"수도자의 사도직과 예언자적 소명"에서 "신약 교회의 예언자인 수도자"란 "자신의 복음적 생활을 통하여 하느님의 존재와 그분의 구원하시는 사랑을 세상에 선포하고 증거하는 '영적 사람'이 되는 것이다"(139쪽)라고 하셨습니다.

오늘 수녀들 앞에 가장 큰 도전으로 놓인 여성 문제, 사회 문제, 공해 문제, 생명보호 문제와 교회 내에서조차 현저하게 느껴지는 성차별 문제 등에 대한 수녀들의 관심에 대해서는 어떻게 보십니까?

〈질의응답〉

질문 1: 한국 수녀들의 수도생활은 보편교회에서 그 유례를 찾을 수 없는 고유성을 띠고 있음에 공감한다. 이것은 곧 토착화 문제와 깊은 관련이 있다고 본다. 한국 수도회와 토착화 문제에 있어서 좀더 구체적 언급을 할 수 있겠는가?

답변: 먼저 전문적 지식이 없이 토착화 문제에 대한 언급을 하는 것이 외람된 일이라 생각한다. 그러나 수도생활 쇄신을 위한 과정 30여 년을 보내고 축성생활에 관한 시노드를 거친 문헌『봉헌생활』을 놓고 다시 숙고하면서 깨달은 것이 "토착화" 문제에 소홀했었다는 것이다. 세계에 그 유례가 없는 우리의 현실을 소홀히 덮어둔 채 서구 가톨릭 국가의 여러 수도회들의 쇄신 과정의 다양한 모습에 함께하며 도움을 얻는 데 주력했었다. 물론 수도자의 본질적 정체성을 쇄신·정립하고 확고히 다지는 데 있어서는 제2차 바티칸 공의회 문헌을 바탕으로 보편교회의 기본 방향을 함께하는 것이 당연하고 옳은 일임은 재론의 여지가 없다. 문제는 쇄신 과정에 있어 시대와 장소, 즉 역사와 문화를 똑바로 알고 적응하며 복음화하여야 함을 잊고 현실을 무시한 내면화 노력이었기에 갈등만 커갔고, "과연 쇄신이 가능한가?" 회의적인 질문을 스스로 제기하기에 이르렀다. 그래서 "쇄신"의 긴박한 필요성을 강조하신 발제문을 읽으며 지금은 쇄신의 필요성 강조보다는 쇄신의 과정을 평가하고 방향을 바로잡아야 할 필요성이 더 긴박함을 토론했었다. 지금까지의 쇄신 과정에서 우리가 수도자의 본질적 정체성을 내면적으로 확립하고 복음 삼덕을 삶 속에서 확고히 증거할 수 있다면 어떠한 현실도 극복하고 교회의 복음화 사명에 함께할 수 있다는 일념으로 임했고 지금도 그런 확신은 흔들림이 없다. 따라서 이덕근 신부님이 강조하신 하느님을 추구하는 사람으로서의 정체성 확립은 기본적 자세로서 아무리 강조해도 오히려 부족하다고 본다.

다만 한쪽만을 너무 강조하다 보면 다른 한쪽을 소홀히하게 되고 한쪽의 틀을 깨고 벗어나려다 다른 쪽 틀 속에 뛰어들어 갇히는 격이 되지 않을까 걱정스러운 것이다. 예수 그리스도를 더 철저히 따른다는 것은 그분을 닮아가고 그분의 삶을 오늘 우리 현실세계에서 재현하는 것이다. 사도직 활동에 종사하기 위해 불림받은 활동 수도회는 사도직과 복지활동이 그 본질에 속한다고 수도생활 쇄신에 관한 문헌(N.8)은 가르치고 있다.

한국 수녀들의 사도직 현장, 그 현실은 한국 수녀인 나의 현재 신원이 뿌리박고 태어나 자라고 함께 성장해 온 현실이다. 그러므로 필자는 우선 우리의 현실, 우리의 교회와 함께 쇄신되든가 아니면 도태되고 소멸되든가, 교회의 생명과 성성에 속하는 수도자답게 교회와 운명을 같이해야 한다고 생각하기 시작했다.

지금 있는 대로의 현장에서 어떤 희생을 치르더라도 하느님 나라가 이땅에 새로운 능력으로 임할 수 있다면 수도회라는 신원에 모험을 걸 수도 있다고 본다. 수도회가 수도회 자신을 위해 태어나고 존재하는 것이 아님은 분명하지 않은가? 그러나 만일 오늘 수도회들이 부활 없는 죽음으로 끝난다면 교회도 분명 운명을 같이하게 될 것이다.

한국의 수도자는 우선 한국교회 안에서 한국교회와 함께 하느님 나라가 한국민 안에 이루어지기 위하여 쇄신·정립되어야 한다고 생각한다. 어떻게 그렇게 될 수 있을까? 순교자의 피흘린 믿음에 기초를 다진 한국교회이다. 2000년대 복음화를 위해 하느님께서 뜻하시는 쇄신을 위한 수난과 죽음이 어떠한 형태로 다가오고 있는지는 가늠할 수 없지만 십자가 없는 부활을 기대할 수 없고 기대해서도 안된다.

우선 수도자 자신의 기득권을 샅샅이 가려 과감하게 포기하고 겸허하게 모든 허물을 벗기 위한 싸움은 가장 긴박하고 심각하며 첨예한 문제로 우리 앞에 다가서고 있다. 이 싸움에서 승리하는 "소수의 수도자"는 다양하게 양성된 유능한 평신도들이 함께 일하는 본당 한가운데서 "하느님만을 추구하는 사람"으로서 하느님을 흠숭하는 공동체, 하느님과 이웃을 섬기는 사랑의 공동체인 교회의 생명과 성성에 속하는 축성생활의 본질적 삶을 살 수 있을 것이다.

본당을 떠나 자율적인 큰 공동체에 살며 출퇴근으로 본당을 돕는 것이 문제 해결의 한 방법이 될 수 있다고 생각하기도 했다. 그러나 먼저 현재의 체제 안에서 누에가 나비가 되는 것만큼의 변신을 하기 위한 혼신의 노력이 "싸움"이 될 수도 있고 "대화"가 될 수도 있다. 성숙한 인격과 인격의 만남이면 대화가 될 것이고, 아니면

싸움, 투쟁의 양상을 띠게 될 것이다.

구체적인 대안은 예수님을 더 깊이 체험하는 기도생활을 심화시키고, 성령의 도우심 중에 다방면으로 연구하며 상황 변화에 따라 방법도 창의적으로 바꾸어가게 될 것으로 본다. 쇄신의 목표만 뚜렷하고 건전한 방법 쪽을 식별하는 데 마음을 모은다면 은총 속에 인도받을 수 있을 것으로 믿고 희망하고 있다.

현재 7,500명에 육박하고 1,350여 개의 수도 공동체로 전국에 흩어져 사도직에 종사하고 있는 한국 수녀들의 수도생활 쇄신을 위해서는 한쪽 극에서 추를 튕겨 또 다른 극으로 치닫게 하기 쉬운 급진적 변형을 통한 쇄신보다는 동양인의 "중용"의 덕과 지혜로 기도와 활동을 "통합"하는 총체적인 쇄신을 위한 실천적 연구가 단계적으로 끈기있게 지속되어야 한다고 본다. 이것이 바로 토착화 작업이 아닐까 생각한다. 그리고 이러한 토착화 작업은 하나의 틀을 깨고 다른 틀을 형성하는 개혁적 작업보다 훨씬 힘든 작업이라고 생각한다.

질문 2: 본당 사제들, 때로는 교구장 주교들도 수도생활을 이해하지 못하는 것 같다. 더구나 사제들의 권위주의적 자세는 수녀들을 수동적이고 소극적이게 할 뿐 아니라 정해진 기간만 조용히 때우고 떠나려는 도피적 자세로 몰아가고 있는 데 대한 대책이 있는가?

답변: 축성생활에 대한 주교 시노드까지 치른 이 시점에서 주교들이 수도생활을 이해하지 못하는 것 같다는 이야기는 발설하기도 부끄러운 일이라고 본다. 적어도 시노드 준비나 진행 과정을 제대로만 치렀다면 수도생활에 관한 교회의 다른 문헌들을 연구하지 않았다 해도 우리가 바라는 이해 정도는 몰라서 일어나는 일들이 아니다. 그것보다는 가톨릭 전통 안에 자연스럽게 자리맞춤하고 강화되어 온 가부장적 권위주의와 성직주의가 하나로 어우러져서 "권위"는 실종되고, "권위주의"적 현상만이 자리를 굳혀 온 우리 한국 가톨릭 문화를 우리가 똑바로 인식하지 못하는 것이 문제인 것 같다. "권위주의적이고 성직주의적 한국 가톨릭 문화"라고 할 때는 수도자들도 같은 문화의 주역들이라는 것이 더 심각한 현실임을 전제하는 것이다. 이 현실을 직시하지 못한다면 수도자들의 미래에도 "쇄신"은 없고 "쇄신주의"만이 요

란하게 꽹과리 소리를 이어가지 않을까 두렵다.

　나 자신이 누구인가? 현재 어떤 모습인가?를 냉철하게 직시하지 못하면서 누구를 탓할 수 있는가 ? 섬김을 받기보다는 섬기러 오신 예수님, 마음이 온유하고 겸손하신 예수님, 우리를 위해 목숨까지 내어주신 예수님을 더 적극적으로 따르겠다고 만인 앞에서 서원한 수도자는 어떤 처지에서도 예수님처럼 의연한 자세로 예루살렘으로 향하는 능동적이고 적극적인 걸음을 멈추지 않아야 한다. 다볼 산을 뒤에 두고 세상에 내려와 예루살렘으로 향하시는 예수님을 따르라는 3천년대의 새로운 부르심이 1994년도 시노드 문헌 『봉헌생활』의 주요지(『봉헌생활』 14-40 참조)이다. 이것은 결코 사람들의 체험이나 지적 숙고에 의한 토의 결과가 아니라 성령의 비추임에 의한 것임을 믿어 의심치 않는다.

　수도자들 자신이 먼저 한국 가톨릭 문화 안에서 누리던 모든 기득권을 포기하고 권위주의, 성직주의에서 벗어나 의연하게 십자가를 지신 예수님을 따라 예루살렘을 향하는 길을 온 마음 다하여 추구하는 것만이 "권위"있고 기대할 만한 대책이 아닌가 생각한다. 이덕근 신부님의 "하느님만을 추구하는 수도자"의 강조도 바로 이런 맥락에서라고 본다.

질문 3: 수도회에 축적되는 재산은 처분하지 않으면서, 수도자 개인의 청빈의 삶을 내세우는 것은 위선이 아닌가?
답변: 수도자 중에는 개인적으로 참으로 청빈하게 살려고 노력하는 사람이 많이 있다고 본다. 그러나 그것을 수도회의 재산 축적을 합리화시키는 이유로 내세우는 수도자가 있다면 반성해야 할 것이다.

　청빈하게 사는 사람들은 겸손한 사람들이기 때문에 겉으로 드러내지도 않고 드러나는 것들을 굳이 합리화시키려고 애쓰지도 않는다. "단식할 때에 얼굴을 씻고 머리에 기름을 바르라"고 하신 예수님의 말씀대로 모든 순간 모든 곳에서 하늘에 계신 아버지께서 지켜보심(마태 6.1-21) 속에 실천적 삶을 사는 사람들이기 때문이다. 그러나 그들은 남을 죄짓게 하는 사람들이 사회에 끼치는 영향이 얼마나 심각한 것인가를 또한 주님의 말씀으로 가르침 받고 있기에 드러나는 부자스러움을 어떻게 이웃과의 나눔을 통해 벗어버릴 수 있는가 끊임없이 고민하는 사람들이라고 생각한다.

　수도회가 부하게 보이고 재산이 많은 것은 부인할 수 없다. 서원을 한 수도자들이 한마음으로 절약하며 사노라면 개미 역사의 결과로 조금씩 불어나게 마련이다. 수도 가족이 불어나고 젊은 후배 양성이나 선배들을 모시기 위하여 필요한 것들을 챙기노라면 덩어리가 커가는 것이 자연스런 현상이기도 하다.

　수도회 공동체 차원의 재산을 어떻게 관리할 것인가는 현재와 미래 수도자들의 예리한 성찰을 촉구하고 있다. 지속적인 평가·분석을 하며 성령의 도우심에 의지하여 식별을 해나가야 할 사항이라고 생각한다. 시대의 징표에 늘 민감하며 사회의 어두운 면들에 눈이 열려 있으면 어떤 긴박한 현실을 직시할 수 있을 것이다. 그럴 때 수도회들은 가볍고 기쁜 마음으로 나눔을 실천할 수 있을 것으로 본다. 그러나 확실치 않은 미래를 위해 축적하는 것도 수도자들에게는 바람직한 현상이라고 볼 수 없다. 교회 안에서 수도자들은 "예언직"을 존재의 사도직으로 받고 있다는 사실 때문에 수도회가 재산을 "축적"한다면 어떤 설명으로도 합리화할 수 없는 것이라고 생각한다.

④

현행 고해성사 쇄신을 위한 신학적 반성

〈발제강연〉

서 공 석

(서강대학교 종교학과 교수)

들어가면서

이 글의 목적은 현재 가톨릭 교회가 신자들에게 일 년에 한 번(한국에서는 일 년에 두 번)의 의무로 요구하고 있는, 개인 고백을 수반한 고해성사에 대해서 생각해 보자는 것이다. 현재 사목자들이 신앙생활에 가장 기본적인 의무로 신자들에게 요구하는 것은 주일미사와 고해성사이다. 그런데 이 두 가지 의무는 악순환의 고리가 되어 많은 신자들이 미사에 오는 데에 부담을 주고 있다. 주일미사에 한 번 빠지면 고해성사를 보아야 하는 것으로 사람들은 인식하고 있다. 그런데 이 고해성사를 본다는 것이 대부분의 성당에서는 쉽지 않다. 상설 고해소가 설치되어 있는 곳은 서울 대교구의 명동성당뿐이고 청주교구, 마산교구, 광주대교구가 각각 일주일에 하루 혹은 이틀, 두 시간 내지 세 시간의 상설 고해소를 운영하고 있다.[1] 각 본당의 사정은 다르지만 대부분이 미사 시간 전후해서 잠깐 고해성사의 기회를 줄 뿐이다.

---

[1] 『생활성서』 1997년 3월호 77 참조.

과거 제국주의 사회와 중세 봉건사회에서는 사람들이 위를 바라보고 살아야 했다. 황제의 결정은 모든 백성을 위해 구속력이 있었다. 봉건사회에서 산다는 것은 자기가 속하는 영주의 뜻을 받들어서 사는 것이었다. 사회를 움직이는 모든 정보는 그 사회의 정상頂上을 이루는 사람에게 집중되어 있었다. 이런 상하관계를 기본으로 한 제국주의 혹은 봉건주의 사회에서는, 신앙을 위해서도 상하와 우열優劣이 있다는 것은 당연한 진리였다. 가장 높으신 하느님을 정점으로 교회 교계제도의 서열에 따라 사람의 실효성은 차이와 우열이 있는 것으로 생각되었다. 하느님의 뜻도 이 서열을 존중하면서 전달되는 것은 당연한 일이었다. 따라서 죄인이라 생각하는 사람은 하느님을 대리하는 사람 앞에 무릎을 꿇고 자기 죄를 고백할 뿐 아니라 고해신부의 지시를 따라서 보속도 하고 성체성사에 참여하는 횟수도 정해야만 했다.

현대인은 어디서나 사람 앞에 무릎을 꿇지 않는다. 옛날 유럽 중세 사람들은 지배자 앞에서 무릎꿇는 것을 당연지사로 생각했다. 오늘날 우리는 그런 사회에서 살지 않는다. 모든 사람은 평등하다. 직장에서, 가정에서 각자는 자기 일을 자기가 생각하고 알아서 판단하면서 산다. 자기의 일, 그것도 자기의 가장 엄밀한 일을 다른 사람 앞에 가져와서 낱낱이 보고하고, 다른 사람이 그 죄의 경중을 가려서 보속을 주고, 그 보속을 이행해야 한다는 것은 현대인의 마음가짐에서는 근본적으로 거부감을 일으킬 수밖에 없는 일이다. 현대인은 우열을 전제로 한 수직적 상하관계 안에서 살지 않는다. 하느님은 위에만 계시지도 않고 높은 사람을 통해서만 일하시지도 않는다. 모든 사람이 같은 정보에 접하고, 각자 판단하고 행동하면서 자기 운명을 자기가 결정한다.

여기서는 현행 개인 고백을 수반하는 고해성사를 모든 신자의 의무로 발표한 공의회의 문서들을 검토하고 그 문서의 성격을 분석한 다음, 고해성사가 의무로 정해지기 전의 참회 실천들에 대해 간략하게 소개한다. 신앙은 예수로 말미암아 발생한 삶의 실천이다. 초대교회 신앙인들이 죄와 용서를 어떻게 이해했는지를 복음서들 안에서 보면서 앞으로 죄의 용서를 위한 새로운 형태의 실천을 기대해 보고자 한다.

과거의 관행만 반복하는 것이 전통에 충실한 신앙인은 아닐 것이다. 예수 그리스도로 말미암아 발생한 우리 신앙의 실천은 시대와 장소에 따라 참으로 복음적이기 위한 노력을 해야 한다. 우리의 창의력이 요구되는 신앙 표현이고 실천이다. 역사 안에 일어난 과거의 실천들을 비판적으로 이해하고, 새로운 실천을 모색하기 위한 연구는 교회를 위해 필수적이다. 이 글은 고해성사 실천을 위한 새로운 대화를 지향하면서 과거 역사적 과정을 서술해 보는 것이다. 높은 사람 많이 알고 낮은 사람 말할 자격 없다는 식의 몽매하던 시대는 지나갔다고 믿는다. 자기가 지금까지 생각해 오던 것과 다르면 무조건 틀렸다고 생각하고, 자기와 다른 말을 하는 사람을 괘씸히 생각하는 것은 그리스도교적인 것도 아니려니와 인도적이지도 않다는 사실을 지적해야만 하는 우리의 후진성이 안타깝다.

1. 제4차 라테란 공의회(1215년 11월 11-30일)

현행 개인 고해성사를 모든 신자를 위해 일 년에 한 번은 지켜야 하는 의무로 정한 것은 제4차 라테란 공의회였다. 그 공의회 규정 21항은 다음과 같이 표현하고 있다.

> 남녀 모든 신자는 철들 나이가 되면 적어도 일 년에 한 번 자기 본당신부에게 모든 죄를 충실히 고백해야 한다. 그리고 그 신부가 정해준 보속을 가능한 한 정성을 드려서 해야 한다. 자기 본당신부가 합당한 이유로 권고한 바가 있어 본인 스스로 당분간 성체를 모시지 않는 것이 낫다고 판단한 경우를 제외하고는, 최소한 부활축일에는 존경심을 가지고 성체를 모셔야 한다. 이 것을 지키지 않으면, 그가 살아 있는 동안에는 성당에 들어오지 못하게 할 것이며, 죽은 후에는 그리스도교적 장례를 거부할 것이다. 이 구원적 결정을

성당 안에서 자주 공지하여 아무도 몰라서 장님이었다는 구실을 갖지 못하게 해야 한다. 만일 누구라도 합당한 이유가 있어 자기 죄를 다른 신부에게 고백하기를 원한다면, 먼저 자기 본당신부에게 청해서 허락을 받아야 한다. 그렇지 않으면 이 다른 신부는 그를 용서할 수도 맬 수도 없다(DS 812).

고해신부는 판단력이 있고 현명해야 한다. 마치 노련한 의사가 상해를 입은 사람의 상처에 "포도주와 기름을 붓"(루가 10,34)듯이, 죄인이 처했던 상황과 죄의 여건에 대해서 조심성있게 물어보고, 환자의 구원을 위해 다양한 방법으로, 어떤 충고와 치유법을 주어야 하는지를 알아야 한다(DS 813).

이 규정은 트렌토 공의회에서 약간 수정되어 오늘까지도 참회 규정을 위한 기본법이 되어 있다. 이 규정의 의도를 좀 보아야 한다. 공의회는 고해성사에서 고백해야 하는 내용에 대해서는 전혀 언급하지 않고, 각자 자기 본당신부에게 정기적으로 고백해야 함을 말한다. 이 규정은 그 시대 교회가 필요로 했던 잡다한 실천적 현안들을 취급하는 맥락에서 발생했다. 그러나 그 시대 사람들의 영적·성사적 원의에 부합했기에 오랜 세월 동안 유럽 가톨릭 교회의 실천이 되었다. 고해성사 규정이 들어 있는 그 공의회 규정집의 내용을 훑어보면서 고해성사에 대한 결정이 발생한 맥락을 짚어보고자 한다.

제1항은 가톨릭 교회의 신앙에 대한 것인데 먼저 삼위일체에 대한 신앙을 고백하고 가톨릭 "교회 밖에 구원 없다"는 사실을 확인했다. 제2항은 플로라의 요아킴Joachim de Flora 수도원장의 삼위일체관에 대한 단죄이다. 제3항에는 이단자들에 대한 파문 및 추방에 관한 엄격한 조치들이 있다. 중세 종교재판의 시작이라 할 수 있다. 제4항은 동방교회의 방자함을 비난하고, 그 교회에 몸담은 사람들도 라틴 교회, 곧 어머니이신 로마 교회에 순종하는 자녀들이 될 것을 요구한다. 그리고 공의회는 계속해서 규정한다: 동방 총대주교들의 서열에 대한 규정(제5항), 관구 주교회의에 관한 규정(6), 하위 성직자들의 잘못을 교정하고 윤리적 발전을 도모해야 하는 고위 성직자들

의 의무에 관한 규정(7), 하위자의 비위에 대한 상위자의 심리審理에 관한 규정(8), 같은 신앙을 위해 다양한 전례가 있는 경우에 지켜야 하는 규정(9), 설교자의 임명을 위한 규정(10), 성당이 필요로 하는 교사들의 임용 규정(11), 수도자들의 총참사회를 위한 규정(12), 새 수도회 설립 금지 규정(13), 성직자들의 음란행위 금지 규정(14), 성직자들의 과음過飮 금지 규정(15), 성직자들의 복장에 대한, 또 성직자들의 흥행 및 놀음 참여 금지에 대한 규정(16), 고위 성직자들이 밤을 새워 연회를 개최하고 하느님을 위한 예배를 소홀히하는 경우가 없도록 하라는 규정(17), 성직자들의 유혈 결투 금지 규정(18), 전례를 위해 필요없는 일반 의류와 같은 세속적 물품을 교회 안으로 반입하는 것을 금지하는 규정(19), 성유와 성체의 안전한 보관을 위한 규정(20), 신자들은 일 년에 한 번 개인적 고백을 수반한 고해성사와 적어도 부활축일에 한 번 영성체 할 의무가 있다는 규정(21), 환자들의 육신을 치유하기 전에 영혼을 치유해야 할 필요성에 관한 규정(22), 주교좌 성당을 비롯하여 본당신부들이 3개월 이상 자리를 비우는 것을 금지하는 규정(23), 교회 안에서 행해지는 선거 절차에 관한 규정(24-26), 서품될 사람의 교육에 관한 규정(27), 성직자의 직무 사퇴에 관한 규정(29), 성직자들의 적성을 위한 규정(30), 성당 참사들의 사생아들이 같은 성당의 참사가 되는 것을 금지하는 규정(31), 본당을 설립한 사람은 신부가 먹고살 수 있는 재산을 성당에 기탁해야 한다는 규정(32), 봉사라는 미명하에 고위 성직자가 하위 성직자에게 부담스런 일을 요구하는 것을 금지하는 규정(34), 교회 내의 재판 절차를 위한 규정, 곧 피의자의 권리보장, 심문조서의 공개 및 심문방법(35-38), 사유재산권 보호를 위한 규정(39-43), 군주나 교회 설립자들의 횡포를 막고 교회의 권리를 강화하기 위한 규정들(39-46), 파문하기 위해 지켜야 하는 규정(47-49), 혼인을 위해 지켜야 하는 규정들, 혼인 장애, 비밀 혼인의 금지, 혼배 공시에 대한 규정들(50-52), 십일조에 관한 규정들(53-56), 로마 교회가 수도자와 주교들에게 준 특권의 해석에 관한 규정들(57-58), 수도원장들이 지켜야 하는 규정들(59-60), 수도자들이 평신도들로부터 십일조를 받을 수 없다는 규정(61), 성인 유해遺骸는 유해함 밖에 보관하거나 전시할 수 없고, 매매할 수도 없으며, 로마 교황의 허락 없이 새 성인의 유해를 공경하지 못한다는 규정(62), 성직 매매를 금지하는 규정들(63-66), 유대인들은 고리대금을 할 수 있지만 복장으로 다른 사람들과 구별되어야 한다는 규정들(67-70), 성지 회복을 위한 제5차 십자군 파견의 필요성과 2년 후 6월 1일에 성지를 향해 시실리 섬에서 출발할 수 있도록 집합할 것을 요구하는 규정(71).[2]

이 공의회 소집을 위한 교황 인노첸스 3세의 교서(1213년 4월 8일) *Vineam Domini*[3]는 다음과 같이 말한다. "주님의 포도밭을 파괴하려고 공격하는 야수들이 얼마나 많은가! … 본인의 마음이 염원하는 모든 선한 일들 가운데, 이 세상에서 큰 가치를 부여하는 것은 두 가지이다. 성지 회복을 위해 원정군을 일으키는 일과 전체교회를 쇄신하는 일이다." 여기서 말하는 전체교회의 쇄신은 이단 척결과 성직자들의 자질을 향상시키는 일이다. 교황은 하나인 목자 밑에 일사불란하게 하나인 양떼를 만드는 데 전념한다. 수도원 창설, 성인들의 유해 공경, 성직자들의 기강 등 모든 것을 로마의 통제하에 두기 위한 규정들이다.

이렇게 보면 고해성사에 관한 규정은 그 시대 필요했던, 대단히 실천적인 잡다한 규정들 안에 들어 있으며 "하나인 양떼"를 만드는 교회 쇄신의 일환으로 만들어진 실천적 법규이다. 그 생각이나 표현이 복음적이거나 긍정적이지 못하고 공동체를 통제하기 위한 잡다한 규율들 중 하나로 고해성사 의무를 말하고 있음을 볼 수 있다. 그 시대 교회를 위해 필요한 언어일 수는 있어도 그리스도교 신앙 진리에 대한 복음적 사색이 전무하고 보편성이 결여되었다는 사실에 주목해야 할 것이다. 이 규정집에 들어 있는 거의 모든 항목이 이미 오래 전에 사문서화死文書化되었다는 사실에도 유의할 일이다.

---

[2] N.P. Tanner ed., *Decrees of the ecumenical Councils*, vol.1, Georgetown University Press 1990, 230-271.

[3] Michel Clévenot, *Au coeur du Moyen Age*, Fernand Nathan 1986, 150.

2. 제4차 라테란 공의회 이후

13세기 지역 주교회의들이 제4차 라테란 공의회의 고해성사 규정을 언급하는 것을 볼 수 있다. 툴루즈Toulouse 주교회의(1229), 루엉Rouen 주교회의(1235), 캔터베리Canterbury 주교회의(1236), 마인쯔Mainz 주교회의(1246. 1261) 등이다.[4]

툴루즈 주교회의는 카타르Cathare파의 본거지인 지역이라 해마다 세 번씩 고해할 것을 요구하면서, 이 통제로 이단자들을 쉽게 색출할 수 있을 것이라 선언한다. 이단이 없는 지역의 주교회의(루엉과 캔트베리)는 제4차 라테란 공의회에서 고해성사에 대한 결정이 있었다는 사실을 인정하는 정도이다. "공의회는 이렇게 각 개인을 통제함으로써 교회 안에 분파가 확산되지 못하게 하고, 모든 그리스도인은 가톨릭 교회에 자기의 충실함을 보이도록 강요한다. 본당신부는 이 통제를 하는 사람이고, 이 통제 안으로 들어오지 않는 사람은 파문도 할 수 있다. 제4차 라테란 공의회의 주된 관심은 참회를 위한 새로운 규정을 만드는 데에 있지 않고, 주저하는 신자들에게 사목적 압력으로 의무적 고해성사를 강요하여, 그리스도교 공동체가 13세기의 이단적 유혹들을 물리치고, 충실함을 보장하고, 그것을 확인할 수 있도록 하려는 데에 그 목적이 있었다."[5]

제4차 라테란 공의회의 맥락과, 공의회 이후 각 지역 주교회의의 언급을 보면, 개인 고백을 수반한 매년 한 번의 고해성사를 설정한 동기는 가톨릭과 이단을 구별하기 위함이라는 사실을 부정하기 어렵다. 그러나 시간이 흐르면서 신앙을 실천하는 신앙인과 무관심한 신앙인 사이를 구별하는 기준이 되어 간다. 이런 과정을 거치는 동안 부활축일 영성체와 연결된 해마다 한 번의 고해성사 실천은 그리스도 신앙인 개인을 위해서나 교회 공동체를 위해서나 신앙생활의 핵심적 장치가 되었다. 이때부터 해마다 한 번의 고해성사와 성체성사에 참여하지 않는 사람은 그리스도 신앙인으로 취급되지 않는다.

---

[4] Ph. Rouillard, "Pénitence", *Catholicisme hier-aujoud'hui-demain*, vol. 10, X, 1146.

[5] Ph. Rouillard, 위의 책, 1145-1146.

대부분의 신자들이 일 년에 한 번의 고해성사를 보는 반면 열심한 신자들은 이 성사를 매월 한두 번 보기 시작하면서 이 성사를 그리스도교 신심의 중심으로 옮겨왔다. 여기에 결정적 기여를 한 것이 프란시스코회와 도미니코회인 것으로 보인다. 수도자들은 영적 지도신부와 고해신부가 동일인이기에 고해성사를 자주 보게 되었다. 1249년 도미니코회 로마 관구 참사회의는 수도자들이 일주일에 적어도 두 번은 고해할 것을 요구한다.[6] 수도원들의 이런 실천은 그 지역 내에 있는 신자들에게도 전파된다.

고해성사 실천의 확산에는 더 깊은 이유가 있다. 13세기에는 프란시스코회를 중심으로, 우리 죄를 속죄하는 그리스도의 수난 및 고통에 대한 신심이 발전하였다.[7] 열심한 신앙인들은 그리스도의 피가 그들을 죄에서 구속한다는 사실을 깊이 의식하고 있었다. 이 시기에 영성체를 자주 한다는 것은 생각할 수 없었지만, 죄의 용서를 위한 고해성사는 자주 하는 것이 당연한 것으로 느껴졌다. 성체성사에서 일상의 죄가 용서된다는 과거의 생각은 사라지고, 이제는 그리스도의 피로 죄를 씻는 고해성사만이 유일한 죄의 용서 수단이라 생각하게 되었다. 이때부터 20세기에 이르기까지 영적 지도를 겸한 빈번한 고해성사 실천은 완덕을 찾는 신앙인들에게 큰 도움을 주었다.

3. 트렌토 공의회(1545~1563)

교회 분열의 비극 후에 소집된 트렌토 공의회는 그 비극의 상처를 치유하기 위한 것이었다. 이들 개혁가들은 가톨릭 교회가 실천하는 고해성사의 중요성을 부인했다. 루터는 고해성사가 성사임은 인정하지만 세례나 성체와 같이 그리스도가 직접 설립한 것은 아니고, 세례를 보완하기 위해 교회가 만든 성사라고 주장했다. 그리스도가 교회에 주신 권한은 "매고 푸는"

---

[6] G. Meersseman, *Dossier de l'ordre de la Pénitence au XIII s.*, Fribourg 1961, 120. Ph. Rouillard, 위의 책, 같은 곳, 참조.

[7] M. D. Knowles, in *Nouvelle Histoire de l'Eglise*, vol.2, Paris 1968, 422.

권한이었지 죄를 고백해야 한다는 세부사항까지 그리스도가 세우신 것은 아니라는 것이다. 칼뱅은 고해성사가 하나의 성사라는 사실을 부인한다. 고해성사는 세례에서 받은 하느님의 용서를 상기시키는 기회일 뿐이라는 것이다. 위 두 사람 모두 사제직을 인정하지 않기에 고해성사가 내포하는 용서는 평신도도 실천할 수 있다는 주장이다.

이런 현실 앞에 트렌토 공의회는 고해성사에 대한 신학적 사색을 하지 않은 채, 제4차 라테란 공의회가 도입한 제도를 정당화하고 법제화하는 데에 그쳤다. 트렌토 공의회는 고해성사에 대해 다음 세 가지를 강조했다. 모든 대죄를 위해서는 적어도 일 년에 한 번 고해성사를 보아야 할 의무가 있다(DS 1708). 고해를 하는 사람은, 용서할 수도 있고 용서를 거부할 수도 있는 고해신부의 판단을 따를 의무가 있다(DS 1703). 끝으로 고해성사는 교회에 기원이 있는 것이 아니라 하느님이 주신 법에 그 기원이 있다(DS 1706).

고해성사는 하느님이 주신 법에 그 기원이 있다는 것을 공의회는 다음과 같이 표현했다. "누구든지 고해성사가 구원에 필수적이고 신법神法으로 설립된 것이라는 사실을 부인하는 자와, 가톨릭 교회가 그 초기부터 항상 실천해 왔고, 현재도 실천하고 있는, 신부 한 사람에게 비밀스럽게 고백하는 고해성사 양식이 그리스도가 세우신 제도와 계명에 위배되는 것이며, 사람이 만든 것이라 말하는 자는 배척받아야 한다"(DS 1706).

트렌토 공의회의 이런 언급은 고해성사의 역사적 발전 과정을 완전히 무시하고 하느님이 법으로 고정시켜서 주신 것으로 생각했음을 보여준다. 오늘 우리는 역사적 과정을 무시하는 신앙언어는 그 근본이 부족한 것으로 생각한다. 그러나 16세기 가톨릭 교회 안에서 트렌토 공의회의 결정 내용을 문제삼을 수 있는 사람은 아무도 없었다.

트렌토 공의회는 신자들이 자기 대죄를 낱낱이 고백해야 한다는 규율에 대단한 권위를 부여했다. 제4차 라테란 공의회와 비교해 보면 트렌토 공의회는 고해성사를 교회가 사목상 필요하여 만든 제도가 아니라 하느님이 주신 법이고 교회 초기부터 실천되어 온 것으로 주장한다.

4. 트렌토 공의회 이후

트렌토 공의회로부터 제2차 바티칸 공의회에 이르는 4세기 동안 매년 한 번은 의무적으로 고해성사를 보아야 한다는 법은 세상 안의 모든 가톨릭 신앙인에게 적용되는 하느님의 법으로 인식되었다. 고해성사를 보지 않는 사람은 성체성사에 참여할 수 없고, 교회의 친교에서 스스로를 격리하는 것이며, 죽기 전에 고해성사를 보지 않으면 하늘나라에 갈 수도 없고 교회 무덤에 묻힐 수도 없었다.

수도원과 신학교의 사목자 양성에 있어서 고해성사를 집전할 수 있는 사람으로 교육한다는 것은 수업의 중요한 부분이 되었다. 16세기부터 19세기까지는 고해신부를 위한 지도서도 많이 발간되었다. 신학교와 수도원에서뿐 아니라 열심한 신앙인들 사이에서 빈번한 고해성사는 다반사가 되었다. 그러면서 고해성사는 영성생활의 가장 중요한 부분이 되었다. 성체성사보다 더 중요하게 보였다. 피정이나 영성수련에서 죄, 지옥, 연옥, 고해성사 등은 빠질 수 없는 주제들이 되었지만, 성체성사는 별로 언급되지 않았다. 성지순례에서도 회개의 정상으로서 고해성사는 핵심적인 것으로 보였다.

5. 초대교회의 실천

교회 초기의 참회 실천이 어떤 것이었는지를 잠깐 보아야 한다. 초기교회에서 죄의 용서는 세례였다. 아직 신앙인들이 많지 않던 초기교회에서 세례 후 큰 죄라는 것은 예외적이었다. 한 사람이 큰 죄를 지으면 공동체 전체가 상처를 받고 그 당사자를 개선시키는 방법을 찾아 일치를 도모했다.

바울로 사도는 54년경 고린토 교회에 편지를 쓰면서 악행을 일삼는 사람들을 공동체에서 추방할 것을 권한다(1고린 5장). 57년경 다시 고린토 교회에 편지를 쓰면서는 죄지은 사람을 용서하고 위로할 것을 권한다(2고린 2.5-11). 115년경 폴리카르포스 주교는 필립비 교회에 편지를 쓰면서 죄인들을 원수와 같이 생각하지 말고 참회를 하도록 기도할 것과, 그들은 공동체의 병들고 방황하는 지체이니까, 그가 구원받을 수 있도록 공동체 전체가 노력할 것을 당부한다.[8] 이 시기에는 죄인의 참회와 공동체 안으로의 영입은 교회 공동체를 재건하는 것으로 생각했다.

비슷한 가르침들을 디다케,[9] 이냐시오[10] 등에서 볼 수 있지만 특기할 만한 문서로는 헤르마스의 저서(2세기 중엽)를 들 수 있다. 그는 세례를 받은 지 오래 된 사람들을 위해 단 한 번 제2의 용서가 있다고 말한다. 일생에 한 번만 용서를 받을 수 있고 이것은 반복되지 않는다.[11] 참회와 죄의 용서를 위한 헤르마스의 영향은 대단히 컸다. 6세기까지 많은 교부들이 세례 후 일생에 단 한 번 용서의 기회가 있다고 믿었다.[12]

3세기에 들어와서 참회의 규정이 발생하기 시작한다. 그러나 "오늘날 가톨릭 교회가 행하고 있는, 사제에게 개인적으로 고백하고 그로부터 보속을 받는 양식은 아직 발견되지 않는다.[13] 히뽈리뚜스가 전하는 주교서품 기도문[14]에 보면 죄를 용서할 권한은 주교에게 있었지만 주교가 없을 때는 사제에게 위임된 것으로 보인다. 죄인들은 사제에게 개인적으로 마음을 열고 이야기하라고 권한 흔적들은 많이 있지만, 그것이 영적 상담의 차원을 넘어서는 것으로 볼 수는 없다. 이 시기에 참회의 대상이 되는 죄는 교부들에 따라 조금씩 차이는 있어도 대체로 배교, 살인, 간통 등 공적으로 알려진 죄이다.[15] 선한 그리스도인들이라도 피할 수 없는 일상의 죄에 대해서는 각자가 기도, 자선, 이웃에 대한 용서 등을 실천함으로써 용서된다고 생각

---

[8] 폴리카르포스, 「필립비 사람들에게」 11, 1-4.
[9] 『열두 사도들의 가르침』, 정양모 역, 분도출판사 1993, 4,14, 47쪽: 14,1, 93쪽.
[10] 「필라델피아 사람들에게」 3,2; 8,1.
[11] 환시 2, 2, 4 이하; 3, 5, 5; 계명 4, 3, 3-5; 비유 8, 9; 계명 4, 3, 3; 4, 3, 6.
[12] Ph. Rouillard, 같은 책, 1136-1137 참조.
[13] J.N.D. Kelly, *Early christian doctrines*, London 1960, 216.
[14] 히뽈리뚜스, 『사도전승』, 이형우 역, 분도출판사 1992, 79쪽
[15] J.N.D. Kelly, 위의 책, 217, 439.

하였다. 떼르뚤리아누스는 그의 저서[16]에서 교회 안에는 참회하는 두 개의 집단이 있다고 말한다. 하나는 세례 준비 집단이고 다른 하나는 세례 후 회개하는 집단이다. 참회하는 집단이 생겼다는 것은 회개해야 하는 죄인이 많다는 것을 의미한다.

짧지만 격렬했던 250년 데치우스 황제의 박해가 있고 나서 우상에게 제물을 바친 자들sacrificati과 제물을 바쳤다는 증명서를 구입한 자들libellatici의 문제가 발생한다. 251년 카르타고에서 열린 지역 주교회의는 우상에게 제물을 바친 자들은 죽기 전에 죄의 용서를 받을 수 있고, 증명서를 구입한 자들은 즉시 용서하기로 결정했다. 그러나 253년 새로운 박해가 선포되자 같은 지역 주교회의는 참회를 한 모든 사람에게 죄의 용서를 선포한다. 251년 로마 주교회의에서도 로마의 주교 꼬르넬리우스는 배교한 모든 사람에게 용서를 선포했다. 이 용서 때문에 엄격주의자였던 노바시아누스 신부는 주교를 맹렬히 비난했다. 후에 에우세비우스는 그의 교회사에서 위 로마 교회의 결정을 반대한 노바시아누스를 "반형제애적이며 온전히 비인간적"[17] 자세였다고 지적한다.

6. 신앙의 자유 이후 발생하는 법적 참회 규정

313년 신앙의 자유가 허락된 이후 박해는 없고 교회는 황제의 격려와 도움을 받는다. 많은 사람들이 입교하면서 참회를 위한 규정이 필요하게 되었다. 매일의 사소한 죄는 기도와 단식으로 용서받지만, 중죄를 위해서는 참회 절차를 거쳐야 한다. 카파도키아 교부들이 실천한 참회 절차가 있고, 암브로시우스 및 아우구스티누스가 전하는 참회 절차가 있다.[18] 모두가 하느님은 용서하신다는 사실을 실천하기 위한 것이지만 일생에 반복될 수 없이 단 한 번 주어진 기회라는 사실은 남아 있다.[19]

---

[16] *De poenitentia*, Cap. VI, VII.　　[17] 에우세비우스, 『교회사』 6권, 43, 2.
[18] J.N.D. Kelly, 위의 책, 436-439 참조.

이 참회 규정이 요구하는 절차는 다음과 같다. 주교에게 자기 죄를 말하고, 주교는 참회 기간을 정해준다. 참회를 하는 사람은 참회를 시작하는 전례중 성당에서 추방된다. 참회하는 자는 참회 기간중 고기를 먹지 않고, 부부생활을 하지 않으며, 자기가 하던 모든 공무를 중단한다. 주일에는 성당에 오되 성당 밖에서 미사 참례를 해야 하고 성체는 영하지 못한다. 주교가 정해준 기간이 끝나면 성당 안에 들어와서 주교의 안수를 받음으로써 법적 참회 절차는 끝난다. 그러나 이후에도 참회를 한 사람은 죽을 때까지 부부생활이 금지되고 공직에 임하지 못했다. 법적 규정이 이렇게 엄하니까 죄인이라는 사람들은 죽음이 가까운 시기까지 참회를 미루는 폐단이 생긴다.[20]

6세기 들어서면서 게르만족의 대거 이주와 입교가 있었고 참회의 성사는 임종자의 성사가 되었다. 주교들은 사목상 법적 참회 규정을 완화하려는 시도를 하기도 했지만, 로마 제국은 무너지고 교회만이 권위를 지니는 사회였기에 엄격한 참회 규정은 그대로 실천되었다. 난폭한 야만족들이었기에 엄한 규정을 필요로 한다는 의견도 있었다.

법적 참회 절차가 요구하는 부부생활과 직업생활의 금지는 가정생활과 사회생활에 막대한 지장을 주었다. 주교들은 지역 주교회의에서 젊은이들은 참회 절차에 참여하지 말 것을 권한다. 506년 주교 34명이 참석한 아그드Agde 주교회의는 35세 이하의 남녀는 참회 절차에 참여하는 허락을 주지 않는다는 것을 결의했다. 538년 오를레앙Orléans 주교회의는 젊은 사람들에게는 참회 절차를 허락하지 않을 것과 연만한 사람이라도 배우자의 동의가 있을 때만 허락한다는 결정을 하였다.[21]

이렇게 해서 로마 교회법이 정한 참회 규정은 늙은이들, 병자들과 임종자들을 위한 성사가 되었다. 결국 많은 지역에서 참회의 성사는 죽음을 준

---

[19] 한번의 공적 참회 절차라는 점에서는 서방교회와 동방교회가 동일하다. 위의 책, 438.
[20] Ph. Rouillard, 위의 책, 1139 참조. J.N.D. Kelly, 위의 책, 438-439 참조.
[21] Ph. Rouillard, 위의 책, 같은 곳.

비하는 성사가 되었다. 초기교회에서 볼 수 있었던 참회의 공동체적 성격은 사라지고 개인이 자기를 위해서 실천하는 성사가 되었다. 생명을 위한 용서의 성사가 죽음을 준비하는 성사가 된 것이다. 이 시기 신자들은 그들의 중대한 잘못을 용서받을 수도 없었고 성체를 모실 수도 없었다.

7. 유럽 중세교회의 참회 실천

6세기 말부터 아일랜드와 영국의 수도자들이 유럽 대륙으로 대거 진출하여 선교한다. 프랑스 북부, 벨기에, 남부 독일, 북이탈리아, 스페인 등지에서 그들의 활동이 있었다. 이 시기 아일랜드 교회는 로마 교회와 접촉이 많지 않았다. 따라서 그들은 자기 방식의 교회 조직과 제도를 유지하고 있었다. 수도원과 수도원장의 역할은 대단히 중요했다. 수도자들은 수도원 안에서 수도자들간에 서로 죄를 고백하고 보속과 용서를 받았다. 고백을 듣는 상대가 신부이든 아니든 상관없었다. 평신도들도 수도원에 와서 고백하고 보속과 용서를 받았다. 로마의 교회법이 요구하던 참회 기간 동안의 금지사항이나 참회 절차 후의 금지사항을 그들은 알지 못했다. 용서를 받은 사람이 다시 죄를 지으면 다시 와서 고백하고 보속과 용서를 받을 수 있었다.

이 실천에서 죄인들에게 주어야 할 보속은 죄에 비례하는 것이라야 했다. 여기서 발생한 것이 죄의 종류와 그 경중에 상응하는 보속의 종류와 양을 함께 수록한 목록이었다. 우리는 이것을 편의상 "보속 차림표"라 부르자. 이것은 고백을 듣는 사람에게는 편리한 도구였다.

이 실천은 빠른 속도로 유럽 안에 전파되었다. 교회법으로 정한 공식 참회 절차가 죽음을 준비하는 성사로 전락하고, 실생활에서 죄의 용서가 불가능하게 보이던 시점에 아일랜드 수도자들의 개인 고백 실천은 대륙의 주교들에게는 사목상의 고민을 해소해 주는 것이었다.

589년 똘레도Toledo 주교회의는 이 새로운 참회 방식을 거부하면서[22] 전통적 참회 절차로 돌아가야 한다고 결정한다. 스페인 지방에 정착한 게르만족이 속속 입교하고 있는 시점이라 너무 쉬운 참회 방식은 도움이 되지 않는다고 생각한 것으로 보인다.

650년경에 있었던 샬롱 쉬르 손느Chalon sur Saône의 주교회의에 모인 45명의 주교들은 아일랜드 수도자들이 도입한 개인 고백과 용서가 신앙인들의 영적 교육에도 도움이 된다면서 그것을 환영한다. "그 시기의 문서들 중 똘레도 주교회의 외에 이 새로운 참회 방식의 가치를 부정적으로 평가한 것은 찾아볼 수 없다. 오랜 세월 동안 교회법에 준한 참회 절차만을 유일한 참회로 생각했던 주교들이 다른 참회 양식을 그렇게 짧은 기간에 수용한 것은 놀라운 일이다."[23]

이 참회 방식을 보급한 사람은 주교도 아니고 신학자도 아닌 수도자들이었다. 그들은 자기들이 수도원 안에서 하던 것을 약간 변형시켜 보급했다. 수도원에서 행해지던 개인 고백과 용서에는 성사적 성격이 없었고, 그 고백을 듣고 보속과 용서를 주는 사람이 신부도 아니었지만, 그것이 수도원 울타리를 벗어나서 일반 신자들에게로 건너오면서, 고백을 듣는 사람은 신부가 되고, 고백은 성사적 성격을 지니게 되었다. 신부는 죄를 용서할 수 있는 권한을 받은 사람들이 된다.

수도원의 울타리를 벗어나면서 부작용도 발생했다. 뉘우침과 사랑이라는 영적 자세는 소홀히 되고, 보속을 정확하게 하여 잘못을 기워갚는다는 생각이 팽배하게 되었다. 시간이 흐르면서 "보속 차림표"도 문제를 많이 일으켰다. 다양한 "보속 차림표"들이 생겨나고, 여러 가지 죄를 고백하는 사람은 단식 100년과 같은 보속을 해야만 하는 문제가 발생한다. 그래서 융통성을 발휘한 것이 보속의 통합, 다른 사람과의 나눔 혹은 돈으로 대치하는 것 등이다. 예를 들면 10년의 단식 대신 무덤 안에 일주일 동안 기거하는 것, 자기가 해야 하는 보속을 다른 사람과 나누어 하는 것, 가난한 이,

---

[22] "execrabilis praesumptio"라는 표현을 사용했다. can. 2, Mansi, ix, 995, J.N.D. Kelly, 위의 책, 439.

[23] Ph. Rouillard, 같은 곳.

수도원, 신부에게 일정 금액을 희사하는 것 등이다. 돈으로 그 대가를 치르게 한 것은 사람들로 하여금 죄를 다시 짓지 않게 하는 효과도 있었다. 그러나 재산과 신하를 가진 영주와 군주들에게는 편리한 방법이었다. 재물로 보속을 대신하거나 자기 신하와 보속을 나눌 수도 있었다. 반복음적이고 비공동체적인 실천들이었다.

샤를르망뉴Charlemagne가 교황과 주교들의 도움을 받아 착수한 사회와 교회의 개혁(768~814)은 유럽의 일치를 도모하고 성직자와 신자들의 윤리성을 제고하는 데에 그 목적이 있었다. 참회 의례를 위해서는 "보속 차림표"로 말미암은 폐단을 없애기 위해 전통적 참회 규정을 재도입하려 했다. 몇몇 지역의 주교회의들이 그런 결의를 했지만 전통적 참회 절차에로의 복귀는 이루어지지 않았다.[24] 여기서 나타나는 것이 두 가지를 타협한 양식이다. 중대하고 사람들에게 알려진 죄를 위해서는 전통적 참회 절차를, 중대하지만 알려지지 않은 죄를 위해서는 개인 고백과 "보속 차림표"에 의한 보속을 하게 하는 것이다. 이렇게 두 가지를 공존시킨 것은 사회의 여건에 따라 참회 절차는 달라질 수 있다는 교훈을 남겼다.

이 시기 보속은 단식, 기도, 자선 외에 성지순례와 편태鞭笞가 유행했다. 성지순례는 살인, 난잡한 성생활, 성직자의 탈선 등 격리를 필요로 하는 사람들에게 주어진 보속이었다. 이 시대 여행은 대단히 위험한 것이었다. 큰 희생을 각오해야 했고, 고통스러움을 감수하면서 과거의 잘못에서 벗어날 수 있다는 생각과 성지의 성인이 자기를 도와준다는 희망도 갖게 하였다. 십자군 시기(1095~1270)에는 십자군에 참여하는 것이 죄의 용서를 위한 보속이었다. 편태도 이 무렵에 도입되어 중세사회 안에서 성행했고 최근까지 수도원에 남아서 죄를 용서받기 위한 보속으로 실천되었다.

이것이 제4차 라테란 공의회에서 개인 고백을 수반하는 고해성사를 유일한 참회의 성사로 정하기까지의 배경이었다. 교회법적 참회 절차의 짐을

---

[24] Ph. Rouillard, 위의 책, 1142.

덜어주기 위한 해법으로 등장한 것이 개인 고백을 수반한 고해성사였다. 이 성사는 헤르마스의 영향을 받은 초기교회의 엄격함과, 신앙의 자유를 얻고 로마의 국교까지 된 로마 교회가 난폭하고 무식한 게르만족이 대거 이주한 현실 앞에 그 절차를 강화한, 참회를 위한 교회법적 절차의 질곡桎 梏에서 벗어나게 하는 데에 도움을 주었다.

8. 예수 그리스도의 복음

예수의 가르침 안에 나타나는 하느님은 사랑과 용서를 의향대로 베푸시는 분이다. 그분이 하느님이지 인간이 아니라는 사실을 여기서 보아야 한다. 하느님의 완벽성(마태 5.48)은 자비로우심(루가 6.36)이다. 예수의 가르침에 나타나는 하느님의 완벽성은 사람들을 자비롭게 만들어주는 창조적 자비심이요 당신 자신을 주는 사랑이다. 하느님 아버지의 사랑은 죽은 것을 도로 살린다(루가 15.24).

  예수가 사람들의 병을 고쳤다는 사실을 복음서들은 반복해서 말한다. 마르코 복음서는 예수가 반신불수를 고친 이야기(2,1-12)를 전하면서 그것은 죄의 용서라는 사실을 말한다. 유대 종교 기득권층의 해석에 의하면 병은 죄의 대가로 하느님이 주시는 것이었다.[25] 예수가 사람들의 병을 고친 것은 하느님이 죄의 대가로 병을 주시지 않았다는 사실을 알리기 위함이었다.

  예수가 죄인들과 세리들과 어울렸다는 것은 부인하기 어려운 역사적 사실이다.[26] 죄인과 세리는 유대 종교 기득권자들이 하느님의 이름으로 버린 사람들이다. 모세와의 계약이 의미하는 하느님의 함께 계심에서 제외된 사람들이라는 것이다. 예수는 이렇게 사람들이 버린 사람들과 어울리면서 하느님은 그들과도 함께 계심을 선포한다. 하느님의 함께 계심에서는 아무도 제외되지 않는다는 것이다. 유대 기득권층의 그런 횡포에 분노한 예수이

---

[25] 요한 9,2 참조.   [26] 마르 2,15-16; 루가 15,1-2; 마태 11,19.

다. "세리들과 창녀들이 여러분보다 먼저 하느님의 나라에 들어갑니다"(마태 21,31)는 폭언도 서슴지 않으신다.

예수는 죄인들에게 용서를 선포하지만 사람들은 그들을 단죄하고 매도하며, 율법의 이름으로 그들을 죽인다. 시몬이라는 바리사이의 집에 예수가 초대받았을 때, "그 고을에서 죄인으로 소문난 여자가" 예수에게 접근하였다(루가 7,36-50). 예수를 초대한 바리사이는 "이 사람이 예언자라면, 자기에게 손을 대는 저 여자가 누구이며 어떤 여자인지 알 터인데, 사실 죄인이지!"라고 속으로 말한다. 예수는 그 여인에게 "당신의 죄는 용서받았습니다"고 말씀하신다. 요한 복음이 전하는 간음하다 잡힌 여인의 이야기(8,1-11) 도 유대인들은 율법의 이름으로 사람을 단죄하고 죽이고, 예수는 용서하고 살린다는 사실을 말하고 있다. 이 이야기에 이어서 나오는 유대인들과의 대화에서 예수는 당신이 "아버지의 일", 곧 용서하고 살리는 일을 하는 반면, 유대인들은 그 아비의 욕망을 따라 사람들을 단죄하고 죽이는 일을 하고 있음을 말한다. 사람들을 용서하고 살리는 곳에 진리가 있으며, 그것이 인간이 하느님의 자녀로서 누리는 참다운 자유라는 사실과 그 진리는 아들에게서 배워야 하는 것임을 설명한다. 그래서 사람은 "하느님을 영과 진리 안에서 예배해야 한다"(요한 4,24).

하느님이 함께 계시면 사람들은 이 자유를 실천한다. 마태오 복음은 하느님이 용서하시기에 우리도 "일곱 번까지가 아니라 일흔 번을 일곱 번까지라도"(마태 18,22) 용서해야 함을 말한 다음, "무자비한 종의 비유"(18,23-35) 로써 그 실천의 중요성을 보여준다. 이제부터는 사람의 죄를 용서하지 않는 것이 용서받지 못할 죄라는 것이다. "내가 와서 그들에게 말하지 않았던들 그들에게 죄가 없었을 것입니다"(요한 15,22).

예수는, 하느님이 용서하시는 분이기에, 사람들의 병을 고쳐 주면서 아버지의 용서를 실천했고(요한 5,17), 유대인들은 그것 때문에 예수를 죽이려 했다(5,18). 마태오 복음은 최후 만찬사에서 예수의 죽음이 우리 죄의 용서를 위함이라는 사실을 특기한다. "정녕 이는 내 계약의 피로서 죄를 용서해 주려고 많은 사람을 위하여 쏟는 것입니다"(26,28). 공관복음과 고린토 전서가 전하는 네 개의 최후만찬기 중에서 유일하게 "죄의 용서"를 언급하는 마태오 복음서의 최후 만찬사를 미사의 성찬 전례를 위해 교회가 채용했다는 사실도 간과하지 말아야 할 부분이다. 예수의 죽음은 하느님은 용서하시고 사람들은 용서하지 않는 비극이 만든 결말로 보인다.

부활하신 예수는 제자들을 파견하시면서 "모든 사람에게 복음을 선포하시오"(마르 16,15), "나는 세상 종말까지 어느 날이나 항상 여러분과 함께 있습니다"(마태 28,20)고 말씀하셨다. 이 말씀 안에 용서를 위한 제자들의 사명을 보아야 할 것이다. 용서하는 예수의 복음이고 용서하는 예수의 함께 계심에 대한 믿음이다. 요한 복음은 이 점을 특별히 부각했다. "예수께서는 그들에게 숨을 불어넣으시며 말씀하셨다. 성령을 받으시오. 여러분이 누구의 죄든지 용서해 주면 그들은 용서받을 것이요, 여러분이 누구의 죄든지 그대로 두면 그대로 남아 있을 것입니다"(20,22-23). 제자들이 용서할 수도 있고 하지 않을 수도 있다는 말씀으로 이해하지 말아야 한다. 예수의 복음이 전해지는 곳에 죄의 용서가 있고, 복음이 전해지지 않으면, 그 시대 유대 종교 기득권층이 주장하는 대로 사람들은 용서받지 못한 죄인으로 남아 있을 것이라는 말씀이다. 우리는 오늘 과연 예수의 복음을 전하는 사람들인지 묻지 않을 수 없다.

죄의 용서는 하느님의 한없는 자비하심에 근거하고 있다. 인간 공로의 결과가 아니다. 이것은 하느님의 사랑에 대한 체험이다. 인간이 절대적으로 받아들여졌다는 것, 끝없는 사랑을 받았다는 체험이다. 그러기에 자신도 남도 받아들이는 기쁨이 있는 것이다. 따라서 예수의 복음은 하느님을 계기로 한 기쁨이고 이웃에 대한 기쁨이며 이웃과 함께하는 기쁨이다. 구원은 자비로운 사람에게 약속된 것이다(마태 5,7). 하느님 나라는 서로 조건 없이 용서하고 받아들이는 장이다. 이 사랑만이 폭력과 비폭력, 가해와 복수의 악순환을 타파한다. 하느님은 악을 선으로 갚으시는 아버지이시다. 그래서 하느님은 용서이고 사랑이다.

나가면서

예수의 말씀과 실천에 대한 초대교회의 회상과 신앙인들의 실천에 큰 자리를 차지하는 것이 죄에 대한 용서이다. 어느 시기가 지나고 그리스도 교회가 지중해 연안에 산재하는 신앙 공동체로 등장하면서 그들이 만나는 것은 유대인들의 적대감이고 로마 제국의 박해이다. 이 시기에 배교, 살인, 간통은 공동체의 운명에 치명적 손상을 주는 죄였다. 박해가 일어나면 언제라도 죽을 각오를 하고 살고 있는 신앙인들에게 이런 죄는 결코 있어서도 안되고, 그런 불행이 발생하면 쉽게 용서하지도 말아야 하는 것으로 보였다. 헤르마스의 저서『목자』가 반영하는 죄의 용서를 위한 엄격한 규율은 2세기 중엽 교회의 분위기를 반영하는 것이다.

데치우스Decius 황제의 박해(251)는 짧지만 격렬한 것이었다. 그리스도교 신앙은 지중해 연안에 이미 두루 분포되어 있었다. 이 박해 후에 교회 공동체들은 배교했다가 다시 교회 품으로 돌아온 사람들을 위한 참회 절차를 생각하지 않을 수 없었다. 313년 신앙의 자유를 얻으면서 신앙인들의 수는 급증한다. 따라서 신앙인들의 수준도 저하되고 그들을 위한 참회 절차가 필요하게 되었다. 이런 필요성에서 나타나는 것이 교부들이 만든 "법적 참회 절차"라는 것이었다. 비록 일생에 한 번이라는 단서는 붙어 있어도 살인, 배교, 간통과 같은 공적으로 알려진 죄도 하느님은 용서하신다는 사실을 말하는 절차이다. 우리가 위에서 본대로 상당히 가혹한 조치이지만 무너지는 로마 제국의 질서와 게르만족들의 이주 앞에 신앙인들의 윤리 수준을 유지하기 위한 수단으로 제 구실을 한 것으로 보인다.

이 "법적 참회 절차"의 가혹함에 대한 사목자들의 배려는 그 "절차"를 죽음 전에 행해야 하는 것으로 만들었다. 아일랜드 수도자들이 도입한, 반복될 수 있는 "개인 고백과 죄의 용서" 양식은 그 시대 사람들에게 기쁜 소식이었다. 유럽 내 그 양식의 급격한 보급이 증명해 준다.

제4차 라테란 공의회가 이 양식을 모든 신자들을 위해 일 년에 한 번

해야 하는 의무로 제정한 것은 이단과 무질서 앞에 공동체의 규율을 확립하고 무식한 그 시대 대중을 호도하기 위해 필요했던 조치였을 것으로 보인다. 그 조치를 위한 규정이 자리잡고 있는 규정집의 내용이 입증하는 바이다.

트렌토 공의회는 교회 분열 이후 무너지는 가톨릭 교회의 제도와 조직을 바로 세우기 위해 17년 동안 개최되었다. 개신교회들이 공격하는 고해성사를 정당화하고 가톨릭 신앙인들 앞에 주저없이 실천해야 하는 것으로 만들어야만 했다. 트렌토 공의회는 "고해성사의 기원이 교회에 있는 것이 아니라 하느님이 주신 법에 기원이 있으며", "가톨릭 교회가 그 초기부터 실천해 온 것"이라 말했다. 이 표현들은 좀 과대포장하여 과잉방어를 했다는 인상을 준다. 고해성사라는 말로 개인 고백을 수반하는 현행 고해성사의 절차만을 의미하는 것으로 이해하면, 트렌토 공의회는 역사적 과정을 무시한 것이다. 그러나 고해성사라는 말로 오랜 역사를 거쳐서 얻은, 간편한 양식으로 된 죄의 용서 및 그 용서의 반복 가능성을 의미하는 것으로 이해하면, 고해성사는 분명히 하느님이 주신 법에 기원이 있고, "구원에 필수적이며" "가톨릭 교회가 그 초기부터 실천해 온 것"이라는 공의회의 결의는 정당하다고 말하겠다. 하느님은 용서하시는 분이기에, 용서는 하느님의 법이다. 교회는 그 용서를 초기부터 다양하게 실천했다. 이 해석은 물론 공의회의 의도를 넘어서는 것이다. 그러나 역사 안에 발생한 문서는 저자의 뜻만 반영하는 것이 아니다. 교회 전통 안에 주어진 하나의 객관적 자료이기에 우리는 저자의 의도를 넘어서 해석하고 우리를 위한 진리를 발생시킬 권리를 가진다.

트렌토 공의회가 말한 고해성사를 죄의 용서라는 뜻으로 이해하면, 현행 고해성사 양식이 그 공의회 이후 400년 이상을 존속했다는 사실은 이제 시효時效가 지나도 엄청나게 지났다는 것을 말해준다. 오늘 유럽 교회 안에 고해성사를 실천하는 사람도, 미사에 오는 사람도 거의 없다는 사실은 그 시효성의 자연적 소멸을 말하는 것이다. 독일의 신학자 칼 라너는 독일 가톨릭 교회가 1971년부터 1975년까지 개최한 공의회를 위해 집필한 책[27]에서 다음과 같이 말한다. "해마다 고해성사를 받으라는 교회의 계명은 주관적으로도 자각한 중죄를 스스로 의식하고 있는 사람들에게만 구속력이 있다는 사실을 숨겨버려서는 안된다. … 참회 예절이 성사적 성격을 띨 수 없다는 것은 교의가 아니다. … 주일 계명을 마치 시나이 산에서 영원한 신적 계명으로 선포된 것인 양으로 내세워서는 안된다." 제4차 라테란 공의회의 규정집에 고해성사와 함께 결정된 71개 항목 중 몇 개가 오늘도 규정으로서 유효성을 지니는지를 연구해 보아야 한다. 필자는 21항 고해성사에 관한 규정 외에는 현재 교회를 위한 규범으로 존속하는 것을 하나도 발견하지 못했다.

교회는 그 역사 안에 죄인들을 위해 용서와 화해를 선포했다. "로마 교회의 법적 절차"와 같은 가혹한 것 외에도, 시대에 따라 그 방식은 달라도 예수 그리스도를 선포하면서 그분 안에 볼 수 있는 죄의 용서를 실천했다. 미사, 성체성사, 성서 독서, 기도, 자선 등은 죄의 용서를 위한 수단으로 교회 안에 항존했다.

한 가지의 길을 강요하고 오래 지속하면서 발생하는 부작용들을 볼 수 있다. "법적 참회 절차"가 6세기에 죽음의 성사가 된 것과, 개인 고백을 수반하는 고해성사를 위한 "보속 차림표"가 11~12세기에 부작용을 낳은 것을 들 수 있다. 오늘 개인 고백을 필수로 하는 고해성사가 어떤 부작용을 낳고 있는지를 사목하는 사람들과 그것을 가까이 보고 참여하는 사람들은 잘 알고 있다. 참다운 죄의식, 뉘우침, 용서하시는 하느님에 대한 신뢰 등의 체험을 전혀 주지 못한다. 미사 참례 의무를 하지 않았기에 밟아야 하는 불편하고 불쾌한 절차 정도로 대부분이 인식하고 있다. 이것 때문에 성당을 외면하는 신자들도 점점 늘어간다. 실태가 이럼에도 불구하고 새로운 형태의 고해성사를 전혀 생각하지 않는 것은 예수 그리스도의 복음을 전하

---

[27] K. Rahner, *Strukturwandel der Kirche als Aufgabe und Chance*, 정한교 역, 『교회의 미래상』, 분도출판사 1981, 180-181.

는 자세도 아니고, 교회를 위해 봉사해야 하는 사람들의 배임 내지 업무태만으로 보인다.

　현대인들은 과거 유럽 중세 사람들과 같이 무식하지 않다. 자기 삶을 위해 충분한 정보를 받고 자기 스스로를 위해 선택적 실천을 하면서 살아간다. 고해성사 양식도 다양해야 한다. 개인 고백을 동반한 고해성사, 개인 고백 없는 공동 참회예절, 미사 전반부에 하는 참회의 기도 등 여러 가지 방식으로 하느님의 용서를 체험할 수 있게 해야 한다. 하느님은 용서하시는데 교회의 기득권층이, 과거 관행에 얽매여서, 하느님의 이름으로 그 용서를 어렵게 한다면 예수님 시대의 유대 종교와 크게 다르지 않을 것이다.

〈약정토론〉

임 병 헌

(가톨릭대학교 교수)

주지하듯이 서 신부님께서 발제강연을 해주신 주제 "고해성사의 쇄신"은 제2차 바티칸 공의회 이후 교회의 전반적인 금일화今日化(Aggiornamento) 작업 안에서 다양한 형태로 활발하게 토론되었던 주제이고, 아직도 진행중이며 그 해결의 실마리가 쉽게 보이지 않는 문제이다. 그만큼 이 주제가 지닌 문제가 복합적이고 때론 첨예한 문제라 할 수 있는 것이다.

서 신부님의 발제강연은 바로 이처럼 쉽지 않은 문제에로의 접근이었고 나름대로의 해법 제시였기에 이 작업을 위한 신부님의 수고가 적지 않으셨으리라 미루어 짐작할 수 있다. 더구나 이러한 주제에 대한 본격적인 신학적 토론이 전무하다시피 한 한국교회의 상황에서 신부님의 강의는 그 문제의 제기만으로도 의미있고 평가받을 일임에 틀림이 없다. 그러기에 우선 신부님의 수고와 노력에 갈채를 보내지 않을 수 없다.

신부님의 강연은 우선 고백성사의 실천이 처한 오늘의 상황을 한계상황으로 인식하고 그 극복을 위한 실마리를 역사적 고찰을 통해 풀어나가고자 했다. 즉, 1215년 라테란 공의회와 1545년 트렌토 공의회에서 제정된 고백성사에 관한 규정 — 특히 가톨릭 신자는 적어도 1년에 한 번 개인 고백을 수반한 고백성사를 해야 한다는 의무 규정 — 이 오늘날에도 유효한지에 대해 의문을 제기하고 재성찰을 촉구하고 있다. 강연의 요지는 그 규정의 역사적 형성 · 발전 과정을 숙고하고 또 당시의 "사회상황"과 오늘의 변화된 사회상황을 감안할 때 그 규정의 실천은 그 유효성이 상실되었다는 주장이다. 그리고 죄의 용서를 개인 고백을 동반한 고백성사로만 국한시키지 말고 초대교회의 실천에서 보여지는 것과 같은 다양한 방법을 적용하자는 의견 제시다.

전체적인 강의의 틀이나 요지, 그리고 그 주장의 상당 부분은 깊이 공감할 수 있는 내용임에 틀림이 없다. 이러한 문제의 제기와 신학적 성찰은 구체적인 상황을 살고 미래를 지향하는 교회의 삶에 필수적인 것이요, 이를 통해 교회는 늘 새롭게 쇄신되는 것이라 할 수 있기 때문이다.

그러기에 이러한 주제의 토론을 위한 장場이 확대되고 그 실현 가능성을 모색하는 작업이 진지하게 이루어져야 한다는 입장은 지극히 타당한 것이라 할 수 있다. 이러한 "쇄신"을 위한 노력의 일환으로 신부님의 발제 강의 내용은 미래의 교회를 위해 큰 의미를 지니는 것이라 할 수 있다.

그러나 주지하는 바처럼 올바른 의미의 "쇄신 작업"은 "본질로부터의 이해"를 전제해야 한다. 신부님 역시 이러한 맥락에서 성사 의무 규정과 개인 고백의 규정을 역사적으로 고찰하여 원천을 이해하고자 하는 노력이 돋보이지만 그 내용에 한 발 더 가까이 접근하면 많은 공감에도 불구하고 몇 가지 의문과 토론을 위한 여백이 남는다.

우선 강연은 주제에 대한 이해에 있어 신학적이고 구원사적인 측면에서보다는 순수 역사학적 방법론과 법(규정)적 이해를 바탕으로 하여 접근하고 있다. 그러나 라너K. Rahner나 튀빙겐Tübingen 학파 학자들이 주장하는 것처럼 한 신앙적 주제에 대한 신학적 해석은 하느님의 역사役事라는 구세사를 전제하기에 순수 역사학적 탐구의 도움을 요청하기도 하지만 많은 경우 그 역사학적 해석의 틀을 능가한다는 것이 신학계의 공론이다. 더구나 법 혹은 규정을 통한 신앙적 언사의 해석은 풍부한 구원사적 혹은 신학적 내용을 축소시키고 제약시킬 수 있는 소지를 가진 것이기에 편협한 해석이 될 수도 있다. 결국 순수 역사학적 고찰이나 법(규정)적 고찰은 어떤 "사실"Faktum의 분석과 이해에는 큰 도움이 될 수 있지만 신학적 개념이나 신앙적 언사를 남김없이 해명하고 해석하기엔 한계를 가진 것이라 할 수 있다.

신부님의 강연 중 고백성사의 실천에 있어 역사적으로 축적된 부정적 현실체험에서부터 숙고된 현행 고백성사 실천의 쇄신이라는 명제에는 공감을 하면서도, 다른 한편 이러한 부정적 역사체험만을 근거로 하여 고백성사에 관해 성찰할 때, 그러한 고찰은 고백성사가 지니고 있는 성사로서의 본질을 간과하거나 호도할 수 있는 한계를 지닌 것임을 지적하지 않을 수 없다. 고백성사의 올바른 이해와 실천을 위해서는 역사적 형성 과정과 실천 과정을 역사적 방법으로 역추적해 그 진위를 가려내는 것도 중요하지만 그에 못지않게 고백성사가 함축하고 있는 성사적 측면을 신학적이요, 구세사적으로 조명하는 일도 중요한 것이라 할 수 있다. 더구나 신학 본연의 과제가 신앙적 언사들을 "오늘의 이해 지평" 안에 재해석해 내는 것이라면 변화된 오늘의 이해와 체험 지평 안에 고백성사의 성사론적 의미와 구원론적인 의미를 재해석하는 일 역시 고백성사의 쇄신을 위해 매우 중대한 일이라 할 수 있다. 시간과 지면의 한계가 있었겠지만 강의 내용에 이러한 부분이 간과된 것은 아쉬운 점이다.

그 다음은 죄의 용서 방법을 다양화하자는 주장에 대한 문제이다. 발제 강연의 내용처럼 초대교회에서부터 교회 안에서는 죄의 용서 방법이 다양한 형태로 이루어지고 있음을 가르쳐 왔다. 이러한 가르침은 단지 넓게 인식되지 않았을 뿐 오늘날에도 그 유효성이 인정되고 있다. 포르그리믈러에 의하면 고백성사 외에도 하느님의 말씀을 경청함으로써, 보상 Wiedergutmachung을 통해서, 생산적 사랑의 실천을 통해서, 진정한 대화를 통해서, 그리고 예수의 고통에 동참하는 것을 통해서 죄의 용서가 가능함을 밝히고 있다.[1] 그리고 교회는 위에 열거한 비성사적 죄의 용서 외에도 세례성사, 성체성사, 그리고 병자성사를 통해 죄의 용서가 이루어짐을 가르친다. 문제는 죄의 용서에 있어 성사적 방법과 비성사적 방법을 구분하는 일이다. 개인 고백을 동반한 고백성사를 보프의 견해에 따라 "비가시적 은총의 가시화"라는 성사론적 측면에서 이해하면[2] 그러한 고백성사는 성사를 통한 죄의 용서 체험이라는 특수성과 탁월성을 지닐 수 있는 것이다. 이처럼 죄의 용서 방식이 이미 다양하게 전제되어 있다면 "고해성사 양식도 다양해야 한다"는 신

---

[1] 참조 H. Vorgrimler, *Sakramententheologie*, Düsseldorf 1987, 226-227.

[2] 참조 L. Boff, *Kleine Sakramentenlehre*, Düsseldorf 1988, 38-40. 80.

부님의 주장에 대해 성사적 방법과 비성사적 방법을 구분하여 "더 깊은 숙고가 있어야 한다"는 단서를 달 수밖에 없다. 이런 주장 안에는 개별 고백성사가 지니는 치유Therapie적 요소와 효과도 감안되어야 하기에 개인 고백의 의미가 긍정적으로 수용될 수 있지 않느냐는 물음이 내포된 것이다.

이러한 토론에 덧붙일 것은 현재 체험되는 고백성사의 위기가 단순히 고백성사의 형식이나 양식에서부터 기인된 것만은 아니라는 점이다. 이 위기가 — 전례의 위기, 더 나아가 교회생활의 위기와 더불어 — 구체적으로 교회가 처한 사회적 상황과 깊이 연루된 것이라면 고백성사의 위기는 성사의 형식에도 문제가 있지만 그에 못지않게 오늘의 사회가 처한 윤리적 상황과도 깊은 연관이 있다. 산업화와 도시화를 통한 삶의 변화는 죄의 개념을 그 이전에 비해 매우 사회적이며 구조적으로 이해하도록 하였다. 그 결과 죄의 개념과 의식이 모호해지고 그 원인과 책임의 소재마저 불분명해진 것이다. 이런 상황에서 죄의 성찰과 고백은 애매한 것일 수밖에 없다. 그러기에 고백성사가 처한 위기의 극복, 즉 쇄신은 성사 자체에 대한 물음과 더불어 윤리적인 물음과도 함께 병행되어야 한다.

다른 한편, 고백성사의 실천에 있어 한국교회가 겪고 있는 현실적 어려움은 고백성사를 보는 사람이 매우 적어 문제인 서구 교회와는 달리 일선 사목자들의 말을 빌리면 — 언제까지 지속될지는 모르지만 — "오히려 고백자가 넘치는" 것이다. 그러기에 이런 어려움을 극복하는 방식 역시 서구 교회와는 다른 관점에서 접근되어야 함을 지적할 수 있다. 개인 고백을 위해 다가오는 한국교회의 신앙인들을 "미성숙한 신앙인"으로 치부할 것이 아니라 오히려 어떻게 그들에게 의미있는 고백성사를 체험할 수 있도록 도울 수 있을까 하는 사목적 숙고가 고백성사의 실천에 있어 크게 감안해야 할 현실적 과제가 아닌가 사료된다.

바로 이러한 의미에서 고백성사의 쇄신을 위한 신부님의 발제 강연은 전체적으로 수긍이 가면서도 아직 지속적인 토론을 위한 여백이 남겨져 있는 문제임을 인정할 수밖에 없다.

〈질의응답〉

사회자(정양모): 시작하겠습니다. 엄청나게 질문이 쏟아져서 소화할 시간이 부족할 것 같은데요. 자, 그럼 먼저 서공석 신부님께 질문합니다. "고해성사의 본질은 하느님과의 화해, 교회와의 화해, 이웃과의 화해입니다. 그런데 서 신부님께선 고해성사를 단지 죄의 용서라는 지극히 소극적인 차원에서 진술했습니다. 이에 대해 해명해 주십시오."

서공석: 용서나 화해나 저는 무엇이 다른지 모르겠어요. 자식이 부모에게 잘못했을 때 부모가 용서해 주면, 그것은 화해도 되고 용서도 됩니다. 저는 화해라는 단어보다는 용서라는 단어를 더 좋아합니다. 왜냐하면 화해는 무언지 대등한 두 사람이 마주앉아서 하는 것이라 여겨지지만, 하느님은 우리와 그렇게 마주앉아서 청산하는 관계에 있는 분이 아니거든요. 우리는 하느님을 떠나지 못하는 것이죠. 죽으나 사나 우리는 하느님 안에 있는 사람입니다. 그러니까 성서는 하느님의 용서를 선포하는 말씀이고, 고해성사는 하느님의 용서를 선포하는 성사입니다. 고해소에 앉아 있는 신부가 다 알아들으려고 할 필요도 없습니다. 저는 그렇게 생각합니다. 하느님이 용서하신다, 그러니까 다른 보속할 필요도 없고 주의 기도 한 번으로 끝내라, 하느님의 용서를 선포하는 것이 고해성사인 것입니다. 그리고 이것이 성사의 의미를 지니는 것은, 성사는 우리를 움직이게 하는 것이라는 데 있습니다. 즉, 하느님이 우리를 용서하시니까 우리도 나가서 용서한다, 이것이 바로 성사적 의미입니다.

사회자: 임병헌 신부에게 질문합니다. "임 신부님은 서 신부님의 고찰을 역사적·법적 방법이라고 규정하고 고해성사의 성사적·구원사적 의미를 간과하지 말아야 한다고 했습니다. 하지만, 평신도 입장에서 고해성사의 성사적·구원사적 의미가 와닿지 않는데, 이에 대해 말씀해 주세요."

임병헌: 충분히 예상했던 질문이죠. (웃음) 역사학의 발전과 새로운 성서 연구가 본격적으로 이루어지면서 역사라고 하는 것을 새롭게 이해하게 됩니다. 서 신부님 발제문에도 나온 것처럼 이원론적이고 이분법적인 세계관과 역사관을 성서적인 관

점에서 새롭게 해석합니다. 역사는 단순히 일어난 사건의 연대기적 나열이 아니라 역사 안에서 하느님의 역사하심, 혹은 하느님의 일하심이 드러나는 것으로서의 역사로 파악됩니다. 그리고 이승과 저승의 이분법적 구별이 아니라 하느님 나라가 이미 이 땅 안에서 선취되고 있고 그 하느님 나라를 우리가 이미 여기에 앞당겨서 살고 있음을 강조하는 것이 역사신학의 취지이고, 그런 신학에 뿌리를 두고 갈라져 나온 남미신학, 해방신학, 정치신학의 취지입니다. 다시 말하면 역사 안에서, 혹은 다른 사건들 속에서 역사하시는 하느님의 현존을 신학적으로 해석해 내고 또 그렇게 성서에 드러난 하느님을 우리가 오늘의 이야기로 현재화시켜 이해하자는 것이 바로 구원사적 맥락이요 구원사적 측면의 해석입니다. 그 이유는 하느님의 역사가 가시적으로 보일 수 있는 것이 아니라는 겁니다. 하느님의 역사, 성령의 역사, 성령의 현존은 비가시적인 것으로 그것을 인간이 이해하도록 하기 위해 그것을 드러내는 도구적 역할을 필요로 합니다. 그 도구와 징표적 역할을 하는 것이 바로 성사입니다. 우리는 비가시적 은총, 비가시적 하느님의 용서와 사랑을 총칭하여 인간을 향한 하느님의 호혜적 마음, 하느님의 은총이라 표현할 수 있습니다. 그런데 이것을 어떻게 인간이 체험하고 인지할 수 있느냐? 하느님이 당신만 알아들을 수 있는 방법으로 사랑과 용서를 베푼다면 인간과의 통교는 불가능합니다. 왜냐하면 하느님과 인간은 양자 사이의 본질적 상이성으로 말미암아 직접적 통교가 불가능한 때문입니다. 하느님은 인간이 알아들을 수 있는 중재물을 통해 당신 사랑과 용서를 계시하고 드러내시며 그 중재의 역할에서 성사의 의미를 찾을 수 있습니다. 이런 측면에서 고해성사를 이해한다면 성사는 하느님의 용서가 육신성을 지닌 우리 인간에게 체감되고 감지될 수 있도록 하는 도구가 아닌가 생각합니다. 우리가 성사를 이해할 때 이런 측면을 강조한다면 고해성사를 오늘의 이해 지평에 맞도록 구체적으로 해석할 수 있지 않겠는가 하는 것이 제 의견입니다. 끝입니다. (웃음)

사회자: 서 신부님께 질문합니다. "사순시기에 공동참회 예절을 합니다. 그런데 그때 봉헌금을 요구하는데, 이것이 면죄부라는 느낌을 갖게 합니다. 제 생각에는 이것이 잘못되었다고 생각하는데, 신부님의 한말씀을 듣고 싶습니다."

서공석: 잘못되었다는 말 그대로지요. (웃음) 어떻게 더 말을 하겠어요. 왜 그러느냐, 돈이 필요하니까. (웃음) 그런데 그런 것은 안하는 게 좋겠죠. 요새는 엎어져도 돈, 자빠져도 돈 (웃음) 왜 그러는지 모르겠어요. 가톨릭 교회가 하는 일 중에 제일 쉽다고 생각하는 일이 신자들 주머니에서 돈 거둬서 성당 짓고, 신학교 짓고, 30주년이다 40주년이다 해서 운동장 빌려 수만 명 모아가지고 한 번 행사하는 것입니다. 그런 일은 모두 다 몸으로 손으로 때우는 일들입니다. 현대에 맞게 무언가를 해야 할 것입니다. 아직도 성체거동을 하는 곳이 있습니다. 요즘 같이 교통이 불편한 현실에 그런 행사를 하면 주민 모두가 얼마나 불편합니까? 그러고도 구원의 공동체라고 할 수 있겠습니까? 지금 될 수 있으면 교통혼잡이나 공해 일으킬 일은 해선 안 되고, 먼저 우리가 구원의 공동체가 되어야 한다고 생각합니다. 이 핑계 저 핑계 대고 돈만 털면 그게 무슨 구원의 공동체냐? 칼만 안 들었다 뿐이지 하느님을 들고 달려드는 강도. (웃음) 이상입니다. (웃음)

사회자: 서 신부님께 질문합니다. "신부님은 일반인에게 고해성사를 주실 기회가 있는지요? 있다면 하느님의 사랑과 자비심을 강조하시나요, 죄의식을 강조하시나요?"
서공석: 자주 주지는 않지만 일주일에 한 번 제가 미사하러 나가는 본당에서 미사 30분 전에 고해성사를 드립니다. 하느님의 자비하심을 강조할 필요가 없는 사람이 많아요. 왜냐면, 주일미사 참례 한 번 빠졌습니다, 주일미사 참례 두 번 빠졌습니다라고만 말하는 사람에게 무엇을 말합니까? 요식행위이므로 그런 사람은 빨리 내보내고, 정말 뭔가 고해성사답게 받기를 원하는 사람에게는 하느님의 용서를 굉장히 강조합니다. 아까도 말씀드렸지만 개인 고해성사는 절대 판단하는 것, 심판하는 것이 아닙니다. 고해성사는 재판이라고 말하는 사람들이 있는데, 절대 재판이 아닙니다. 하느님이 용서하신다는 사실을 선포하는 역할 이외에 고해성사를 드리는 사제가 할 일은 없습니다. 하느님이 자비하시고 용서하시니까 기뻐해야 하지 않겠는가라고 강조합니다. 그러나 불행히도 그런 말을 할 필요가 있을 정도로 올바른 죄의식을 가진 사람이 드뭅니다.

사회자: 임병헌 신부님께 질문합니다. "신부님은 신학교에 계시는데, 신학생들에게

고해성사를 어떻게 가르치십니까? 그들에게 쇄신이나 활성화를 위한 토론의 기회를 만드는지요? 신학생들에게 고해성사를 줄 때 어떤 점을 강조하십니까?"

임병헌: 대답은 간단합니다. 고해성사에 관한 과목은 제 과목이 아니라 가르치지 않고 저는 생활지도 신부이기에 고해성사를 학교에서 주지 않습니다. (웃음) 신학교에서 고해성사는 전적으로 영성지도 신부님이 담당하기 때문입니다. 그 이유는 현 신학교 제도에서 신학생들 양성에 있어 전적으로 존중하는 부분이 신학생들의 내적·외적 부분을 구분하여 지도하는 것입니다. 내적 영역, 즉 영적 영역인 고해성사의 비밀은 내적 부분과 관련되어 있고 신학교에서 내보내거나 신품을 주고 안 주고의 문제도 결부되어 있어 철저히 비밀을 보장합니다. 외적 생활을 다루시는 생활지도 신부님들은 따로 있습니다. 그중 고백성사를 주시는 분은 영성지도 신부님이십니다. 그분들이 직접 성사를 주는 것이죠. 고백성사는 교회법이나 윤리신학, 성사론에서 다루는데, 현재 저는 성사론을 교리신학원에서 가르칩니다. 그러므로 제가 고해성사에 관해 신학교에서 가르치면, 그것을 가르치는 분에 대한 예의가 아니기에 가르치지 않고 있습니다.

사회자: 임병헌 신부님의 약정토론문을 이 자리에서 받고 싶다는 요청이 있는데요. 6개월 이내에 발제강연, 약정토론, 질의응답을 실은 책을 분도출판사에서 출간할 예정이니 그때 보시면 되겠습니다. 주제와 다른 질문이 나왔는데요. "정양모 신부님, 서공석 신부님, 이제민 신부님이 얼마 전 교황청에서 제재를 받았다는 소문이 있는데 무엇이 문제였습니까? (웃음) 앞으로 어떻게 살아가시겠습니까?"(웃음)

서공석: 7월 8일, 가톨릭 중앙협의회 사무총장 이름으로 저한테 공문이 왔어요. 그 공문을 보니까, 서공석 신부님 귀하, 교황대사관에서 온 공문을 보내드리니 참고하시기 바랍니다. 사무총장 아무개, 이렇게 왔어요. 동봉된 사본은 교황대사관이 한국 주교회의 의장 정진석 주교 앞으로 보낸 5월 16일자 영어 편지 두 쪽이었어요. 그 내용을 보니, 로마 포교성성장 톰코 추기경이 낸 경고인데, "정양모, 괄호해서 여기저기서 발언한 것, 이제민, 괄호해서『순결한 창녀』책 낸 것, 서공석, 괄호해서 1997년 2월호 사목지에 교회 쇄신에 대해 쓴 글, 이 세 사람이 말한 것이 가톨

릭 교회에서 지금까지 가르친 것과 다르다는 것이었습니다. 그들은 ① 보편교회와 지역교회의 관계 ② 여성과 사제직 ③ 신부들의 독신생활 ④ 가톨릭 신앙의 토착화 등에 대해 가톨릭 교회의 가르침과 다르다는 것입니다. 그리고 서 신부가 낸 사목지에 교황청이 발간한 사제의 직무와 생활 지침을 실어서 널리 알려라" 이런 것이었습니다. 문제는, 그 안의 내용이 정양모 신부님이나 제가 말하지 않은 내용이라는 점입니다. 저는 사제직과 여성에 대해 발표한 적도 없고, 토착화에 대해서도 별로 없고, 보편교회나 지역교회에 대해서도 글을 발표한 것이 없습니다. 그래서 이제민 신부님의 책을 펴보니 목차가 보편교회와 지역교회, 성직자와 여성, 한국에서의 선교 과제 등이 있어요. (웃음) 이걸 로마 교황청 대사가 읽을 재주도 없고, 톰코 추기경이 읽을 리도 없고, 누가 거기다 고발을 한 것입니다. 고발을 하려면 좀 수고를 해야지요. 내용을 좀 알고 해야지요. 머리는 어디다 두었다가 쓰는지 도무지 이해를 못하겠어요. 이건 정말 바보들의 행렬이라 생각하고 편지를 그만 던져두었어요. 그런데 공문은 전혀 발표도 안되었는데 『빛두레』에서 그 내용을 회보에 냈어요. 『빛두레』를 보니, 위의 세 신부가 속한 교구장이 본인들에게 개별 통지하기로 되어 있다고 말하고, 앞으로 위 세 사람은 교회에서 내는 공식 기관지에 글을 싣지 못한다는 내용이었습니다. 그래서 간접으로 CCK에 알아봤더니, 교황대사관에서 공문이 와서 주교 상임위원회에서 그렇게 조치를 했다는 겁니다. 하지만, 우리는 아직도 공식으론 알지 못하고 뒤로 알아본 것뿐입니다. 그러니 앞으로 어떻게 사시겠냐는 질문에, 사는 데 별 지장이 없다고 말씀드립니다. (웃음) 이제민 신부님은 광주 가톨릭대학교에서 유일하게 글을 잘 내시는 분인데; 이 핑계 저 핑계를 대고 이번 학기말로 학교에서 교구로 가시라 하여 본당활동을 하시겠고, 정양모 신부님이나 저는 서강대 예수회의 자비심(웃음)에 힘입어 아직도 건재하고 있습니다.

사회자: 임병헌 신부님께 질문합니다. "모든 신학적 논의를 포괄하는 신학적 본질에 관한 논의가 있어야 한다고 했는데, 무슨 말인지 잘 모르겠습니다. 인생의 모든 것을 포괄한다는 생각은 인간의 자만한 생각이 아닌지, 또 본질 운운하는 것은 시대착오적인 형이상학적 발상에서 나온 게 아닌지 묻고 싶습니다."

임병헌: "본질 운운하는 것은 시대착오적인 형이상학적 발상에서 나온 게 아닌지"라는 질문은 도대체 제가 이해할 길이 없습니다. 본질이라는 말에서 중세철학을 부정적으로 연상해서 나온 질문인지, 질문자의 의도를 파악할 수가 없습니다. 제가 아는 개념에서, 본질에 대한 이해는 간략하게 말해 어떤 사건과 사물의 내적 속성을 의미하는 것입니다. 외적 형상은 내적 본질의 표현이라는 것입니다. 외적인 것은 본질의 표현입니다. 그러므로, 본질에서부터 사안을 이해하자는 제 견해는 시비를 걸 것이 아닌 명확한 것이죠. 그리고 "모든 신학적 논의를 포괄하는 신학적 본질에 관한 논의가 있어야 한다", 그렇죠. 오늘날의 문제는 여기에 있습니다. 오늘날은 다원화·다양화된 시대요 전문화·세분화된 시대라고 볼 수 있습니다. 이런 까닭에 모든 것을 포괄하는 총체적 시각을 가지기는 어렵습니다. 그러나 어렵지만 총체적 안목을 가지도록 노력해야 한다고 봅니다. 총체적 안목을 가지기 위한 노력을 해야 올바른 방향성이 잡히지 않겠습니까? 그러므로 총체성을 바라보는 균형잡힌 시각을 가지기 위해 "모든 신학적 논의를 포괄하는 신학적 본질에 관한 논의"를 하자는 것은 쇄신을 위해 중요하리라고 봅니다.

사회자: 서공석 신부님께 질문합니다. "① 현행법의 고해성사만 고집하지 말고 초대교회 화해양식의 다양성을 수용하여 고해성사도 다양하게 해야 한다고 하셨는데, 초대교회 화해양식의 다양성을 구체적으로 제시해 주셨으면 합니다. ② 다양한 예식이 현행 고백성사 예식서에 이미 다 나와 있습니다. 그러므로 신부님의 글은 전혀 쇄신적이지 않고 단순히 답습에 불과하다고 봅니다."

서공석: ① 먼저 발제강연에서 "이 시기에 참회의 대상이 되는 것은 공적으로 알려진 배교, 살인, 간통이다. 선한 그리스도인들이라도 피할 수 없는 일상의 죄에 대해서는 각자가 기도, 자선, 이웃에 대한 용서 등을 실천함으로써 용서된다고 생각하였다"(169쪽), 또 "많은 사람들이 입교하면서 참회를 위한 규정이 필요하게 되었다. 매일의 사소한 죄는 기도와 단식으로 용서받지만, 중죄를 위해서는 참회 절차를 거쳐야 한다"(170쪽)고 했습니다. 그러므로 기도, 성서 독서, 자선, 이웃 사랑은 전부 다 죄의 용서의 기회이고 특히 미사가 그러합니다. 결론 부분에도 다루었지만, 최후

만찬기가 넷 있는데 공관복음서에 셋, 고린토 전서에 하나지요. 그중 마태오만이 죄의 용서를 위해 흘린 피를 말하고, 이것이 미사에 들어왔습니다. 누누이 말씀드린 대로, 어려운 참회 절차를 만든 것은 그 당시 배교, 살인, 간통의 죄는 공동체의 모든 사람들에게 알려져서 지탄받았던 것이기 때문입니다.

② 두번째 질문은, 어디에 그렇게 다 나와 있는지, 다 나와 있다면 제가 쓸데없는 소리 한 거지요. 어디 다 나와 있습니까? 제가 다시 한번 읽어봐야겠습니다. 제가 알기로 한국교회에서는 공동참회 예절에도 반드시 개인고백을 하라고 한국 주교회의가 정했습니다. 로마에서는 각국 주교단이 알아서 결정하라는 지침을 주었지만, 우리는 예수님이 주신 열쇠를 자물쇠로 더 잘 사용합니다. 안되도록 잠가놨어요. 공동고백 때 신부님들 죽 불러놓고 신자들 줄 세워서 들어갔다 나왔다 하지 않습니까? 그럴 필요가 뭐 있는가? 어쨌건 제가 읽은 예식서에서는 제가 말씀드린 게 없습니다. 우리가 미사 시간에 내 탓이요 내 탓이요 해놓고 아무 소용이 없지 않습니까? 미사 시작에 있는 참회 부분을 조금 더 발전시켜서 성사적 의미를 부여해야 합니다. 그래서 그것으로 하느님 앞에 충분하게 참회한 것이 되고 영성체 해야지, 하느님은 용서하셨는데 사람들이 달려들어서 자꾸 안된다고 말하는 것입니다. 이것은 유대교 지도자들이 한 것이고 현재 가톨릭 교회 지도자들이 하는 것입니다. 그래서 용서를 받으려면 반드시 본당신부를 찾아가서 고백성사를 하라고 하는데, 사실 고백성사 보러 가려면 애먹습니다. 요새 고백성사 잘 안 주거든요. 이게 뭔가 권한 행세하는 걸로 여깁니다. 어쨌든 사람이 하느님을 빙자해서 행세하면 그건 교회가 아닙니다. 그건 하느님이 안 계시는 곳입니다. 하느님이 안 계시면 사람은 사람 잡아먹는 늑대입니다. 사람은 사람에게 늑대입니다. 늑대들이 하는 일이지 하느님이 하시는 일이 아닙니다.

사회자: 저희 학과에 개신교 신자로서 공부하면서 고백성사를 안해도 신앙생활 잘 하는 박태식 박사와 이찬수 박사가 있습니다. 이분들의 개인 소감을 들어보지요.

박태식: 안녕하세요. 저는 그런 복잡한 절차가 있다는 사실을 오늘 서 신부님을 통해 처음 알게 되었습니다. 저는 개신교에는 너무 그런 과정이 없어서 가끔 목사에

게 가서 고백을 하고 정화를 받는 것이 좋다는 생각을 해봅니다. 이런 점에서 가톨릭으로부터 배우는 것이 좋다고 생각합니다. 그리고 가톨릭의 입장에서는, 전통적으로 무리가 되지 않는 한에서 고해성사의 부담이 심하다면 없애는 것에 대해서 생각해 보는 것도 그리 부정적인 것만은 아니라고 생각합니다.

사회자: 두 신부님께 질문합니다. "시대에 따라 윤리적 척도도 변화하는데, 오늘날 무엇을 고백해야 하나요? 피임이나 혼전 순결도 죄에 해당하는지요? 또 판공성사가 면죄부 같다는 생각을 하는데 어떻게 생각하시나요?" 참고삼아 말씀드리면, 사실 판공성사는 전세계적으로 한국과 일본 후쿠오카 교구에만 있습니다. 파리 전교회가 전도하면서 만든 제도입니다.

임병헌: 질문에 직접적 대답은 아니지만 오늘의 토론에서 한 가지 분명히 인식할 문제가 있습니다. 고백성사나 세례성사와 같은 성사는 법, 규정, 제도라는 외형적 절차에 속하고 이것을 institution이라고 합니다. 이런 절차는 우리의 전통적인 제사에도 있습니다. 여기서 알 수 있는 것은, 어떤 좋은 생각(관념)이 있으면, 이것은 구체적 형상을 통해 드러나게 되어 있다는 것입니다. 인간은 얼굴 표정과 같은 비언어와 언어라는 자기표현 도구로써 내적 느낌을 드러냅니다. 이때 언어는 내적인 것을 구체화시키는 도구로서 하나의 institution이라 할 수 있습니다. 이렇게 관념은 하나의 외적 형상을 갖추어가면서 구체화하고 실현한다고 말할 수 있습니다. 좋은 생각이라는 비가시적인 관념은 가시적인 institution을 통해 스스로를 구체화하는데, 그것이 역사를 두고 이루어지는 과정을 institution화 과정, 사회화 과정이라고 합니다. 그러니까 생각 속에서 "하느님이 용서하셨음을 체험했다고 하자"가 아니라 고해성사라는 구체적 형상을 통해 하느님의 용서를 감각적으로 체험하고 인지하자는 것입니다. 제사를 드리는데 절 두 번, 반절 한 번, 술잔 올리는 시기 등은 절대적이고 본질적인 것이 아니지만, 그러나 그런 절차를 통해 조상들에게 예의를 갖춘다는 생각들이 구체화되고 표현되며 참석자들이 상호 교감하게 되는 것입니다. 그 절차가 institution입니다. 그러므로 우리는 육체적 존재요 사회적 실재로써 이 institution화 과정을 부정해서는 안된다고 봅니다. 그러나 문제가 있는데, 역동성

을 지닌 생각(사고)이 institution화 과정을 거치면서 일정한 틀(형식)을 갖추게 되고, 시간과 함께 그 틀이 절대화될 수 있다는 것입니다. 그 틀이 정체되고 나면 처음의 그 역동적인 정신을 담지 못하고 경직될 수 있습니다. 그러면 본질과 원천에 뿌리를 두고 이 틀의 쇄신을 추구해야 한다고 봅니다. 그러나 이 쇄신이 곧 institution화 과정 자체를 거부하는 것으로 주장되면 대한민국은 법이란 절차 없이 그냥 살자라는 말과 같은 거겠죠. 그것이 하나의 이상일 수는 있을지언정 사회를 유지하고 살려면 그것은 불가능합니다. 이런 점에서 고백성사를 생각하면 고백성사는 죄의 용서를 실제로 체험할 수 있는 좋은 절차institution라 할 수 있습니다.

그리고 또 한 가지, 개인고백은 사람의 자존심을 비하시키고 비인간화하는 것처럼 보이지만 고백만큼 인간의 실존적 자유를 전제해야 하는 것은 없습니다. 고백은 강요에 의해 이루어지는 것이 아니라는 겁니다. 한 사람이 사랑을 고백하거나, 신앙을 고백하고 자신의 내면을 고백한다는 것은 자유로운 인격적 결단의 행위입니다. 그가 인격자로서 자유로운 결단에 의해 고백할 수 있도록 고백성사가 잘만 운영된다면, 고백성사는 그의 실존적 자유의 결단행위를 보장해 주는 것이요 이를 통해 신앙이 더욱더 성숙할 수 있다고 생각합니다. 여기에 개인 고백성사의 참 의미가 있습니다. 예수가 그리스도이시라고 외적으로 고백하는 것과 머릿속으로만 생각하는 것은 어감과 실제 행위에 있어 다르듯이, 그리고 고백을 통해 신앙 공동체에 귀속되듯이, 고백성사를 통한 고백의 행위는 나름대로 신앙의 성숙과 실존적 자유의 결단이라는 의미를 지닐 수 있다고 생각합니다.

다음으로 무엇을 고백할 것인가? 저도 알 길이 없습니다. 문제는 그것을 성찰하는 작업이 신앙인의 성숙이자 신앙인의 의식화이므로, 이런 작업을 위해 신앙인 스스로는 공부하고 판단하는 척도를 갖추어 나가야 하리라고 봅니다. 판공성사는 운영자의 관점에 따라 의미가 다를 수 있다고 생각합니다. 관리하고 통제하기 위한 수단이라면 고쳐야 하지만 사목자가 진정으로 관심을 가지고 도우려 하고 신자들에게도 고백성사의 동기 부여로 잘 유도될 수 있다면 외국에 없는 제도라 하여도 우리들의 고유한 장점이라고 할 수도 있습니다. 문제는 사목자들이나 신자들이 판공성사를 후자의 의미로 이해하고 실행하고 있느냐의 문제입니다. 이 문제에 대한 제 의견은 제도 자체에 대한 문제가 아니라 제도 운영의 문제라 생각합니다. 후자의 의미로 잘 운영될 수 있다면 판공성사는 실행에 있어 현실적 어려움은 있지만 의미있는 것이라 할 수 있습니다.

사회자: 끝으로 서 신부님, 간단히 한말씀 해주시지요.
서공석: 제도가 박제화되면 그 제도가 본시 지닌 정신은 사라지고 제도로만 남아 사람을 해치게 됩니다. 개인고백을 수반하는 고해성사도 두고, 공동참회 예절도 두고, 미사의 참회 부분에도 성사적 의미를 부여하자는 것입니다. 무엇을 고백할 것인가, 하느님은 베푸시고 살리시고 용서하시는 분이기에 우리와 인류 역사가 있는 것입니다. 그런데 우리가 하느님이 주신 생명을 차단하거든요. 나는 받았는데 그 생명이 우리를 통해서 흐르는 것을 막거든요. 하느님이 생명을 주셨는데, 그 생명을 내가 도와서 살 수 있게 하지 않는 겁니다. 하느님은 나를 용서하셨는데, 나는 나가서 용서를 하지 않는 것입니다. 만 달란트와 백 데나리온의 비유와 자캐오의 비유가 그 예입니다. 자캐오는 돈을 거두는 세리였는데 예수님을 만나자 베푸는 사람으로 바뀌었습니다. 재산의 반은 불쌍한 사람에게 나누어 주고, 나머지 반으로 네 배를 갚겠다고 했으므로, 그 사람의 전 재산이 세리로서 부당하게 번 돈이라 전제한다면 7/8이 부족해요. 계산이 잘못된 거죠. 그런데 예수님은 "이놈아 부족하다" 하지 않으시고 "오늘 이 집에 구원이 내렸다"고 하셨습니다. 그러니까 문제는 하느님이 베푸셨으니까 우리도 베풀어야 하는데 그 베풂을 차단하는 것이 죄일 것입니다. "내가 와서 말하지 않았던들 그들에게 죄가 없었을 것입니다"(요한 15,22)라는 예수의 말씀입니다. 예수는 베풀고 용서하라고 가르치신 분입니다. 아버지이신 하느님이 그런 분이니까 자녀되는 우리도 그렇게 살아야 한다는 것입니다. 하느님은 용서하시는데 교회가 그 용서에 장애물로 등장하면 하느님의 교회라 말하지 못할 것입니다.

5

평신도가 보는 한국교회의 쇄신

〈발제강연〉

신 정 환
(가톨릭 신앙생활 연구소)

머리말 — 문화 풍토와 교회 쇄신

평신도들의 자발적인 움직임으로 본격적인 믿음의 씨앗이 뿌려진 한국 천주교는 그간 괄목할 만한 성장으로 다른 나라 교회의 부러움을 한몸에 받고 있다. 350만 명의 신자수, 7개의 신학교, 103위의 성인, 다양한 사회복지 사업, 깨끗한 사회적 이미지, 사회적 영향력 등등은 이 땅에 천주교회가 굳건히 뿌리박았음을 보여주는 지표들이다. 그러나 과연 그럴까? 불행히도 이 외형적인 성장의 그늘에는 우리 교회의 어두운 미래를 예견케 해주는 수많은 현상들이 도처에서 목격되고 있다. 냉담자와 소극적 신자들의 증가, 감소하는 성소 지망자들, 신학교 교육의 질적 저하, 성직자들의 관료화 등등은 그간 성장 위주의 복음화 사업과 호교론 위주의 교의가 근본적인 한계에 부딪치고 있음을 단적으로 증거해 준다.

21세기를 불과 800여 일 남겨둔 지금 교회 안팎에서는 이러한 현실의 심각성을 깨닫고 교회의 쇄신을 위한 여러 가지 대책 마련에 부심하고 있는 것으로 알고 있다. 그러나 오늘날의 심각한 현실이 모두 교회의 탓만이라고는 볼 수 없으며 따라서 이에 대한 처방도 사회와 절연된 교회 내적인 차원에서만 이루어진다면 나무만 보고 숲을 보지 못하는 오류를 범하는 결과를 가져올 것이다. 남북문제와 동서문제가 집약되어 있는 한반도의 현실을 돌아볼 때 왜곡된 사회주의 체제하에 있는 북쪽의 동포들은 육체적인 굶주림으로 죽어가고 있고 천민 자본주의 체제의 남쪽 사람들은 정신적으로 죽어가고 있다. 한국 천주교회는 바로 이러한 외적인 사회 모순에 대해 적절히 대처하고 내적인 교회 쇄신을 실현해 나가야 하는 이중 부담을 안고 있는 것이다.

따라서 한국교회의 쇄신이라는 거창한 주제를 다루며 필자는 우선 한국의 문화 풍토에 대해 언급해 보려고 한다. 넓은 의미로 보아 문화란 한 사회의 상부구조를 구성하고 있는 전반적인 삶의 양식이며 사고체계라고 이해할 때, 교회의 구성원들 역시 대부분 믿음체계에 선행하는 자기 문화의 세례를 통해 사회화되고 인격적인 정체성을 형성하게 된다. 고로 우리 사회의 문화적인 특성을 파악하는 것은 우리의 신앙을 둘러싼 근원적 분위기를 감지해 내는 것이며 역으로 교회가 외적인 복음화 사업과 내적 쇄신을 행하는 데 있어서 정확한 좌표를 설정하는 데 기본이 될 것이다.[1] 왜냐하면 복음화에 있어 중요한 것은 문화의 깊은 근원에까지 생명력있게 복음화하는 것이며[2] 더 나아가 문화와 종교란 애초에 별개로 존재하는 것이 아니라, 종교란 모든 문화의 실체라는 폴 틸리히Paul Tillich의 말대로, 끊임없는 상호작용의 관계를 맺고 있기 때문이다. 이 점을 염두에 두고 교회에서도 「사목헌장」 등을 통해 개인과 사회환경의 상호의존성에 대해 깊은 관심을 표명하고 있는 것이다.[3]

신앙과 관련해볼 때, 현재 한국의 문화는 크게 보아 다음과 같은 세 가지 부정적인 요소로 특징지어질 수 있다.

---

[1] 길희성 교수는 복음과 문화의 관계를 본문(text)과 맥락(context)의 관계로 설명한다. 여기서 본문의 의미는 맥락을 떠나서 따로 존재하는 것이 아니며 맥락 또한 본문과의 만남을 통해 변화되거나 새로이 인식된다는 말이다. 길희성, 『포스트모던 사회와 열린 종교』, 서울, 민음사, 1994, 289-290쪽.

[2] 바오로 6세, 「현대의 복음선교」, 20장.

[3] 「사목헌장」(제2차 바티칸 공의회 문헌), 25장 참조.

첫째, 한국 문화는 즉물적卽物的 문화이다. 1960년대부터 근대화의 논리가 지배하고 있는 가운데 "근대성"modernity에 대한 진지한 반성을 거치지 않은 한국 사회는 분배의 정신을 외면한 외형적 성장 일변도의 독점 자본주의가 자리잡으면서 대한민국 전체가 졸부들의 온상이 되어버린 느낌이다. 사물의 노예상태에서 해방되어 더욱 쉽게 하느님을 섬길 수 있는 토대가 되어야 할 물질적 번영이 그 방향성을 상실하고 물질주의로 변질되어 정신적인 가치들, 특히 하느님께로의 접근을 곤란하게 만들고 있다.[4] 실용주의적 사고가 자리잡으면서 인간의 가치가 영靈이 결여된 사물로 전락하였으며 존재보다는 소유를, 가치보다는 쓰임새를 중시하는 교육은 인문정신의 황폐화를 낳았고 이는 종교성의 쇠퇴 현상과 직결되고 있다.[5] 특히 한국의 교육 상황을 볼 때 중·고등학교는 대학 진학학원으로, 대학교는 취직학원으로 전락하여 하드웨어가 장착되지 않은 일회적 소프트웨어 지식인들을 양산하고 있다. 또한 즉물적 문화는 피상적이고 천박한 사고방식의 바탕이 되고 있는데 이 결과 "전인교육"의 미명하에 얕고 넓게 아는 학문 풍토가 조성되고 TV 등의 대중매체들은 문화의 총체적 코미디화를 부추기고 있다. 이러한 대중문화는 가시적 현실 너머에 있는 도덕, 인격, 신앙, 구원 등 궁극적 관심에 대한 통로를 원천봉쇄하는 부정적인 기능을 수행하고 있다. 이와 아울러 정보화 사회의 도래가 신앙생활에 미치는 역기능적인 측면도 검토해 보아야 한다.[6] 시시각각 홍수처럼 밀려드는 각종 정보들은 현

---

[4] 「민족들의 발전」(교황 바오로 6세의 회칙), 42장.

[5] 전통적으로 "의를 중시하고 이익을 가볍게 여기며"(重義輕利), "천리를 간직하고 인욕을 멀리하는"(存天理遏人欲) 인문 전통을 자랑하고 있는 중국에서도 물질주의와 도구적 이성의 팽창에 따라 인문학 전반이 실용주의화되고 이에 따라 인문학이 소실되는 결과를 가져오자 인문정신 논쟁을 불러일으켰다. 특히 이천망(李天網)과 유소풍(劉小楓)은 인문정신과 기독교 문화의 상관관계에 대해 논하고 있는데 이중에서 이천망은 종교의 마음(宗敎心)을 배척한 것이 근대 중국에서 인문정신 소실의 한 징표일지 모른다고 주장하고 있다. 이에 대해서는 황희경, 「1990년대 중국 학술계의 동향」, 『시대와 철학』, 1997년 봄, 한국철학사상 연구회, 20쪽 참조.

[6] 정보화 사회와 교회의 관계에 대해서는 박문수, 「정보사회와 교회」, 『사목』, 1995, 5, 196호, 12-27쪽 참조.

대인들이 살아남기 위한 일용할 양식이 되었고 그만큼 삶의 리듬과 호흡 주기가 짧아짐으로써 죽음 뒤의 구원의 문제를 더욱 추상적이고 공허하게 들리게 한다.[7] 다른 한편, 컴퓨터의 보편적인 보급과 그 화면 안에 펼쳐지는 사이버 스페이스는 사용자들에게 "가상현실"의 주인이 되게 하면서 신앙을 통해 추구해야 할 "이상현실"을 외면케 하는 부정적인 기능을 수행할 수 있다.[8]

둘째, 한국에는 현재 허위의식에 의해 지탱되는 위선의 문화가 횡행하고 있다고 볼 수 있다. 아마도 세계사적으로 볼 때 한국만큼 문화의 단절이 극단적으로 이루어진 예는 찾아보기 힘들 것이다. 반만년의 역사를 자랑한다고는 하지만 일제 강점 35년의 역사를 사이에 두고 한국은 봉건사회에서 자본주의 사회로, 유교사회에서 민주주의 시대로 그리고 한자문화에서 한글문화로 극단적인 변화를 체험하였다. 이 결과 오늘날 한국인들이 보고 접하는 외형적인 문화 사정거리는 50년에 지나지 않는다고 해도 과언이 아닙니다. 가난에서 탈출해야만 한다는 맹목적인 목적하에 점진적 과정이나 자율적 반성 없이 근대화를 추구해 온 결과, 오늘날 한국인들은 그 어느 나라 사람들보다도 더욱 서양적이 되었다. 그러나 불행히도 많은 사람들은 겉으로는 민주주의와 자본주의의 옷을 입었으나 내적으로는 봉건적 의식을 벗어나지 못한 결과 정체성이 정립되지 못한 채 전근대성pre-modernity과 탈근대성post-modernity이 혼재된 문화적 무정부상태에 빠져 있다. 이 폐해는 오늘날 어느 분야에서도 손쉽게 찾아볼 수 있다. "세계화"의 탈을 쓴 "미국화"

---

[7] 삶의 리듬이 짧아진 것은 여러 분야에서 공히 목격된다. 특히 대중문화에서 수많은 스타들의 빠른 명멸, 기성세대의 호흡으로는 따라 부르기 힘든 노래, 그리고 오늘날 보편화되어 있는 삐삐, 핸드폰, CNN, 인터넷 통신 등의 즉시성(卽時性) 문화를 들 수 있다.

[8] 필자가 이용하는 한 컴퓨터 통신에 들어가면 다음과 같은 문구가 등장한다: "사이버 생명, 제2의 창세기는 시작되었는가?" 사이버 스페이스는 한편으로는 새로운 자아와 주체성의 발현을 제공하기도 하지만 동시에 자아분열이라는 모순된 결과를 야기시킨다. 즉, 가상공간에서의 다중적인 인격체험은 내재되어 있던 현대인의 분열적 인성을 외연화시키면서 주체의 분열과 정체성의 위기를 초래하는 것이다. 이 모순적인 두 요소는 모두 인격간의 상호 친교의식을 감소시키고 자아와 공동체를 대립시킴으로써 그리스도 공동체의 시각에서 볼 때 결국 부정적 기능을 수행한다고 할 수 있다.

는 정작 중요한 세계 시민의식 주입은 등한시한 채, 한글과 한자는 몰라도 영어 한마디를 모르면 부끄러워해야 하는 기막힌 풍조를 부추기면서 국민들에게 허위의식을 넘어선 정신분열을 조장하고 있다. 정작 미국화되어야 할 민주적 자율성은 몸에 배지 않아 그래도 군사독재 때가 좋았다는 얘기를 쉽게 들을 수 있고 국민을 대표하는 대통령은 아직도 영락없는 왕정시대의 임금으로 인식되고 있다. 이 임금노릇을 하고 싶은 정치인들은 "국민의 뜻을 받들어 고뇌에 찬 결단"을 운운하며 거짓말 풍토 그리고 부끄러움을 모르는 풍토를 구조적으로 조장하고 있다. 한편 유교사회를 지탱해 주는 덕목이었던 "선비정신"은 상실되고 그것이 변질된 "체면"과 "허세"만이 남아 스스로의 인간적 가치에 대한 정직한 평가보다는 돈과 권력 그리고 명예로 인해 주어지는 사회적 평가에 노심초사하는 허장성세형 인간들이 넘쳐나고 있다. 그리고 불행히도 이 허위의식 없이는 삶을 지탱해 나가지 못하는 위선적 인간형을 교회 주위에서도 예외없이 발견할 수 있다. 그들은 마치 정치가들이 국가와 민족을 팔아먹듯이 하느님을 빙자해 사리私利를 도모하는 부류라고 할 수 있다.

마지막으로, 요한 바오로 2세가 교서「생명의 복음」에서 현 시대의 풍조로 규정한 "죽음의 문화"는 특히 한국에서 위험한 수위에 도달해 있다. 이는 근본적으로 모든 인간을 사물화시키는 물질주의와 실용주의 그리고 그릇된 윤리관에서 비롯되는 것으로서 현재 한국 사회에 만연한 살인, 자살, 강도, 폭력, 각종 성범죄, 낙태 등등 생명경시 풍조를 통해 손쉽게 확인할 수 있다. 특히 이 땅에서는 한 해에만 1백만 명에서 2백만 명의 사람들이 어머니 뱃속에서 칼로 난도질당해 세상을 떠난다. 이 숫자는 세계대전 단위에서나 발생하는 어마어마한 인명 피해이다.[9] 그런데 불행히도 낙태 비율과 그 정당성에 대한 인식에서 가톨릭 신자와 일반인들간에는 거의 차이

---

[9] 얼마 전에 세상을 떠난 마더 데레사는 이 세상에 오신 예수님을 제일 처음 알아본 사람은 누구겠느냐 묻고는 그가 바로 엘리사벳의 뱃속에 뛰어놀던 세례자 요한이라고 명답을 가르쳐 준 적이 있다. 비록 이 세상 빛은 보지 못하지만 이미 하느님을 알아보는 엄연한 생명체들이 아무런 죄의식 없이 자행되는 낙태행위로 인해 학살되고 있는 셈이다.

를 발견할 수 없다.[10] 또한 생명경시 풍조는 거시적으로 생태계 파괴와도 직결된다. 환경오염에 의한 자연의 파괴가 인간의 파괴로 직결(feed-back)되는 사실은 인간과 자연을 대립관계로만 파악했던 서구적 사고방식의 한계를 노정하는 것이다. 따라서 내가 곧 이 세계의 소우주이며 세계는 나의 대우주라는 대승적 자각이 요청되고 있다. 이에 관련해 박노해는 최근 시집에서 21세기는 "말없는 동식물들, 지구에 사는 모든 생물과 무기물까지도 내 몸과 살처럼 핏줄처럼 이어진 하나의 몸체라는 것"을 깨닫는 "우주 영성 시대"가 될 것이라고 진단하고 있다.[11] 다른 한편, 이 사회에 팽배한 죽음의 문화는 그 범주를 넓혀볼 때 자기 자신을 포함한 인간에 대한 존경의 부재에서도 쉽게 발견된다. 특히 노약자들, 지체부자유자들, 가난한 사람들, 여성들, 외국인 노동자들 등의 소외계층에 대한 이 사회의 냉대는 명백한 죽음의 문화의 징후이다. 이러한 죽음의 문화는 불행히도 개선될 전망이 희박해 보인다. 그 가장 큰 이유는 공동선을 가르쳐야 할 학교 공동체가 제 구실을 못하고 있으며 생명문화의 중심이 되어야 할 가정 공동체는 갈수록 해체되는 조짐을 보이고 있기 때문이다. 요한 바오로 2세의 표현대로 "생명의 성역"이라 할 수 있는 가정은 인간 생태계를 위한 가장 기본적인 구조이며 여기서 인간은 진리와 선 그리고 사랑에 대한 결정적인 개념을 습득한다.[12] 그러나 현대의 많은 가정이 폭력과 억압 그리고 이혼 등으로 와해됨으로써 생명교육이 원천적으로 봉쇄당하고 있는 것이다. 또 정상적인 가정이라 하더라도 생명의 근원이신 하느님을 외면하고 물질주의와 실용주의 등 세속적 우상에만 사로잡혀 있다면 그 역시 죽음의 문화를 방조하는 결과를 낳는다.

지금까지 살펴본 한국 문화의 특징을 신앙인의 입장에서 한마디로 표현

---

[10] 가톨릭 신자들의 낙태의식에 대해서는 서강대 부설 생명문화연구소의 「생명에 대한 사회의식조사」(1992년 12월)를 참조.

[11] 박노해, 『사람만이 희망이다』, 서울, 해냄출판사, 1997, 42-44쪽.

[12] 「백주년」(교황 요한 바오로 2세의 회칙), 39장.

하자면 무신론적 문화라고 단언을 내릴 수 있다. 제2차 바티칸 공의회에서 현대의 가장 심각한 문제라고 지적되고 있는 무신론[13]은 한마디로 하느님을 무시하고 부정하며 우상화된 피조물로 전향하는 행위를 말한다.[14] 그것은 곧잘 자유와 해방의 탈을 쓰고 등장하며 인간 자신이 역사의 주체로 등장한다. 세계 역사를 초월적이고 마법적인 힘으로부터의 해방, 즉 합리화 과정이라고 본 막스 베버Max Weber의 말대로라면 무신론은 과학적 세계관이 종교적 세계관을 대체하는 근대화에 수반되는 어쩔 수 없는 역사적 대세라고도 할 수 있을 것이다. 그리고 근대성의 모순이 집약된 한국적 상황에서 그 바람은 더욱 세차게 불어올 것이다. 그렇다면 이러한 무신론적 문화에 직면한 한국교회의 자세는 어떤 것이 되어야 할까? 그리고 그것은 이 글의 주제인 교회의 쇄신과 어떤 관계를 가지는가?

  종교학자 윤승용은 사회환경과 종교간의 상호순환적 작용 과정 전체를 "종교의 반응 과정"이라고 지칭하는데, 특히 사회 모순에 대해 한 종교가 가질 수 있는 태도를 그 종교의 내적 역동성과 대사회적 자율성 여부에 따라 다음과 같은 네 가지 형태로 구분하고 있다:

1. 능동적 영합형Active-Flattery: 내적 역동성은 강하나 대사회적 자율성이 낮을 때 사회적 적응에는 적극적이지만 기존의 사회체제에 영합함으로써 보수적이고 사회추수社會追隨적인 종교가 된다.

2. 능동적 거부형Active-Refusal: 내적 역동성이 강하고 대사회적인 자율성도 높을 때 사회적 적응에는 적극적이면서 동시에 사회변동 상황에 대해 적극적으로 대처함으로써 사회체계를 거부한다.

3. 피동적 영합형Passive-Flattery: 내적 역동성이 약하고 대사회적인 자율성이 낮으면 내적 역량도 부족한데다가 사회적 규제를 강하게 받아 생존을 위해 보수적 경향을 띤다.

---

[13] 「사목헌장」, 19장.   [14] 교황청 신앙교리성, 「자유의 자각」, 40장.

4. 피동적 거부형Passive-Refusal: 내적인 역동성은 약하나 대사회적 자율성이 높아지면 종교적 권위를 유지하기 위해 신앙 전통을 완고히 고수하지만 일단 내적 역량만 생기면 사회 모순을 거부할 가능성이 있다. 그러나 사회윤리 의식 등만을 강조하면서 기존 사회와의 갈등을 유발하지 않는 선에서 해결하려 한다.[15]

앞에서 보았던 무신론적 문화를 파생시키는 제반 문화 모순들이 사회 모순의 근저를 이룬다고 볼 때 우리는 위의 도식에서 다음과 같은 점을 깨달을 수 있다: "능동적 거부형"에서 발견할 수 있는 것처럼 "참된 신앙으로 무장되고 사회적인 제 규정으로부터 자유로운 교회만이 신앙의 내적 혁신을 이룰 뿐만 아니라 왜곡된 사회의 모순을 제거할 수 있다". 주지하듯이 교회는 세속화 시대에서 사회 구성원의 세계관과 일반 사회문화를 관리하는 통합적 기능을 상실한 지 이미 오래다. 이러한 상황에서 신앙이 바탕이 된 교회의 내적 역동성과 대사회적 독립성은 교회 자체뿐만 아니라 이 세상의 성화를 위한 기본이 된다는 점을 위에서 본 "종교의 반응 과정"이 명백히 보여준다. 그렇지 못할 때 교회는 예언자적 기능을 상실하고 세속적 가치관에 영합하게 되는 것이다. 여기서 우리는 교회의 내적 쇄신과 외적인 복음화는 별개의 것이 아니라는 결론에 도달할 수 있다. 자기쇄신을 선행하는 이러한 정신이야말로 요한 바오로 2세가 주장하는 "새로운 복음화"의 본질이 될 것이다. 왜냐하면 회개와 쇄신을 통해 새로운 선교 열정을 위한 "교회 공동체의 성숙"을 이루는 것이 "새로운 복음화"의 참된 지향점이기 때문이다.[16]

쇄신이란 고뇌의식에 바탕한 끊임없는 자기반성에 기반을 둔다. 그것은 더 나은 삶을 위한 수단이기에 앞서 모든 유기체가 가져야 할 생존의 기본적인 조건이다. 공룡과 로마 제국 그리고 사회주의 체제의 멸망에서 교훈을 얻을 수 있듯이, 인간을 포함한 모든 생물체는 끊임없는 도전과 적절한

---

[15] 윤승용, 『현대 한국종교문화의 이해』, 서울, 한울아카데미, 1997, 77-83쪽.
[16] 요한 바오로 2세, 「평신도 그리스도인」, 34장.

응전에 의해 면역체계가 갖추어지고 건전한 조직과 사회는 깨어 있는 비판정신 덕분에 유지된다. 마찬가지로 교회도 제도와 교의의 껍질 속에 갇혀 고뇌와 반성이 부재할 때 그 미래를 보장받을 수 없다. 하느님께서는 결코 화석화된 제도와 교리체계에 갇혀 있는 분이 아니시기 때문이다. 따라서 교회는 항상 자신에 대해 비판적 반문을 제기하는 데 인색해서는 안된다. 칼 바르트Karl Barth의 말대로 교회는 단순히 "개혁된 교회"가 아니고 "항상 개혁되어야 할" 교회이며 만일 그리스도인이 "응고"되면 그는 영혼을 질식당하게 되어 있기 때문이다.[17]

일반 사회와 인간에 대한 일반적인 질서 부여의 통합적 기능을 상실한 현대의 종교는 그 기능에 있어서 탈콧 파슨스Talcott Parsons가 말하듯이 하위체계sub-system로 분해 내지 흡수되어 버리는 경향을 보인다. 즉, 종교의 이상이나 교의 등의 의례적 요소는 문화체계로, 그 제도나 조직은 사회체계로 그리고 개개인의 신앙은 인격성의 체계로 내면화된다는 것이다.[18] 이 글에서는 교회의 현실적인 하위체계에 입각하여, 제도와 조직 그리고 교의 등의 상부구조를 이루는 교회, 조직과 제도에 속해 있으면서 그에 의해 규정되지만 동시에 인격성을 가진 개체인 사제, 그리고 세속세계에서 끊임없는 인격적 결단을 요구받으며 신앙생활을 해나가는 평신도 등 세 부분으로 나누어 구체적인 쇄신의 방향에 대해 논해 보기로 하겠다.

I. 교회 쇄신

I.1. 해석학적 신앙

제도와 교의적인 차원에서 한국교회의 가장 큰 문제점이자 과제는 바로 그리스도교 신앙의 토착화에 있다고 말할 수 있다. 보편신앙을 간직하고 있

---

[17] 칼 바르트, 「啓示의 그리스도教的 理解」, 『轉換期의 信仰』(안병무 편집), 서울, 태극출판사, 1974, 90쪽.

[18] 황선명, 『종교학 개론』, 서울, 종로서적, 1982, 62쪽.

으나 동시에 지역교회인 한국 천주교회는 한국인의 본래 심성에 거부감없이 적응하면서 그 삶과 문화에 깊숙히 스며들어야 한다. 그러나 현재 한국 교회는 자기 정체성의 틀을 바티칸에 의존하고 있을 뿐 우리에게 체화(體化)된 교의체계와 교회관을 정립시키지 못하고 있다. 이는 민주주의와 자본주의라는 체제를 우리 것으로 내면화하지 못한 한국 사회가 오늘날 겪고 있는 수많은 부작용과 병폐와 같은 것을 낳을 수 있고 실제로 많은 교우들에게 삶과 유리된 위선적 신앙을 영위케 하는 원인이 되고 있다. 토착화는 제2차 바티칸 공의회의 핵심 주제 중의 하나로서 「사목헌장」을 통해 "모든 나라에 있어서 그리스도의 메시지를 그 나라에 알맞은 방법으로 표현할 수 있는 능력을 길러주고 여러 민족들의 문화와 교회와의 교류를 촉진"시키는 것을 복음선포의 지속적인 원칙으로 삼아야 한다고 강조하고 있다.[19] 이러한 사고에는 교회의 단일성이 다양성을 전제로 해서 비로소 성립된다는 믿음이 깔려 있다. 애초에 언어, 역사, 관습, 사고방식이 다른 사람들에게 도그마화한 믿음체계를 여과없이 부과한다는 것은 내선일체(內鮮一體)를 내세우며 차이를 무시하고 창씨개명까지 강제했던 일본의 제국주의적 발상과 다름없다고 말할 수 있다.[20] 토착화란 바로 하느님 스스로 마련해 주신 다양한 문화 속에서 그분의 위대함과 보편적 사랑을 발견하게 하며 이미 그리스도가 현존해 계시는 지역교회의 가톨릭성을 통해 전체교회의 가톨릭성을 풍부하게 하는 작업이다.

윤승용은 한국에서 서구 기독교의 토착화 방향을 첫째, 문화적 토착화 둘째, 한국적 신학의 태동 셋째, 교회의 자립 공동체 형성이라는 측면에서 보고 있다.[21] 그러나 외형적인 측면(조직, 재정, 사제와 수도자 양성 등)에서 완전한 자립을 이루어 외방선교를 나설 정도가 된 우리 교회로 봐서는

---

[19] 「사목헌장」, 44장.

[20] 차이와 다양성을 무시하고 "동일성" 혹은 "정체성"만을 유난히 강조하는 정적인 사고는 제국주의 시대의 핵심적인 문화적 사고이다. 이에 대해서는 에드워드 사이드(Edward Said)의 『문화와 제국주의』(김성곤, 정정호 역), 서울, 도서출판 창, 1995를 참조할 것.

[21] 윤승용, 같은 책, 208쪽.

첫번째와 두번째 방향이 실질적인 과제로 다가온다. 특히 이중에서도 필자는 한국적 신학의 완성이야말로 토착화를 위한 가장 핵심적인 과제라고 본다. 왜냐하면 우리 신학의 정립이 되어 있지 않은 상태에서 외형적인 전례와 제도 등의 차별화만을 꾀하는 것은 뿌리 없는 나무 가꾸기와 같은 것으로서 교리와 신념체계의 혼돈만을 부채질할 수 있기 때문이다.

따라서 토착화란 그리스도교에 대한 지역교회의 해석학적 반성에 다름아니다. 왜냐하면 해석학의 본질은 주어진 이론이나 교의가 "지금, 여기" 있는 나에게 어떤 의미를 가지고 다가오느냐를 묻는 데 있기 때문이다. 이는 김용옥의 표현을 빌려 풀어쓰면 그리스도교 신앙을 우리 안에 "몸각(覺)화"시킴으로써 구원의 교리를 항상 살아 있는 것으로 현재화시키는 작업이다.

한국에서의 해석학적 신학은 그리스도교적 하느님과 한국인의 심성에 뿌리박혀 있는 초월적 존재로서의 하늘, 그리스도교의 종말론적 시간관과 한국인이 잠재적으로 가지고 있는 순환적 시간관(도가의 음양오행론이나 불교의 윤회론), 하느님으로부터 창조되어 인간을 위하여 인간에게 위탁된 피동적 자연관과 "스스로 그러한"(自然) 자족적이고 생성적인 동양의 자연관, 계율에 바탕을 둔 그리스도교적 윤리관과 정(情)에 기반을 두고 있는 한국적 인생관과 윤리관 등을 명확히 천착하여 그 관계를 정립해야 할 과제를 안고 있다.[22] 비그리스도교적 종교와 문화 내에도 옳고 성스러운 것이 있다는 제2차 바티칸 공의회의 정신이나 "익명의 그리스도인"을 제창한 칼 라너Karl Rahner의 입장 등에 그렇지 않아도 판단상의 혼란을 느끼고 있는 가톨릭 신앙인들이 위에서 나열한 관계가 명확히 정리되지 않을 때 극단적인 신앙 상대주의나, 믿음체계와 지식체계가 부합되지 않는 허위의식적 신앙에 빠질 염려가 다분히 있기 때문이다.

애초에 우리의 것이 아니었던 불교와 유교가 이 땅에 이식되어 지배적인 종교와 문화로 탈바꿈되었던 것은 그 이론적 체계를 우리의 것으로 소화해

---

[22] 토착화 신학에서 현재 쟁점이 되고 있는 몇몇 주제에 대해서는 황종렬, 「토착화에 대한 기존의 견해들」, 『사목』, 203호, 1995년 12월, 123-137쪽을 참조.

낸 원효와 퇴계, 율곡 등의 뛰어난 해석학자들이 있음으로 해서 가능했다. 또한 중남미 대륙이 오늘날 가장 가톨릭적인 대륙으로 변모한 것은 스페인 군대의 무력행사 덕분이기도 했지만 그에 못지않게 그 대륙의 신화체계와 삶의 방식을 그리스도교적으로 해석하고 풀어낸 과거와 현재의 수많은 신학자들의 노력에 의해 가능한 것이었다. 더욱 거슬러올라가 복음서에 신화적 요소가 가득 차 있다는 것은 일찍이 유대교와 지중해 기원의 상징, 의례 등을 해석학적으로 풀어내는 초기교회의 노력이 대단했다는 점을 시사해 준다.[23] 더욱이 한국의 개신교에서도 민중신학, 여성신학, 문화신학 등을 통해 그리스도교의 활발한 해석행위가 이루어지고 있다.[24] 그럼에도 불구하고 이미 수많은 신학자들이 활동하고 있는 우리 교회에서 신자들에게 구체적으로 다가오는 한국적 가톨릭 신학을 정립하려는 해석학적 노력의 성과가 부재한 것은 아쉬운 일이다.[25]

I.2. 열린 공동체

교의적인 측면에서 해석학적 신앙을 수립하는 것과 더불어 우리 교회가 쇄신되어야 할 가장 중요한 측면은 교회가 개방성을 지녀야 한다는 점이다. 개방의 대상에 따라 외적 개방과 내적 개방으로 나누어 볼 때, 먼저 외적 개방이란 다른 종교와 문화 등과 활발한 교류와 대화를 통해 차별성을 뛰어넘는 일치점을 발견하고 궁극적으로 하느님께서 원하시는 평화와 사랑의 공동체를 지향하려는 자세를 말하는 것으로서 이는 에큐메니칼 운동과 신앙의 토착화 작업을 통해 구체화될 수 있다. 그러나 타종교와의 대화도 "모든 것이 다 옳다"라는 극단적 상대주의나 "좋은 것이 좋다"라는 식의 정

---

[23] 미르세아 엘리아데, 『신화와 현실』(이은봉 역), 서울, 성균관대학교 출판부, 1985, 193쪽.
[24] 성염, 「敎階制度와 信徒의 身元」, 『神學展望』, 107호, 1994년 겨울, 92쪽.
[25] 이와 관련해, 송천성(宋泉盛)의 〈아시아 신학을 위한 열 가지 명제〉는 참고할 만하다. 송천성, 『아시아 이야기 신학』(이덕주 역), 서울, 분도출판사, 1988, 15-49쪽. 한편, 한국신학의 미래에 대한 논의로서 필독서가 『神學展望』, 108호(1995년 봄)에 실린 세 분 신부님들의 글이다: 정양모, 「한겨레신학을 위한 제언」; 서공석, 「새롭게 해석되어야 할 신앙언어」; 이제민, 「신학의 장소로서 한국인」. 이밖에 1997년 5월 우리사상연구소 주최로 서강대에서 열린 학술 심포지엄 자료, 『가톨릭 교회의 한국화 방향 모색』을 참조할 것.

체성없는 무책임한 자세가 아니라 우리의 신앙에 무게 중심을 둔 일치의 모색이어야 한다는 점을 상기해 볼 때 외적인 개방이란 결국 모두 신앙의 해석학적 반성에 기반을 둔 것임을 깨달을 수 있다.

따라서 여기서는 더 구체적으로 끊임없이 분출되어 나오는 교회 내의 비판에 응답하여 체질변화를 시도해야 하는 교회 내적 개방성의 문제를 다루어 보기로 한다. 앞의 항목에서 요구한 쇄신의 요청이 주로 교회 내 신학자들을 대상으로 한 것이라면 내적 개방을 촉구하는 이번 내용은 교회를 이끌어나가는 주교단과 정책입안자들, 그리고 더 나아가 모든 사제들을 대상으로 한다고 볼 수 있다.

우선 교회의 내적 개방성을 가로막는 가장 큰 요소는 역시 제도화와 관료화라고 말할 수 있다. 물론 교회도 하나의 사회조직인 이상 그 운영체계도 치밀하게 제도화될 수밖에 없을 뿐더러 교회의 발전을 위해 긍정적인 일이기도 하다. 그러나 문제는 그 조직이 대규모화되고 시간이 흐를수록 세속화되고 관료화되어 교회 특유의 권위가 일상화되면서 일반 사회의 이익집단의 조직과 차별성을 발견할 수 없다는 데에 그 심각성이 있다. 이럴 때 구원사업을 위해 존속하는 교회가 아니라 교회를 위한 구원사업으로 주객전도 현상이 일어나게 된다. 이는 로마 제국의 모형에 따라 중앙집권적 교계제도를 갖추게 된 가톨릭 교회의 약점이기도 하다. 제도와 형식의 틀에 얽매여 본질을 망각하기 쉬운 가톨릭 교회의 맹점을 한스 큉Hans Küng은 개신교와 비교하면서 다음과 같이 말한다: "절대화된 신앙은 교회를 붕괴시킨다. 이것이 프로테스탄트의 위험이다. 절대화된 교회는 신앙을 파산시킨다. 이것이 가톨릭의 위험이다."[26] 이러한 오류를 두고 장자莊子는 물고기를 잡은 뒤에는 그물을 잊으라고 말한다(得魚忘筌).[27] 언어나 제도 등 인간이 만든 것에 앞서 근본을 잊지 말라는 충고이다. 바꿔 말하면 하느님의 구원행위는 신앙에도 교회에도 앞서는 것이다.[28]

---

[26] 한스 큉, 『교회란 무엇인가?』(이홍근 역), 서울, 분도출판사, 1978, 59쪽.

[27] 「莊子」, 外物篇 26장.   [28] 한스 큉, 앞의 책.

교회의 인간적이고 제도적 문제점들은 끊임없이 비판되고 교정되어야 하며 이것이야말로 참된 교회의 쇄신이라 할 수 있다. 인간에 의해 만들어진 율법 지상주의를 혁파하고 사랑의 교회로 쇄신시키기 위해 하느님께서 친히 개입하신 사건이 바로 예수 파견이었다. 또 예수님에 의해 시작된 그리스도 교회가 또다시 제도화됨에 따라 2천 년 역사상 처음으로 교회 스스로가 내적 고뇌를 바탕으로 쇄신을 꾀한 것이 제2차 바티칸 공의회였다. 즉, 제2차 바티칸 공의회는 트리엔트 공의회(1545~1563)와 제1차 바티칸 공의회(1869~1870)를 통해 공고해진 법적·제도적 교회관을 탈피하고 능동적 참여를 강조하는 믿음의 공동체로서의 교회상을 강조하는 계기가 되었다.[29] 특히 이 공의회가 중요한 의미를 가지는 것은 교회가 서구 중심적 틀을 벗어나 제3세계를 포함한 모든 인류의 보편교회로 거듭 태어나는 계기가 되고 있기 때문이다.

그런데 정작 제3세계에 속해 있는 한국교회에서 이 공의회 정신이 올바르게 인식되지 못하고 있는 것은 아이러니한 일이 아닐 수 없다. 교회는 여전히 제도적이고 성직자들은 여전히 권위적이고 평신도들은 여전히 수동적이고 굴종적이다. 한마디로 말해 우리 교회는 여전히 공의회 이전의 로마 교회의 모습이다. 심지어 태반의 신자들은 "제2차 바티칸 공의회"에 대해 들어보지도 못했거나 들어는 보았어도 무슨 일을 하는 모임이었는지조차 모르고 있다.[30] 이러한 현상은 여러 가지 원인에 기인하고 있고 또 그에 따른 병폐를 낳고 있다.

첫째, 이미 위에서 언급한 교의적 측면에서의 해석학적 노력이 부족하기 때문이다. 둘째, 교회의 정책적 홍보의 부족이나 게으름 때문이다. 이는 교회의 제3천년기를 맞이하는 대희년 준비 과정을 통해서도 드러난다. 이

---

[29] 임병헌, 「공동체로서의 교회와 제도로서의 교회」, 『神學展望』, 107호, 1993년 겨울, 54-56쪽.

[30] 출전을 기억하지 못하는 한 설문조사에 의하면 제2차 바티칸 공의회의 의미에 대해 대강이라도 알고 있는 신자는 전체의 3.5%에 지나지 않았다.

미 제2차 바티칸 공의회를 계기로 시작된 대희년 준비가 한국교회에서는 서기 2천년을 목전에 두고 진정한 희년 정신을 기리기보다는 또다시 상명하달식 행사 위주의 외형적 모양새만을 갖춘 채 끝나기 십상이다.[31] 셋째, 예로부터 중국, 일본, 미국 등 열강의 틈바구니에 끼여 어느새 형성되어 버린 외세 의존 의식 탓이다. 이로 인해 우리는 역사적으로 중국의 영향권 아래에서는 그 누구보다도 중국적이었고 일제 점령시대에는 그 누구보다도 일본적이었고 미국의 영향이 지대한 오늘날 한국의 문화는 "세계화"의 미명하에 그 어느 나라보다도 더욱 미국적이다. 이런 허위문화는 교회 내에서도 두드러져 로마적인 제도와 의식은 고착화되어 버린 반면 그 개혁성은 계승하지 못하는 이율배반적 양태를 나타낸다. 마지막으로, 공의회 정신이 추구하는 공동체적 개방성이 진정으로 이루어지지 않고 있는 것은 사제 일반의 권위의식에 기인하는 바가 크다. 극단적으로 말하면 많은 사제들은 오히려 공의회 이전의 획일적이고 권위적인 교회구조를 더욱 선호한다는 느낌을 지울 수가 없다.[32]

이 결과 우리 교회에는 정책은 많으나 사목은 없고 상명하달은 있으나 대화는 없는 모습을 보인다. 한국교회 2백 주년을 맞아 공들여 내놓은 「사목의안」이 거의 사장되고 있는 실정을 보면 알 수 있듯이 쇄신을 논하는 자리와 쇄신책들은 수없이 많으나 그것이 얼마나 실제 사목에 반영되는지는 미지수이다. 또한 현재의 교회 조직상으로는 일반 평신도들의 의견과 희망이 수렴되어 교회 발전을 위한 대화의 장을 마련하는 것이 불가능하다. 구체적으로 일선 본당에서 일반 평신도들이 사제와 접촉하는 기회라고는 미사 참례 후의 짧은 목례시간에 지나지 않고 사목협의회는 일부 평신

---

[31] 2천년 대희년에 대해 서울 강남의 한 본당 신자들에게 설문조사한 결과 "전혀 들어보지 못했다"는 30%, "들어보긴 했으나 정확한 뜻은 모른다"는 41.8%에 달한다. 변진흥, 『2000년 대희년 준비 어떻게 할 것인가』, 가톨릭신앙생활연구소, 1997, 14쪽.

[32] 실제로 공의회가 끝난 후 한국의 가톨릭 학생회가 공의회 문헌보급을 통한 교회쇄신운동을 전개하면서 교회를 비판하자 성직자들은 가톨릭 학생연합회를 해체시키기에 이른다. 문규현, 『한국천주교회사 II』, 서울, 빛두레, 1994, 24쪽.

도들에게만 해당되는 남의 이야기일 뿐이다. 또한 역사적으로 볼 때, 전국 평신도들을 대표하는 평협과 이밖의 평신도 단체들 그리고 일부 평신도들이 제 소리를 내면서 교회에 건설적 비판을 했을 때 교회가 보여준 속좁은 반응은 우리 교회가 얼마나 폐쇄적이고 경직된 마인드를 가지고 있는가를 단적으로 보여준다.[33]

모든 유기체의 생존은 도전에 대한 응전체계가 얼마나 탄력적으로 이루어져 있느냐에 달려 있고 특히 사회 공동체는 내적 갈등요소를 해소해 나가는 인간적 관용성과 제도적 장치가 얼마나 잘 마련되어 있느냐에 따라 그 흥망성쇠가 판가름난다고 볼 수 있다. 따라서 우리 교회는 언로言路가 사실상 봉쇄되어 있는 현 실정을 감안해서 평신도들뿐만 아니라 일반 사제들의 의견이 기탄없이 표현되고 받아들여질 수 있는 제도적 장치를 마련해야 한다. 이를 위해 사제관과 주교관은 가능한 한 개방되어야 한다. 또한 본당 사도직협의회는 전 신자를 대변하는 대표성이 있어야 하고 본당 운영에 있어서 의결기구가 되어야 한다. 이는 이익집단이 아닌 신앙 공동체로서의 정체성 확립을 위해 교회 차원에서 이루어져야 할 쇄신의 첫걸음이다. 교회가 이렇게 확실한 개방적 태도로 전향할 때 우리는 이를 바탕으로 다음과 같은 여러 측면에서 쇄신된 교회의 모습을 기대해 볼 수 있다.

I.2.1. 기쁨을 주는 교회

한국 사람은 원래 천성적으로 낙천적이고 웃고 즐길 줄 아는 여유로움을 가진 민족이었다. 세계 어느 곳을 다녀보아도 한국인만큼 노래 부르는 것과 친구 사귀는 것을 좋아하는 사람들이 없다. 그러나 근대화 과정에서 필연적으로 파생되는 비인간화 경향, 거기다가 현재 정치·경제·사회·문화적으로 많은 어려움을 겪고 있는 한국의 척박한 현실은 많은 국민들을 갈수록 삶에 대한 회의와 절망감으로 몰아가고 있다. 한국 갤럽 조사연구소

---

[33] 한국의 평신도운동과 그 방향에 대해서는 성염의 앞의 글 참조.

의 설문조사에 의하면 약 48%의 응답자가 "우리 국민들이 희망을 가지고 살아가지 않는다"라는 염세관을 보여주고 있고 가장 창조적이고 희망에 차 있어야 할 20대 연령층에서도 57%는 "기회만 있으면 고국을 떠나겠다"라고 말하여 충격을 주고 있다.[34] 이러한 비관주의는 비단 통계를 들먹이지 않아도 우리 주위의 이웃들에게 현재 일반화되어 있는 정서이다.

　이러한 현실을 외면하고 교회가 경직되고 권위적인 사고방식을 고집할 때 그 앞날은 민심을 이반하여 진정한 권위가 실추당한 정부의 꼴이 되어버릴 것이다. 따라서 교회는 더 적극적으로 희망을 주고 나눔을 실천하는 교회로 거듭나야 한다. 이것이야말로 우상화된 율법으로부터 인간을 해방하고 아픈 자를 어루만져 주기 위해 이 땅에 오신 예수정신이요 복음정신이다. 그러면 교회는 어떤 방법으로 신앙인들에게 구체적인 기쁨을 줄 것인가?

　무엇보다도 먼저 교회는 신자들을 죄의식 중심의 신앙에서 해방시켜 신앙이란 근본적으로 기쁨과 희망의 생활이라는 점을 일깨워주어야 한다. 지나친 죄의식의 강조는 오히려 역사적으로 보아왔듯이 교회가 이를 억압과 지배의 기제로 이용한다는 의구심을 불러일으킬 수 있다.[35] 이러한 죄의식의 많은 부분은 가톨릭 교회 특유의 형식주의에서 비롯되는 경향이 있다. 우리 교회는 "하라" 혹은 "하지 말라" 등의 금령을 통해 많은 죄의식 생산장치를 가지고 있다. 복잡하고 바쁜 현대생활에서 만일 피치 못해 이를 어길 경우에 신자들에게 막연한 죄의식을 부르고 이것이 반복되면서 반성과 회개의 동기가 되는 것이 아니라 대부분 냉담으로 연결된다는 데에 문제가 있다. 실제로 대전교구 사목국의 조사에 따르면 신앙생활이 어려운 요인 중에 "죄를 많이 짓고 있다는 자책감"이 47.6%나 차지하고 있다.[36] 여기서 문제가 되는 것은 이 장치들이 하느님을 거스르고 부정하는 본질적인 죄를

---

[34] 조선일보, 1997년 3월 29일자.

[35] 미셸 푸코는 사회의 규범과 금기를 지배권력 담론의 측면에서 분석하면서 중세 기독교의 고해성사에서 그 구체적인 예를 든다. 미셸 푸코, 『性의 歷史』제1권 (이규현 역), 서울, 나남출판, 1990, 129-130쪽.

[36] 「평화신문」, 1997년 2월 16일.

예방하는 측면보다는 옥상옥屋上屋적 구조를 가지고 불필요한 죄의식을 야기시킬 수 있다는 점이다.37 자발적인 결단을 통해 하느님의 부르심에 응답하는 신앙행위가 지나친 형식에 얽매일 때 타율적인 신앙으로 전락할 수 있다. 한국의 현 문화 수준에서 볼 수 있듯이 형식적 규제와 금지가 성할수록 구성원들의 자율성과 자정自淨 능력은 떨어지게 되어 있기 때문이다.

한편, 이밖에도 신자들의 신앙생활을 기쁨과 즐거움의 신앙으로 유도하기 위해서 구체적으로 실현되어야 할 과제는 산적해 있다. 우선, 이론적으로 우리에게 쉽고 재미있게 와닿는 교리와 신학체계가 필요하다. 이는 앞에서 언급한 토착화 신학과도 연관되는 것으로서, 송천성의 "이야기 신학"은 이와 관련해 많은 시사점을 준다. 그가 지향하는 바는 머리로 하는 대신에 가슴과 손발로 하는 "몸 신학"이다.38 왜냐하면 김용옥의 말대로, 인간의 진리는 인간의 몸이라는 생물학적 조건 속에 구현되어 있으며 인식의 궁극적 완성은 몸의 지각을 통해 이루어지기 때문이다.

한편, 교회가 기쁨을 주기 위해 노력해야 할 또 다른 요소는 신자들에게 요구하는 교회에서 베푸는 교회로 탈바꿈해야 한다는 점이다. 이를 위해서는 대형 성당 신축, 신학교 건립 등의 외형적 성장주의로 인해 신자들에게 전가되는 경제적 부담을 최소화해야 한다. 또한 본당의 역할을 더 다변화하여 교육, 봉사 그리고 문화활동을 통해 신자들뿐만 아니라 그 지역사회에 봉사하는 방법을 적극적으로 모색해야 한다.39

---

37 따라서 필자가 언급한 "죄의식으로부터의 해방"이란 프로이트(S. Freud)와 에리히 프롬(Erich Fromm) 등 무신론적 정신분석학자들에 의한 "죄의식으로부터의 해방"과는 엄연히 구별되어야 한다. 프로이트는 임상실험적 바탕에서 철저한 이성적 작업을 통해 표면화되지 않는 무의식의 세계를 탐구함으로써 인간 실재를 파악할 수 있고 유년기에 생성되어 잠복하고 있던 불필요한 죄의식을 제거할 수 있다고 본다. 그러나 그리스도교 신자들의 죄는 근본적으로 하느님에 대한 도전에서 나오며 이는 진정한 회개와 결단에 의해 해소되는 것이다. 필자가 말하는 "불필요한 죄의식"이란 인간이 만든 규제를 위한 규제가 오히려 하느님께 지은 진정한 죄에 대한 의식을 면역화시키고 결국 진정한 회개를 불가능하게 만드는 역기능을 수행할 수 있다는 점에 대한 염려이다. 죄의식이란 근본적으로 하느님께 대한 신앙인의 마음 자세이며 그 해소도 회개와 결단에 달린 것이지 바이러스처럼 몸안에 도사리고 있는 병인(病因)을 빼냄으로써 이루어지는 것이 아니다.
38 송천성, 앞의 책, 71쪽.

I.2.2. 친교의 교회

미사는 식사이다. 따라서 미사의 본질은 나누는 것이고 흥겨운 것이다. 이것은 양반 집안에서 서열과 위계질서에 따라 밥상에 앉은 후 식사예절에 잔뜩 신경을 쓰면서 먹는 긴장된 행위가 아니라 사랑방에서 모르는 사람들끼리 모였어도 밥상을 차려준 사람에게 감사를 드리면서 즐거운 담소와 함께 나누는 인간의 가장 원초적이고 가식없는 행위이다. 그래서 같은 솥의 밥을 나눈 사람들은 금방 친해지고 서로를 이해하게 된다.

초기교회 시대의 이러한 열린 공동체의 모습(사도 2,46-47)은 교회가 제도화되고 관료화되면서 더 이상 찾아보기 힘들게 되었다. 오늘날 대다수 신자들에게 미사는 왠지 지루하고 재미없는 의식 이상의 것으로 다가오지 않는다. 특히 교회가 대형화되면서 같은 밥상을 나누러 온 사람들이 모두 모르는 사람들뿐이고 형식적으로 평화의 인사를 나눌 때에나 유일하게 그 사람의 얼굴을 보게 된다. 이런 폐쇄적이고 배타적인 분위기에서 신앙을 가지기 위해 제발로 찾아온 사람들조차 그 무관심한 분위기에 질려 발길을 돌리기 일쑤이다.

그러나 요한 바오로 2세가 말했듯이 "친교는 바로 교회의 신비이다".[40] 예수님은 최후의 만찬상에서 제자들과 식사를 하신 다음 "나를 기념하여 이 예식을 행하여라"(루가 22,19)라고 말씀하신다. 여기서의 "기념"과 "예식"을 어떻게 해석하느냐에 따라 교회는 정반대의 양상을 띠게 된다. 불행히도 제도화된 의례 중심의 교회에서 미사는 그 말을 문자적으로만 해석하여 "그 날 그 장소"의 예식 자체만을 기념하는 반복적 행사에 그치고 있다. 그러나 불트만Rudolf Bultmann이 역사비판적 성서해석을 통해 말하듯이 성서에서 신앙의 대상은 역사의 예수가 아니고 오늘에 살아 있는 그리스도이다.

---

[39] 개신교에서는 이미 선교용 문화 센터(감리교의 JC 하우스, 사랑의 교회의 〈아름다운 땅〉, 경동교회의 〈여성문화공간〉 등)를 운영하여 좋은 반응과 효과를 거두고 있고 가톨릭에서도 몇몇 본당(서울대교구 구로 3동 성당 등)에서 이를 시도하여 지역의 오아시스 같은 존재로 자리를 잡고 있다.

[40] 요한 바오로 2세, 「평신도 그리스도인」, 53쪽.

고로 예수님의 말씀은 신비적이고 묵시론적으로 해석되어야 하며, "지금, 여기" 있는 우리들이 그분의 사랑과 희생을 우리 몸소 체화하여 "행하라"는 의미임을 깨달아야 한다.

I.2.3. 정의로운 교회

서구 교회뿐만 아니라 한국교회의 역사를 돌아볼 때 비판을 허용치 않고 닫힌 공동체는 그 자폐적 조직을 유지하는 데 급급하여 정의와 진리를 외면하기 십상이라는 교훈을 던져준다. 더 나아가 이러한 교회는 세속적 가치와 영합하여 구원하는 교회가 아니라 군림하는 교회로 자리잡게 된다.

한국에 가톨릭 교회가 창립되고 국가로부터 신앙의 자유를 얻은 뒤부터 우리 교회는 로마 교회가 제국으로부터 공인된 뒤의 폐습을 그대로 밟아나가는 모습을 보였다. 외세를 등에 업고 도탄에 빠진 백성들을 이중으로 착취하여 곳곳에서 교안(敎案)이 발생하였고[41] 민족의식이라고는 애초에 없었던 교회 지도부는 일제에 대항하는 민족운동을 단죄하고 탄압하였다. 비록 군부 독재의 암울했던 시절 우리 교회가 다른 누구보다도 앞장서서 정의를 외쳤던 것은 사실이나 교회의 지도부인 주교단이 일치를 이루어 정의를 촉구했던 적은 드물다. 특히 1980년대 초, 신군부의 등장과 광주 민주화운동 등으로 불의가 사회를 지배하고 있을 때에도 당시의 주교단 연두 사목교서에는 전혀 그에 대한 언급이 나타나고 있지 않다.[42]

그런데 흥미로운 점은 우리 교회의 역사를 살펴볼 때 교회가 일반 대중의 고난에 동참할 때에는 교세가 성장하였고 반대로 그들의 아픔을 외면할 때에는 그들 역시 교회를 외면하여 교세가 하락한다는 사실이다.[43] 이는 역사의 주체이면서도 늘 소외되어 왔던 우리 국민들이 얼마나 사회정의와 예

---

[41] 문규현, 『한국천주교회사 I』, 91-101쪽.

[42] 신치구, 『한국천주교 교구장 연두 사목교서의 역할』, 서울, 가톨릭신앙생활연구소, 1997, 51쪽.

[43] 앞의 책, 53쪽.

언자적 목소리에 목말라하고 있는가를 드러내는 단적인 증거인 셈이다.

한편 노길명 교수는 한국의 신흥종교의 발생 원인 중의 하나로 종교적 요소를 들면서, 기성 종교가 스스로의 제도적 권위에 머물러 새롭게 야기 되는 사회적 상황과 인간의 물음에 무관심한 채 주어진 해답만을 권위에 의해 배급해 주는 것으로 만족할 때 그것이 발생한다고 분석한다.[44] 현재 이단으로 간주되는 "여호아의 증인" 신도들 중 가톨릭 신자 출신들이 60% 나 차지한다는 놀라운 사실은 사회 변화에 굼뜬 우리 교회의 폐쇄적 권위 주의의 탓이라고 보지 않을 수 없다.

II. 사제 쇄신

한국에서 가톨릭 사제들에 대한 일반적인 인식은 타종교의 성직자들에 비해 상대적으로 좋은 편이다. 그리고 교회 내의 여러 구성원들로부터 대부분 긍정적인 평가를 받고 있다.[45] 그럼에도 불구하고 필자는 사제 쇄신은 아무리 강조해도 지나치지 않은 주제라고 확신한다. 그 이유로 사제란 당신 백성의 머리이시며 목자이신 예수 그리스도를 닮아 교회를 위해 봉사하고 세상 성화를 위해 애쓰는 사람들로서 그들의 삶의 모습은 신자들의 삶에 총체적이고 전반적인 영향력을 미치기 때문이다. 또한 그들은 인격을 갖춘 각 본당의 영적 지도자일 뿐만 아니라 제도화된 교회의 말단 조직으로서 그들의 쇄신 여부는 곧 교회 전체의 쇄신 여부와 직접적인 관련을 가지기 때문이다.

사제는 앞서 말한 대로 사목의 최일선 지도자로서 본당이라는 조직의 행

---

[44] 노길명, 『한국의 신흥종교』, 서울, 가톨릭신문사, 1988, 36쪽.

[45] 사제들의 이미지와 리더십에 관한 연구가 최근 두 사제에 의해 이루어졌다: 심한구, 『司祭에 대한 이미지 硏究』, 고려대학교 교육대학원 석사논문, 1997년 6월; 고찬근, 『가톨릭 聖職者들의 變形的, 去來的 리더십에 관한 硏究』, 경희대학교 대학원 석사논문, 1997년 8월. 여기서 특이한 것은 대부분 사제의 이미지가 매우 좋음에도 불구하고 사제와 오래 알수록, 그리고 가까이 있는 사람일수록 부정적인 이미지를 가지게 된다는 점이다.

정적 관리자이자 그리스도의 양떼를 이끄는 영적 관리자이다. 그런데 사회는 점점 복잡다단해지고 신자수는 많아지며 교회는 점점 제도화됨에 따라 많은 사제들은 영적 관리에 앞서 행정적 관리에 급급한 인상을 주고 있다. 여기서 "관료화"라고 하는 사제들의 가장 큰 문제점이 대두된다. 원래 관료제란 집단활동의 합리화에 바탕을 둔 것으로서 한 조직이 위계질서와 전문지식 그리고 업무적 능률을 갖추기 위해 짜여진 체제를 일반적으로 말하고 있으나 현대에 들어서는 하나의 병폐 현상으로 인식되고 있기도 하다. 그 이유는 그 체제가 획일화, 형식주의화, 보수화 그리고 권위주의화 경향을 띠는 구조적 속성을 지니고 있기 때문이다. 이러한 세속화 경향에 맞서 사제들이 어떠한 방향으로 쇄신되어야 하는지 몇 가지로 나누어 살펴보겠다.

II.1. 가난한 사제

유럽의 전통적인 가톨릭 국가들을 다니면서 깨닫는 점 중의 하나는 한국의 사제들이 그곳의 사제들에 비해 호강한다는 점이다. 성당 신축에서 사제관은 필수적으로 동반되어야 하고 식복사가 시중을 들며 좋은 옷, 음식, 자동차라야 왠지 격이 맞는 것 같아 보인다.[46] 본당에 새 신부님이 이사올 때 트럭에 가득 실려오는 가재도구들은 "영원한 순례자"의 괴나리봇짐과는 아무리 해도 연결이 되지 않는다. 본당 신부님이 아파트에서 손수 살림하며 시장을 보러 다니는 모습에 익숙해 있던 필자에게 한국의 사제관은 어딘지 나에게는 열리지 않을 것 같은 성채의 모습으로 다가온다. 필자의 이러한 단상은 세상 물정을 모르는 속좁고 철없는 신자의 편견일까?

사제는 그리스도께서 선택하신 완전하고 부요한 사람이다. 그러기에 그

---

[46] 필자가 이런 비판을 하면서 전체 사제들에 대한 일반화의 오류를 범하고 있다면 부디 용서해 주시기를 바란다. 분명히 말하건대 필자가 접해본 대부분의 신부님들, 특히 농어촌지역의 분들은 성전과 사제관도 제대로 없이 열악한 환경과 재정적인 어려움 그리고 인간적인 외로움 속에서 고군분투하고 있음을 잘 알고 있다. 특히 어려운 지역의 사목을 맡아 사재를 털고 때로는 대도시 성당을 기웃거리며 구걸을 해야만 하는 사제들의 심정을 누가 이해할 수 있겠는가. 그럼에도 불구하고 그런 사제들이 주종을 이룬다고 해서 사제 일반에 대한 고언(苦言)이 합당치 않다고 한다면 이는 또 다른 일반화의 오류에 빠지는 일일 것이다.

는 당신의 가난으로 우리를 부요하게 하시려고 스스로 가난을 택하신 예수의 삶(2고린 8.9)을 뒤따라야 한다. 따라서 그는 한 군데 정착하지 않는 순례하는 인간이요 길가는 나그네이다.[47] 가진 것이 없는 순례자이기에 그는 더욱 부요하게 되고 더욱 완벽하게 된다. 중세 스콜라 철학자인 성 빅토르의 휴고Hugo of St. Victor는 다음과 같이 말한다: "고향을 감미롭게 생각하는 사람은 아직 허약한 미숙아이다. 모든 곳을 고향이라고 느끼는 사람은 이미 상당한 힘을 갖춘 사람이다. 그러나 전세계를 타향이라고 느끼는 사람이야말로 완벽한 사람이다."[48] 왜냐하면 인간은 자신의 문화적 고향을 떠나면 떠날수록 참된 비전에 필요한 정신적 초연성과 관용성을 얻고 전세계를 더욱 쉽게 판단할 수 있기 때문이다.[49] 본당의 주인이 아니라 손님임을 자처하면서 빈 손을 훌훌 턴 무소유의 사제들에게서 우리는 모든 것을 소유한 완전한 인간상을 본다.

물질적 보상을 내심 당연시하면서 관료화된 주인으로서의 권리를 요구할 때 그는 구원의 상품을 의식주의 상품과 교환하는 타락한 종교 메커니즘의 구성원, 더 나아가 "신앙의 브로커"[50]로 스스로를 왜소화시키는 함정에 빠지는 것이다.

II.2. 노력하는 사제

신앙이란 이성에 바탕을 둔 이해가 아니라 자신의 전 존재를 거는 결단이다. 그렇다고 해서 신앙에 있어서 이성의 가치가 둔화되는 것은 결코 아니다. 이성 또한 하느님이 인간에게 주신 최대의 은총으로서 그분께 다가가는 수단이 되어야 한다. 지식 없는 신앙은 맹목적이 될 것이고 신앙 없는 지식은 공허할 것이다. 그러기에 신학교육은 신학생들에게 어려우면서도 매우 중요한 과제이다. 그것은 신앙을 통해 경험한 진리를 신학생들이 완

---

[47] 이제민, 「어원을 통해서 본 본당신부 실존」, 『神學展望』, 101호, 1993 여름, 20쪽.
[48] 에드워드 사이드의 『오리엔탈리즘』(박홍규 역), 서울, 교보문고, 1991, 416쪽에서 재인용.
[49] 에드워드 사이드, 앞의 책.
[50] 함세웅, 「한국천주교에서 한국과 가톨릭의 의미」, 『신학전망』, 107호, 1994 겨울, 3쪽 참조.

벽하고도 통일된 시각으로 이해하도록 이끌어야 하기 때문이다. 그리고 이런 노력은 사제가 되고 난 뒤에도 끊임없이 요청되는 것이다.

그런데 일부 사제들은 서품되는 그 순간에 갑자기 위대해지고 모든 것을 깨친 듯한 의식이 드는 것은 아닐까? 만일 그렇다면 완전한 인간으로서 노력은 더 이상 필요가 없고 그의 신학적 지식도 신학생 수준에서 성장이 멈추어 버린다. 그러한 사제가 있다면 그의 목표는 단지 사제복을 입는 것이었을 뿐이다. 이렇게 될 때 한국 문화 특유의 허위의식이 "제의를 입은 신자"일 뿐인 사제들을 지배하게 된다.

우리 교회에서 가장 중요한 부분임에도 불구하고 가장 사제들의 노력이 촉구되는 분야가 바로 미사 강론이다. 미사 성제에서 가장 중요한 부분은 성찬의 의식이라고는 하나 사실상 신자들이 가장 긴장하고 기대를 갖는 순간은 강론시간이다. 그러나 많은 강론이 사제들의 신앙의 무게가 실린 명확하고 간결한 메시지를 전달하는 데 실패하고 있다. 현학적인 지식의 나열, 당연한 도덕적 이야기, 신앙생활이나 복음 말씀과는 동떨어진 신변잡기나 돈 이야기 등은 "들어야 믿을 수 있다"(로마 10.17)라는 바울로 성인의 말씀을 무색하게 만든다. 이때문에 때때로 강론은 단지 신자들의 인내심을 측정하는 도구로밖에는 비치지 않는다. 그렇다고 해서 신부님의 강론에 대해 충고하는 것은 본당 신자로서 고양이 목에 방울달기이다.[51]

강론은 기본적으로 3박자를 반드시 갖추어야만 한다. 말하고자 하는 주제를 명확하게 전달하는 것, 듣는 이의 흥미를 유지하는 것 그리고 사제의 신앙심이 무게있게 실려 있는 것이다. 이로써 듣는 신자들이 성당 문을 들어설 때와 나갈 때의 마음가짐이 달라져 있어야 한다. 구원의 확신과 기쁨에 들떠 세상에 외치고 싶은 마음으로 파견되어야 하는 것이다. 그리고 이는 모두 사제들이 들인 노력과 시간에 비례하게 마련이다.

---

[51] 이 결과 말씀에 갈증을 느끼는 일부 신자들은 심지어 개신교 목사님들의 설교 테이프를 차를 타고 다니며 듣거나 케이블 TV를 통해 접하고 있는 경우도 있다. 이들에게 평소의 성경봉독이 부족하다거나 기도생활이 부족하다고 탓할 수 있을 것인가?

II.3. 봉사하는 사제

사제들이 신자들에게 베풀 수 있는 가장 큰 봉사는 바로 성사이고 이는 사제 카리스마의 핵심을 이룬다. 교회 내의 모든 카리스마는 봉사(디아코니아)에 의해서만 의의를 찾을 수 있고 그것을 최종 목적으로 한다. 이렇게 결합된 카리스마와 디아코니아야말로 그리스도 왕직王職의 본질이며 이는 사제의 열린 마음과 사랑 그리고 겸손함으로 인해 저절로 극대화된다. 그런데 일부 사제들은 사제직 카리스마의 근거를 입고 있는 사제복에서 찾으려 한다. 불상을 이고 가는 당나귀가 사람들의 절을 받고 우쭐해져 불상의 존재를 잊어버리는 격이다. 라인홀트 니이버Reinhold Niebuhr는 이렇게 하느님의 영광을 썩어갈 사람의 형상으로 바꾸면서 하느님의 자리를 빼앗고 자기가 인간 행동의 최종 심판자임을 주장하는 행위야말로 죄의 본질이라고 말한다.[52] 결국 사제의 권위주의는 위로 죄를 범하고 아래로 사목자의 의무를 포기하며 자신의 성화의 길을 막는 셈이다.

봉사의식이 결여된 사제 권위주의는 교회의 본질로 보나 역사적 추세로 보아 더 이상 통용되기 힘들며 배격되어야 한다. 모든 종교란 사회학적인 입장에서 보았을 때 자발성과 비영리성이라는 두 가지 본질을 가지고 있으며[53] 이를 위반할 때 하나의 사교邪敎 집단으로 전락한다. 이렇게 눈에 보이지 않는 가치를 중심으로 모인 집단은 바로 그 이유 때문에 지도자의 카리스마에 의해 매우 강한 결속체가 될 수 있지만 동시에 지도자의 잘못으로 인해 일순간에 와해될 수도 있다. 특히 한국 사회의 추세가 갈수록 탈권위주의화, 개인주의화, 중산층화, 고학력화되어 가는 실정에서 사제만이 유독 권위주의적 특권의식을 누리려 한다면 우리 교회의 시계가 거꾸로 돌아가는 셈이다.

사제들의 권위주의는 교회 내에서 여러 가지 형태로 나타난다. 반말을

---

[52] 라인홀트 니이버, 『정의와 사랑』(고범서 역), (전환기의 신앙), 261쪽.

[53] 원종철, 「조직과 본당신부의 리더십」, 『신학과 사상』, 가톨릭대학교 출판부, 21호, 1997 가을 참조.

포함하여 말을 함부로 하는 것,[54] 듣기보다는 말하기를 좋아하는 것, 신자들에 무관심한 것, 신자들을 무시하는 언행, 솔직하지 못한 것, 모든 행정을 독단적으로 처리하는 것, 권력과 돈 등 있는 사람만 상대하는 것 등은 일반 사회의 관료화된 조직에서나 볼 수 있는 현상들이다. 그런데 일반 신자들은 사제들이 느끼는 것보다 생각 이상으로 본당 사제에 대해 많이 알고 있고 많이 판단하고 있으며 마음의 상처를 많이 받고 있다. 한편, 일부 사제들은 본당 신자들이 신뢰감을 주지 않기 때문에 사제의 업무가 더욱 과중해진다고 말한다. 그러나 사제가 신자들을 믿지 않을 때 신자 역시 사제를 믿고 따르지 못한다. 믿음이란 쌍방적인 본성을 가지고 있기 때문이다. 평신도들에 대한 불신은 결국 혼자서 떠안은 과중한 업무에 쫓겨 일부 사제들로 하여금 신자들에 대해 피해의식을 느끼게 할 정도로 악순환 고리를 형성한다. 따라서 앞서 말했듯이 본당은 사목과 운영이 분리되어 사제들은 사목에만 전념하도록 해야 한다.

II.4. 창조적인 사제

필자는 적어도 복음화의 측면에서 보았을 때 한국의 개신교는 자본주의적 사고방식을, 그리고 가톨릭은 사회주의적 사고방식을 가지고 있는 것이 아닌가 생각할 때가 가끔 있다. 교단과 상대적인 독립성을 지닌 개신교 성직자들이 기업정신으로 교회를 개척하고 복음화 사업에 헌신하는 데 반해 가톨릭 성직자들은 교구의 울타리 안에서 기본적으로 의식주 걱정은 하지 않아도 됨에 따라 매너리즘에 빠지기 쉬운 것은 아닐까?

---

[54] 일부 사제들에게 몸에 배어 있는 반말 스타일은 많은 신자들에게 의외로 심각한 불만거리가 되고 있다. 서양에서처럼 허물없는 사제와 신자들간에 친밀하게 서로의 이름을 부르는 문화가 정착되어 있다면 아무 문제가 되지 않겠으나 한국은 호칭과 말투에 따라 살인까지 일어나는 나라이다. 그것은 호칭에 따라 인격을 측량받는다는 일종의 허위의식이 굳게 자리잡혀 있기 때문이다. 사제가 반말을 사용한다고 해서 상대방에 대한 인격적 우월성을 보장받는 것은 결코 아니며 공손한 말투를 쓴다고 해서 자신의 권위가 손상되는 것은 더더욱 아니다. 물론 이는 서로간에 친밀함이 공유되는 사이에서는 별개의 문제일 것이다. "버릇없는 신자들" 역시 부지기수이지만 "버릇없는 신부" 역시 아직 한국의 유교문화적 사회에서는 환영받지 못한다.

가톨릭 사제들의 매너리즘은 바로 상상력과 창의력이 부재하다는 점에서도 알 수 있다. 예로부터 상상력이란 모든 닫힌 사회에서 금기시되었다. 플라톤이 "시인 추방론"을 주장하면서 말했듯이 그것은 쓸데없는 환상으로 기존의 사회질서를 문란케 하는 것이기 때문이다. 그러므로 상상력은 공산주의, 파시즘뿐만 아니라 현대의 관료체제 내에도 평지풍파를 일으키는 위험요소일 뿐이다. 그리고 이러한 생각은 제도교회로 자리잡은 가톨릭 교회에도 적용될 수 있다. 사제에 대한 평신도의, 주임신부에 대한 보좌신부의, 그리고 주교에 대한 일반 사제들의 생각이 상식의 틀을 벗어날 때는 대부분 체제유지적 차원에서, 혹은 안일무사주의 때문에 거부되고 있기 때문이다.

그러나 진정한 신앙인이라면, 특히 훌륭한 사제라면 훌륭한 시인이 되어야 하고 창조자가 되어야 한다. 멕시코의 시인 옥따비오 빠스는 "신들은 말을 할 때 창조하지만 인간은 말을 할 때 관계를 맺어준다"[55]라고 말한다. 사제는 시인의 비전으로 하느님의 창조사업을 계승함으로써 과거지향적 교회조직의 관리자가 아니라 전통에 뿌리박고 미래를 향해 투신하여 하느님의 나라로 변모시키는 창조자가 되어야 한다.

따라서 상상력을 키우는 것은 사제들에게 필수적인 일이다. 이에 대해 나태하거나, 모든 것을 새롭게 만드시는 하느님의 역사하심에 대해 흥미나 갈망을 느끼지 못하는 사람, 따라서 예언자적 삶에 대해 두려움을 느끼고 과거의 관리자로만 남으려고 하는 사람은 결코 사제로서의 자격이 없다. 왜냐하면 위대한 낭만파 시인, 윌리엄 블레이크William Blake의 말대로 "몸과 마음이 자유로워져서 하느님의 능력인 상상력을 발휘하는 것이 바로 그리스도교 정신이고 복음정신"[56]이기 때문이다.

---

[55] Octavio Paz, *Convergencias*, Barcelona, Seix Barral, 1991, p.57.

[56] 하워드 E. 휴고, 『낭만주의 문학』, (세계문예사조사)(이정호 외 역), 서울, 을유문화사, 1990, 244쪽에서 재인용.

III. 평신도 쇄신

세상 속의 다양한 분야에 몸담고 있으면서 그리스도의 증인이 되도록 불려진 평신도들은 최일선의 복음전파자로서 세상에 그리스도의 정신을 침투시키도록 노력해야 한다.[57] 이렇게 현세적 질서의 쇄신을 의무로 삼아야 할 우리 한국교회의 평신도들은 본연의 역할을 잘 수행하고 있는가? 불행히도 대답은 부정적이다.

우리 교회의 평신도들의 최대의 문제점은 바로 신앙과 삶이 유리된 생활을 하고 있다는 점에 있다. 그들의 삶은 마치 오존층이 파괴된 지구처럼 우리 문화의 여러 병폐에 그대로 노출되어 있고 그 잘못된 질서를 바로잡기보다는 오히려 영향을 받고 심지어 영합하고 있다. 이렇게 서로 다른 계界에서 따로 놀고 있는 신앙과 삶의 분리는 신자들에게 허위의식을 넘어서 일종의 종교사회적 정신분열을 야기시킨다. 이렇게 사람들이 고백한 신앙과 그들의 일상생활 사이의 모순은 현대의 중요한 오류 중의 하나라고 「사목헌장」에서도 지적하고 있다.[58] 그렇다면 현재 한국적 문화와 신앙생활에서 과연 어떤 점들이 신자들에게 삶과 믿음의 갈등을 부채질하는 요인으로 작용할까?

III.1. 개인주의적 신앙인

비록 인간은 하느님 앞에 선 단독자이고 교회는 그 개개인들로 이루어지지만 그리스도교 메시지의 근본은 개인으로 구성된 백성의 공동체 전체의 구원이다. 교회의 출발점은 엄연히 하느님이므로 신자 개인은 역시 교회라는 한 공동체 내에서 존립하게 된다.[59] 따라서 신앙인은 비단 개인의 구원뿐만 아니라 공동체 내의 일원으로서 공동체 전체의 성화와 구원을 지향해야 하는 것이다. 더 나아가 교회에서뿐만 아니라 인류 공동체의 일원으로서도 개인주의적 윤리관을 극복하고 공동선을 지향할 임무가 역시 신자들에게 주어져 있다.[60]

---

[57] 「사목헌장」, 43장. [58] 「사목헌장」, 43장.
[59] 한스 큉, 앞의 책, 120쪽. [60] 「사목헌장」, 30장 참조.

그럼에도 불구하고 우리 교회의 신자들은 매우 기복적인 신앙을 가지고 있다. 우선 영세 동기를 묻는 질문에 가톨릭 신자들은 "마음의 평화"를 얻기 위해서라고 대답하는 사람들이 압도적으로 많아 신앙을 단지 진정제나 마취제의 기능으로 취급하는 경향이 있다.[61] 이는 세상이 물질주의적이고 실용주의적으로 흐를수록 그 정도가 심해진다. 모처럼 성지순례를 가서는 차분히 기도하고 묵상하는 시간보다는 기념품 구입과 기적의 성수 떠가기에 여념이 없는 신자들을 보면 딱하기만 하다. 성물을 몸에 지니고 교회 스티커를 자동차에 붙이고 다니는 신자들이 있으나 신앙인의 표양을 보이지 못할 때 그것들은 단지 미신적인 부적에 지나지 않을 뿐이다.

개인주의적 신앙의 또 다른 양태는 사교주의적 신앙생활이다. 이런 신자들에게 교회는 사업상, 직장 내의 진급을 위하여, 혹은 연애를 하기 위해 친분관계를 쌓는 사교모임에 지나지 않는다. 또한 많은 사람들은 신부님들과의 관계를 중시하고 주위에 과시하지만 정작 하느님과의 대면에는 무관심하다. 가톨릭 교회의 본당 구역은 속인주의가 아니라 속지주의屬地主義임에도 불구하고 본당 사제가 방문할 때 다른 성당에 나가고 있으니 만날 필요가 없다고 문전박대를 하는 신자를 본 적도 있다. 이런 신자들일수록 신부님과의 관계가 악화되면 교회에 발길을 끊는다. 그들에게 교회는 사교이고 사제는 교주인 셈이다.

개인주의적 신앙관은 많은 신자 가정이 미사 참례보다는 가족 단위의 모임과 소풍 등을 중시하고, 당연히 여겨야 할 유아영세 비율이 점점 감소하는 등 가정 공동체의 약화에서도 확인할 수 있다. 그리고 현재 한국의 위기를 초래한 정치의 부패구조에서 신앙인들이 비신자들과 조그만치의 언행의 차이도 보여주지 못하고 있는 데에서 요즘 일상화된 신앙과 삶의 분리 현상을 단적으로 볼 수 있다.

---

[61] 한국갤럽조사연구소의 「한국인의 종교와 종교의식」(1990)에 따르면 대다수의 가톨릭 신자들이 종교를 믿는 가장 큰 이유로서 "마음의 평안을 위해"(72.1%)라고 생각한다. 두번째의 이유가 "영생을 위해서"(15.7%)였다.

III.2. 무지한 신앙인

성 아우구스티누스는 "알기 위해서 먼저 믿어라. 그리고 믿기 위해서 알아라"고 주문한다. 신앙이 결코 이성의 영역에 속하는 것은 아니지만 교회 교리와 신앙의 신비에 대해 기본적인 이해도 없다면 믿음마저 흔들리는 결과를 낳는다.[62] 실제로 신자들을 대상으로 신앙생활의 걸림돌이 되는 것들에 대해 설문조사를 해본 결과 "교리와 복음 지식의 부족"이 가장 많이 지적되고 있다.[63] 그러나 우리 신자들은 운동경기를 더 재미있게 보기 위해 경기규칙을 알아보는 일은 있어도 구원의 문제에 연관된 교리체계에는 무관심하다. 이 결과 많은 신자들은 "가톨릭은 마리아교", 혹은 "가톨릭은 우상숭배를 한다"는 오해조차 제대로 해명할 수 있는 교리지식을 가지고 있지 못하다.

이러한 상황을 타개하기 위해서는 물론 우선적으로 신자들 개개인의 개인주의적 신앙관이 타파되어야 하고 신앙 지식의 습득에 게을리하지 않는 자세가 기본적으로 요청된다. 그러나 동시에 교회측에서도 주일학교 교육, 신자 재교육, 각종 교회매체 등을 통해 교리교육에 힘을 써야 한다. 신자 재교육의 측면에서 볼 때 현재 본당과 교구 그리고 서강대 등이 주최가 된 각종 강좌와 신앙학교 등이 나름대로 활발해져 바람직하게 생각한다.

그러나 정작 문제가 되는 것은 바로 주일학교 교육이다. 국가의 발전을 위해 백년대계를 세워 가장 중점을 두어야 할 분야가 교육인 것과 마찬가지로 교회에서도 주일학교 교육은 교회의 장래를 좌우하는 핵심 과제이다. 그러나 대부분의 본당 예산 중에서 교육 분야에 배당되는 것은 5%에도 미

---

[62] 데카르트 이래 본격화된 이성과 믿음 영역의 분리로 인해 신앙이 이성적 지식체계와는 아무런 관련이 없다고 흔히들 인식되기에 이르렀으나 엄밀히 따져보면 이 또한 미신에 지나지 않는 것이다. 왜냐하면 종교적 세계관이나 과학적 세계관을 막론하고 모두 실존적이고 인식론적인 선택에 뿌리를 박고 있는 것이며 인식론적 인식은 곧 이성에 대한 신념이기 때문이다. 반성적 사유를 가능케 하는 이성적 요소가 신앙생활에서 완전히 배제될 때 그것은 오히려 미신적인 맹목성에 빠져들 수 있다. 박이문, 『문명의 위기와 문화의 전환』, 서울, 민음사, 1996, 108-109쪽 참조.

[63] 1위는 "교리와 복음 지식의 부족"(33.1%)이었고 2위는 "심한 사회의 유혹"(24.4%), 그리고 3위는 "고해성사의 부담"(11.0%)이었다. 『1995 한국천주교 평신도의 신앙생활 실태』, 가톨릭신앙생활연구소.

치지 못하고[64] 교실 배정이나 교육 기재 등은 열악하기 짝이 없다. 또 주일학교 교사들도 대부분 대학 초년생들로 구성되어 교육자로서의 기본 자세를 갖추기보다는 서클 활동의 일환으로 간주되는 경향이 크다. 게다가 학부모들은 자녀들에게 적극적으로 주일학교 입학을 권유하지 않고 근본적으로 신앙교육 자체에 큰 관심이 없다. 만일 우리 나라의 천문학적인 사교육비의 일부만이라도 교회가 흡수하여 다양한 프로그램, 우수한 교사 확보, 시설과 교육 자재 개선 등을 통해 신앙과 인성교육을 위해 투자된다면 아이들과 교회 모두를 위해서 매우 바람직한 결과를 가져올 것이다.

III.3. 소외된 신앙인

요한 바오로 2세는 소외가 "자신을 초월하기를 거절하며 자신의 헌신을, 그리고 진정으로 인간적이며 궁극 목적인 하느님을 향한 공동체의 형성을 경험하기를 거절하는"[65] 데에서 나온다고 말한다. 그러나 이 공동체를 좁은 의미에서 교회 공동체라고 간주할 때 평신도가 보기에는 그 경험을 거절하는 측면 못지않게 교회로부터 거절당하는 측면 역시 많다고 본다. 즉, 많은 신자들은 스스로 교회이면서도 자신을 교회로부터 분리된 이질적인 존재로 느끼는 것이다.[66]

첫째, 신자들은 교회 내에서 유대감과 친밀감을 느끼고 싶어도 정작 발견하게 되는 것은 사랑과는 동떨어진 계명이며 스스로에 대한 긍지를 느끼지 못한다.[67] 즉, 그들은 개방적인 포용성과는 거리가 먼 완고하고 권위있는 규율집단을 연상하게 되는 것이다. 둘째, 대형화된 본당에서 흔히 볼 수 있듯이, 익명의 사람들로 가득 차고 대리석이 깔린 고급 성전에서 신자들은 소박한 아기 예수의 말구유를 발견하기 어렵다. 특히 경제적으로 가

---

[64] 서울대교구 교육국에서 펴낸 『천주교 서울대교구 96 청소년 현황』에 의하면 서울 시내 본당들의 본당예산 중 총교육비의 비율은 4.4%를, 주일학교 예산비율은 3.2%를 차지한다.
[65] 「백주년」, 41장.
[66] 이제민, 『교회 — 순결한 창녀』, 서울, 분도출판사, 1995, 70쪽.   [67] 앞의 책.

진 것이 없는 사람들일수록 그 큰 교회는 자기의 집으로 다가오지 않는다. 셋째, 위에서 언급했듯이 교리와 전례에 있어서 무지한 신자일수록 우리 교회의 모든 의식과 성경 말씀이 자기 몸에 받아들여지지 않는다.

이러한 요소들은 겉으로는 신자들을 교회로부터 소외시키는 동기가 되지만 근본적으로는 신앙으로부터 소외시키는 결과를 낳는다. 결국 많은 사람이 종교를 가지고 있으나 신앙인은 드물듯이 우리 교회도 삶과 신앙이 분리되지 않은 참된 신앙인은 얼마나 될지 미지수이다.

III.4. 타율적 신앙인

교회의 구성원인 모든 신앙인이 근본적으로 사제요 성직자임에도 불구하고 교계제도가 확립되면서 오로지 특정한 직무담당자만을 "사제"라 부르기 시작하였고 일반 사제직은 무시되기에 이르렀다.[68] 이에 따라 평신도들의 의식도 점점 타율적이고 수동적으로 변해갔다. 특히 한국에서 평신도들이 가진 성직자들에 대한 의식은 유교사회에서 상민의 양반에 대한 의식과 별반 다를 것이 없다. 그들은 "자유로부터의 도피"와 "자율로부터의 도피"를 꾀한다. 이러한 경향은 분명히 일반 신도들을 위해서도, 사제들을 위해서도 그리고 교회를 위해서도 사라져야 한다. 교회 내에서 창조적이고 능동적인 역할을 포기하고 사제만 바라보고 사는지라 잘한 일도 잘못한 일도 모두 사제들의 탓으로 돌아가고 미미한 사안으로도 그들을 피곤하게 한다. 또한 평신도들에게 할당된 능동적 역할이라고는 사제들에게 잘 보이고 잘 대접하는 일이라는 의식이 들면서 영적 동반자가 아니라 세속적 추종자를 자청함으로써 오히려 사제의 영성을 무너뜨리는 일마저 있다.[69]

따라서 평신도들은 과공비례過恭非禮라는 의식하에 사제들에게 친밀하면서도 예의있는 관계를 형성해야 하고 교회는 평신도들의 "열심"을 건전하고 양성적으로 유도해 낼 수 있는 제도적 장치를 마련해야 한다. 즉, 신자 재

---

[68] 한스 큉, 앞의 책, 220쪽.

교육, 평신도 지도자 교육, 소공동체 활성화, 사목협의회의 권한 확대와 참여 유도, 직능별 신심단체의 활성화, 특기와 재능을 가진 평신도들의 활용 등 교회 내 평신도들의 공간을 늘여줌으로써 주인의식을 회복하도록 힘써야 할 것이다. 모든 신자들의 주인의식이 회복된다고 해서 교회 공동체는 결코 사공이 많은 배가 되지 않는다. 왜냐하면 우리 교회에서의 주인이란 봉사를 본질로 하는 왕직王職의 역할을 수행하는 사람이기 때문이다.

맺는말 — 고백록적 문화

이 글을 쓰면서 느낀 점 중의 하나는 그간 우리 교회의 발전 방향과 쇄신에 대해 의외로 적지 않은 논의가 있었다는 점이었다. 그래서 극단적으로 말한다면, 여러 말 필요없이 그간 논의된 것들만 제대로 반영이 된다면 그것이 곧 교회의 쇄신이라는 생각이 들었다. 결국 문제는 생각이 아니라 행동이며 제도가 아니라 인간이다. 여러 구조적인 문제점들이 있는 것이 사실이지만 그 구조 역시 인간이 만든 것이다. 박노해의 표현대로 "인간만이 희망이다".

인간만이 희망일 수 있고 또 희망이어야 하는 것은 바로 그만이 부끄러워할 줄 알고 그만이 고뇌할 줄 알기 때문이다. 우리 교회도 많이 변하고 있다는 느낌을 받는다. 바티칸은 갈릴레오에 대한 단죄가 잘못되었음을 인정하였고 한국교회에서도 안중근에 대한 교회의 과거 입장이 과오였음을 시인하였다. 그러나 갈릴레오의 복권에는 360년이 걸렸고 안중근의 재평가

---

[60] 필자는 몇 해 전 한 본당의 보좌신부님으로 부임했던 한 사제를 기억한다. 그분이 첫 미사 강론에서 제일 강조한 것은 하느님과 인간 앞에 겸손한 사제가 되겠다는 다짐이었다. 그분은 많은 신자들의 사목 이외의 요구까지도 일일이 응대해주어야 했고 또 신자들은 "그 대신 잘해주면 될 것 아니냐"는 생각으로 물질적인 면까지 부족함 없이 받들었다. 또 그분이 다른 본당으로 가시게 되자 송별선물로 번듯한 자가용을 선사했다. 얼마 가지 않아 그분이 환속했다는 소식을 들은 후에 과연 사제로서의 권위와 겸손의 경계는 어디에 있어야 하는가에 대해 필자는 많은 생각을 해보았다. 필자 자신이 사제의 권위주의를 비판하지만 많은 경우에 그 권위주의는 대다수 신자들이 만들어내는 합작품이기도 한 것이 분명한 사실이다.

에는 90년이 걸렸다. 그리고 그들의 사면은 단지 서류 외에는 오늘날 어떠한 영향력도 미치지 못한다.

그런데 지금의 나와 교회 모습에 대한 지체없는 고뇌와 반성은 많은 것을 변화시킬 수 있다. 그것은 교회의 쇄신뿐만 아니라 우리 사회 문화 전반에 대한 쇄신으로 연결된다. 제도화된 가톨릭 교회의 고백성사가 진정으로 내면화되어 교회 내의 모든 성직자, 수도자, 평신도들이 매일 고뇌하고 반성할 때 무신론적 문화로 규정되는 우리 문화 전반에 고백록적 문화를 전파하고 그것을 교정할 수 있다. 마치 독일이 "그리스도교적 인문주의"[70]로써 위기를 극복하고 강국으로 성장했고 로마 가톨릭 교회 역시 제2차 바티칸 공의회에서 2천 년래 최초의 자기 고백을 통해 탈바꿈을 선언했듯이 한국도 고백록적 문화가 새롭게 자리잡을 때 교회의 쇄신과 세상의 성화가 시작될 것이다. 이때 우리는 번잡한 제도와 교의에 막혀 잃어버린 지 오래된 하늘로부터의 "초월의 신호"signals of transcendence[71]에 대한 감각을 되찾을 수 있을 것이다.

---

[70] 이기상, 「한국화란 무엇을 의미하는가?」, 『가톨릭 교회의 한국화 방향 모색』, 23쪽 참조.
[71] Peter Berger, *The Heretical Imperative*, Garden City, Anchor, 1980, p. ix.

〈약정토론〉

강 영 옥
(서강대 종교학과 교의신학 박사)

오늘날 한국 가톨릭 교회의 현실 속에서 평신도는 항상 가르침을 받아야 할 대상으로만 규정되고 평신도의 입장에서 무언가 말한다는 것은 참으로 어려운 것이 사실입니다. 그래서 "한국 가톨릭 교회, 이대로 좋은가?"를 논하는 오늘의 이 모임에서 특별히 평신도 한 분이 한국교회의 쇄신에 대하여 함께 이야기를 나눌 수 있다는 사실만으로도 저는 이곳이 참으로 뜻깊은 자리라고 생각합니다. 신정환 박사님은 발제문을 통해 그동안 평신도들이 피부로 느끼지만 차마 말할 수 없었던 교회의 부조리한 현실들을 하나하나 지적하여 잘 드러내주고 있습니다. 신 박사님은 전문적인 신학자의 입장이 아니라, 의식있는 신앙인으로서 그동안 살아오면서 발견하신 교회에 대한 여러 문제점들에 대하여 애정어린 건설적 비판을 해주었습니다. 이하에서는 이런 취지를 감안하면서 신학적 토론은 논외로 하고, 현안에 대한 해석이나 해결책의 제시에서 평자와 의견이 다른 사항들을 몇 가지 적시하여 토론하고자 합니다.

서론에서 발제자는 세상과 교회의 문제를 별개로 보지 않고 교회와 문화 사이의 상관관계라는 틀 안에서 문제를 제기하면서 풀어나가고 있습니다. 그러한 분석틀은 교회의 문제를 폭넓은 범주 안에서 바라보게 하여 교회의 내적 쇄신과 외적인 복음화가 별개의 문제가 아니라, 결국 동전의 양면과도 같은 문제임을 일깨워줍니다.

저는 그러한 분석틀 자체에 크게 동의를 합니다. 그러나 한국 사회에 대한 진단에 있어서는 견해를 달리합니다. 발제자는 한국 사회의 문화를 즉물문화, 위선의 문화, 죽음의 문화라는 세 가지 부정적 측면에서 진단한

다음, 결론적으로 무신론적 문화라고 규정짓습니다. 근대화 과정을 거치면서 그러한 부정적 문화의 현상들이 우리 사회 안에 혼재해 있는 것은 사실이지만, 오히려 그렇기 때문에 한국 문화가 무신론적이라기보다는 한국 사람들은 진정한 종교성에 대해 갈증을 가진다고 저는 봅니다. 일례로 1985년과 1995년에 시행된 "인구 및 주택 센서스"의 결과를 비교해 보면, 이 10년 사이에 종교 인구의 증가 속도가 총인구 증가 속도를 크게 앞질러 나타납니다. 즉, 1985년도 총인구 대비 종교 인구의 비율은 42.6%이었으나, 1995년에는 51.1%로 급속하게 증가한 비율을 나타냅니다. 따라서 서구적 관점에서 본 근대화-세속화 논리에 따라 한국의 문화를 무신론의 문화로 규정하기는 어렵다고 생각합니다.

본론 부분에서 발제자는 한국 가톨릭 교회가 제도화됨에 따라 사제들은 관료화되고 형식주의적이고 권위주의적으로 흐르게 되었음을 매우 우회적인 표현으로 나타내고 있습니다. 그런 현상에 대한 대안으로서는 가난하면서도 풍요로운 삶을 살아갈 수 있고, 창조적으로 노력하며 봉사하는 사제상을 제시하였습니다. 한국 가톨릭 사제들은 왜 그러한 이상적인 모습으로 살아가지 못하는 걸까요? 그 원인에 대한 진지한 분석이 있어야 한다고 봅니다. 이 발제문에서는 그 원인 분석이 산만하고 혼란스러운 탓에 문제 해결을 위한 대안 제시가 구체적이지 못하고 이상만을 나열하는 데 그친다는 인상을 받습니다.

다음으로 평신도에 대해서 발제자는 개인주의적·기복적 신앙관을 가지고 신앙에 대해 무지하며 신앙과 삶이 유리되어 있고 수동적 타율적 모습으로 살아간다고 잘 지적해 주었습니다. 그것이 바로 오늘날 한국 가톨릭 교회 안의 평신도 모습입니다. 평신도들은 강론을 통해서든, 교리교육을 통해서든, 신자 재교육을 통해서든 복음의 메시지를 제대로 알아들을 기회를 갖지 못합니다. 발제자도 지적하였듯이 신부님의 강론은 도덕적 가르침이나 현학적 지식의 나열에 그치고 있으며 무슨무슨 기금을 위한 모금이 빠지는 날이 거의 없을 정도입니다. 평신도들은 그저 무조건 믿고, 바치고, 순종하면 됩니다. 무엇을 믿어야 하며, 바친 것을 어떻게 나누어야 하며, 누구에게 순종해야 하는지 평신도들은 알지 못하며 알아서도 안됩니다. 그런 것을 알려고 하는 것은 평신도의 신분에 걸맞지 않습니다. 그래서 평신도들은 답답하고 무지합니다. 평신도들이 그처럼 "병신도"로 전락한 원인은 무엇일까요? 저는 오늘날 권위주의적이 되어버린 사제들, 수동적이고 타율적 신앙인으로 전락한 평신도들, 관료화되고 제도화된 교회가 하나하나 개별적인 현상들로서가 아니라, 서로서로 연계되어 있다고 생각합니다. 그 뿌리에 있어 무엇인가 근본적으로 잘못되어 있기에 이 모든 현상들이 파생되어 나온다고 봅니다.

발제자는 서론에서 나름대로 그 원인을 한국 문화가 무신론의 문화이며 그러한 문화의 부정적 측면들이 교회 안에도 영향을 끼친 것으로 보고 있습니다. 그리하여 결론에서는 무신론적 문화를 극복하기 위한 고백록적 문화의 천착을 대안으로 제시하고 있습니다. 다시 말해 고백록적 문화가 교회와 사회 전반에 뿌리내릴 때, 사회의 복음화와 교회의 쇄신이 이루어진다고 말하고 있습니다.

과연 한국 사회와 교회 안에 고백록적 문화가 새롭게 자리잡을 때, 본론 부분에서 다루어진 교회의 쇄신과 사제의 쇄신과 평신도의 쇄신이 저절로 이루어질 수 있을까요? 한국 가톨릭 교회가 좀더 근본적인 문제를 안고 있는 것이 아닐는지요?

저는 복음의 메시지가 한국교회 안에서 제대로 전달되지도 않고 복음의 삶이 실천되지도 않기 때문에 발제자가 지적한 여러 현상들이 파생되어 나온다고 진단해 봅니다. 200년 전 한국에 전래된 그리스도교가 아직도 여전히 서구 그리스도교의 언어와 제도 속에 갇혀 있고 한국인의 심성과 문화 안에 하느님의 말씀이 제대로 뿌리내리지 않았기에 우리는 그리스도인이면서도 복음의 의미를 알아듣지도 못하고, 위에서 지적하신 여러 가지 비복음적 상황들이 연출된다고 생각합니다. 따라서 우선적 과제는 복음의 의미가 우리의 문화권 안에서 알아들을 수 있는 언어로 해석되어야 하겠고 그 뜻을 실천할 수 있어야 하겠습니다. 물론 발제자가 교회의 쇄신 부분에서 해석학적 신앙의 필요성을 역설하고 있기는 합니다만, 마치 그것을 하나의 독립된 개별 문제로 다룬다는 인상을 받습니다. 해석학적 신앙은 그리스도인들이 예수님의 실천을 보면서 자신의 삶 안에서 불러일으키는 실천까지를 포함합니다.

저는 기쁜 소식으로서의 복음의 의미를 예수님이 보여주신 섬기는 삶으로 해석하고 싶습니다. 예수님은 십자가상에서 죽기까지 자신을 온전히 내어주는 사랑을 보여주셨고 교회 공동체는 그러한 사랑이 죽음을 넘어서는 생명의 힘임을 깨닫고 예수님과 같은 삶을 살겠다고 결행한 사람들이 모인 곳입니다. 교회의 구조는 이처럼 역삼각형의 섬기는 구조를 가집니다. 그런데 오늘날 한국 가톨릭 교회의 모습은 피라미드 구조의 지배체제로 전락하고 말았습니다. 피라미드 구조의 수직관계에서는 윗사람에 대한 아랫사람의 일방적인 순종에 의해서만 그 체제가 유지됩니다. 그리하여 가톨릭 교회에서는 성직자에게 무조건 순종하는 평신도가 신앙심이 두터운 사람으로 되어 있습니다. 그러나 참다운 신앙인이란 예수님의 모습대로 하느님께 순종하는 것이고 그것은 철저하게 다른 사람을 섬기는 태도에서 보여진다고 하겠습니다. 군림하는 사제가 아니라, 섬기는 종의 모습을 취할 때, 우리 교회의 모습은 달라질 것입니다. 한 걸음 더 나아가 그리스도인이라면 성직자, 평신도 구분을 떠나서 다른 사람을 위해 섬길 줄 알아야겠습니다. 그러한 모습으로 살아갈 때 교회는 세상을 향해 열려 있고, 지역사회에 봉사할 수 있고, 기쁨을 줄 수 있으며, 정의로운 교회로 다시 태어날 것입니다.

⟨질의응답⟩

질문 1: 발표문에 없는 표현이지만 발표자께서는 Ⅱ. "사제 쇄신" 부분에서 쇄신의 핵심은 사제의 쇄신이라고 분명하게 말씀하셨습니다. 이틀간의 일정 중 유일한 평신도의 발표임에도 불구하고 교회 쇄신의 핵심이 평신도가 아니라 사제라고 보는 것은 평신도의 한 사람으로서 기대했던 바에 못 미치는 몹시 실망스러운 견해였습니다. 발표자의 사제 중심적인 사고는 소제목에서도 엿보입니다. Ⅱ.1-4에서 다룬 사제 쇄신 부분에서는 사제가 지향해야 할 쇄신의 방향을 나타내지만, Ⅲ.1-4의 평신도의 쇄신 부분에서는 현재 평신도의 문제만을 나타내고 쇄신의 방향은 언급되지 않았습니다. 발표자께서는 한국교회의 쇄신이 진정 사제 중심으로 이루어져야 한다고 생각하시는지 묻고 싶습니다. 아울러 평신도가 쇄신되지 않은 채 교회가 쇄신될 수 있을는지도 묻고 싶습니다.

답변: 하느님 백성으로서의 교회는 성직자·수도자·평신도를 모두 포함합니다. 따라서 교회가 쇄신되기 위해서는 성직자·수도자·평신도 모두 각자의 위치에서 새롭게 거듭나야 합니다. 그러나 현재 각 본당들이 사제를 중심으로 하여 운영되고 있고, 모든 결정권이 본당 사제에게 집중되어 있기 때문에 사제의 쇄신 문제가 크게 부각되었을 뿐입니다. 신자 한 사람 한 사람이 하느님 백성이라는 주체의식을 가지고 복음의 삶을 실천해 나갈 때 진정한 한국 가톨릭 교회의 쇄신이 이루어질 수 있다고 생각합니다.

질문 2: 신정환 박사님의 발표문을 들으니 사제의 변화가 참 중요하다는 생각이 듭니다. 그러나 정작 예수님을 용감하게 증거한 사도들은 사제가 아니었다고 생각합니다. 복음의 토착화와 복음적인 실천은 사제의 변화만으로 이루어지기 어렵지 않겠습니까? 교회는 우리의 교회이지 사제만의 교회는 아니기 때문입니다. 현재 가톨릭 교회 안에 평신도를 올바르게 육성시키기 위한 제도적인 장치 혹은 노력들이 있는지 묻고 싶습니다.

답변: 한국교회는 지금까지 양적인 면에서 놀라운 성장을 거듭해 왔습니다. 특히 병원, 양로원, 고아원, 장애인 복지시설 등 사회복지 분야에 미쳐온 가톨릭 교회의 영향력은 지대합니다. 그러나 교육과 관련된 분야에 있어서 가톨릭 교회는, 개신교와 비교해 볼 때, 상대적으로 열세에 처해 있습니다. 실제로 평신도가 신학을 제대로 배울 수 있는 길은 제도적으로 잘 마련되어 있지 않습니다. 물론 가톨릭 신학교에서 평신도가 신학을 배울 수 있는 문은 열려 있고 서강대 수도자 대학원에서도 평신도가 신학을 공부할 수는 있지만, 평신도가 주체가 되는 평신도 신학은 아직 태동하지 못했습니다. 평신도를 평신도로서 제대로 교육시킬 수 있는 신학교육 기관과 평신도가 주체적으로 일할 수 있는 장이 앞으로 교회 안에 마련되어야 한다고 봅니다.

질문 3: 발제자와 논평자의 말씀에 깊이 공감합니다. 두 분께서는 교회의 문제점들, 권위주의적인 면, 관료주의적인 면, 신학적인 면 등을 지적하셨는데, 이러한 문제점들에 대해 평신도로서 어떤 방식으로 도전하고 계시는지요? 두 분의 말씀을 들으면서 상당히 소극적이라는 인상을 받습니다.

답변: 먼저 평신도들은 교회의 잘못된 관행에 대해 비판의 역할을 제대로 수행해야 한다고 생각합니다. 교회의 잘못된 점을 보고 실망하면서 교회를 떠나거나 다른 종교로 개종하는 일은 쉽습니다. 전체 신자수의 4분의 1이 냉담자로 나타나는 현실은 그러한 사실을 반영합니다. 그러나 교회를 사랑하기에 떠나지 못하고 교회의 잘못된 점을 지적하는 일은 대단한 용기를 필요로 합니다. 다음으로 평신도가 해야 할 일은 교회의 잘못된 모습들을 고쳐나가기 위해 평신도 스스로 "우리가 교회이다"라는 주체의식을 가지고 참된 신앙인으로서 살아나가려는 적극적인 자세가 필요하다고 봅니다. 교회는 하느님 백성으로서의 공동체이지 성직자, 평신도라는 대립구조 혹은 지배-종속의 관계가 아니기 때문입니다. 성직자가 관료적·권위주의적으로 비춰지는 이면에는 평신도가 그동안 제 역할을 못해왔던 탓도 큽니다. 그래서 발제자 신정환 박사님은 현재 〈가톨릭 신앙생활 연구소〉에서 평신도 신학을 위해 일을 하고 있으며 저는 〈우리신학 연구소〉에서 평신도가 주체로서 참여할 수 있는 교회 내의 여러 가지 프로젝트에 참여하고 있습니다.

질문 4: 현재 교회의 모든 면에 대해 이대로 좋다는 것은 아니지만, 지금까지 교회의 부정적인 측면만을 너무 강조하여 본 느낌이 듭니다. 분명 교회가 가지는 긍정적인 측면도 있을 터인데 그러한 점은 언급되지 않고 한국교회가 마치 형편없는 문제투성이로만 보여져서 아쉬운 생각마저 듭니다.

답변: 한국 사회 안에서 한국 가톨릭 교회는 다른 종교에 비해 좋은 영향력을 지니고 있습니다. 그럼에도 불구하고 오늘 이러한 심포지엄이 마련된 것은 좀더 나은 방향으로 한국 가톨릭 교회가 발전하기 위해서입니다. 비판 없이 찬양만 하다 보면 쉽게 부패할 수 있습니다. 한 개인의 성장 과정에서도 끊임없는 성찰과 단련이 필요하듯이, 가톨릭 교회도 끊임없는 자기성찰과 비판의 토대 위에서 건강하게 성장할 수 있다고 생각합니다.

질문 5: 본당 내에서 여성들이 구체적으로 어떤 문제들을 가지고 있는지 실례를 들어 여성문제를 설명해 주십시오.

답변: 본당 신자의 70%가 여성이며 교회 내의 활동들을 여성 신자들이 거의 담당하고 있지만, 정작 교회 안의 중요한 정책결정 사항이라든가 본당 사목위원회에서 여성들은 소외되고 있습니다. 최근 한국 가톨릭 교회에서는 성당 신축이라든가 교회 건물을 짓기 위한 기금 마련에 주력하다 보니, 여성 신자들은 그리스도교 신앙의 참된 기쁨을 발견하기보다는, 지치고 힘든 상태 속에서 좌절감을 맛보게 됩니다. 끝없이 노력 봉사만 해야 하는 여성 단체활동에 대해 여성 신자들은 깊은 회의를 느끼게 되고 그리스도인으로서의 정체성마저 상실하게 됩니다. 또한 본당에서 활동하는 수녀님들의 문제도 심각합니다. 본당 수녀님들은 가정방문이나 상담활동, 예비자 교육 등은 본당에서 꼭 해야 할 일로 느끼지만, 제대 꽃꽂이라든가, 성가대 지도, 성가 반주, 제의방 일과 같은 일은 본당 사도직과는 별개의 부수적인 일로 느껴진다고 합니다. 특히 본당 사제가 권위적이어서 일방적으로 결정하여 지시를 내릴 경우, 본당 수녀님들은 자율성을 가지고 창의적으로 일할 수 없기에 갈등이 생긴다고 합니다. 사제의 권위주의는 여성 신자나 여성 수도자에게 심한 거부감을 일으키게 합니다. 본당 내의 여성문제는 한국 가톨릭 교회가 가지고 있는 남성 중

심주의적이고 권위주의적이며 위계질서적인 구조로부터 파생되었다고 볼 수 있습니다.